感谢浙江省高校"十三五"新形态教材建设项目的支持

温商精神导论

胡宪武 等编著

中国社会科学出版社

图书在版编目(CIP)数据

温商精神导论 / 胡宪武等编著. —北京：中国社会科学出版社，2019.9（2023.1 重印）

ISBN 978-7-5203-5095-2

Ⅰ.①温⋯　Ⅱ.①胡⋯　Ⅲ.①商业史—研究—温州　Ⅳ.①F729

中国版本图书馆 CIP 数据核字（2019）第 200457 号

出 版 人	赵剑英
责任编辑	宫京蕾
特约编辑	李晓丽
责任校对	秦　婵
责任印制	李寡寡

出　　版	中国社会科学出版社
社　　址	北京鼓楼西大街甲 158 号
邮　　编	100720
网　　址	http：//www.csspw.cn
发 行 部	010-84083685
门 市 部	010-84029450
经　　销	新华书店及其他书店

印刷装订	北京君升印刷有限公司
版　　次	2019 年 9 月第 1 版
印　　次	2023 年 1 月第 7 次印刷

开　　本	710×1000　1/16
印　　张	16.25
插　　页	2
字　　数	272 千字
定　　价	55.00 元

凡购买中国社会科学出版社图书，如有质量问题请与本社营销中心联系调换

电话：010-8408368

版权所有　侵权必究

再版序言

《温商精神导论》这本教材自2019年9月出版以来，深受师生们好评。在课程教学上解决了所授内容的系统性、规范性、统一性问题。至今，已经有5届共计9700余名本科学生学习了本门课程。移动互联网和信息技术的迅猛发展，改变了传统的知识分享和学习的方式，甚至影响了人们的生活方式。碎片化、共享型、个性化、自主性学习变成现实。于是借助移动信息技术，融入富含多媒体课程资源的新形态教材应运而生。

本书结合课程内容，主要开展了两项关键性工作。第一步，采用线上线下混合教学模式，使对应课程入驻浙江省高等学校在线开放课程共享平台（https://www.zjooc.cn/ucenter/teacher/course/build/mooc），实现了在线微课学习、在线测试、在线讨论、在线发帖、在线笔记、在线评课、在线课程管理等功能。第二步，在教材适当章节通过加入二维码的方式，建立学习终端入口。学生扫码即可进入微课学习状态。读者可以通过移动终端学习，做到随时随地，方便灵活。

一　教材对应的课程内容体系进行了整合优化

《温商精神导论》课程组在第一版教材基础上，按照教学目标要求，增加了37个微视频，计380余分钟，从而丰富并拓展了本书内容。内容组织与实施结构图，见图1：课程内容组织与实施结构图。课程视频在书中分布见表1：课程视频的章节分布"。

1. 线上资源突出理论学习

本课程所有理论教学全部依托线上平台开展。视频课程内容丰富，几乎覆盖全部教学大纲规定的知识点，并增加了30份拓展知识资料（根据教学需要可以随时添加），既包括深层次的学术论文，又包括通俗易懂的网络美文，还有重要的与课程内容相关的时政会议专稿，新闻稿等。测试习题库覆盖所有重要的知识点，包括判断、单选、多选等题型，学习后即

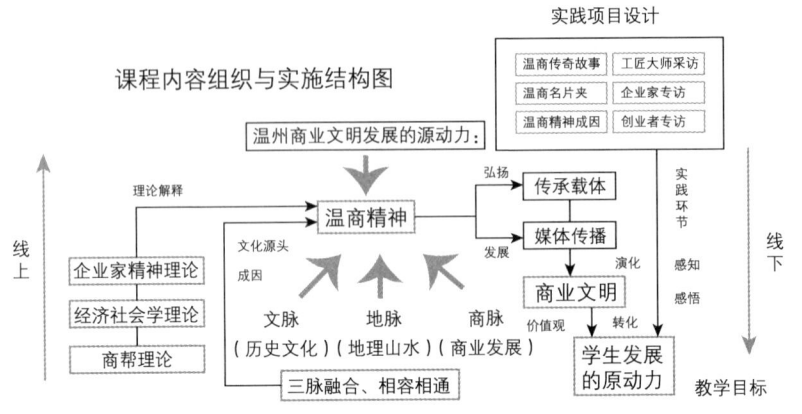

图 1 课程内容组织与实施结构图

可测试学习效果。学生在线上平台可以反复学习、多次测试;但同时又有时间节点限制,保证了学习效率。

2. 线下突出实践研学

在分班、分组、分项目实地参观、考察、研学的基础上,以温商精神、企业家精神、现代商业文明为主线,引导学生自主探索商人、商业成功与公司绩效提升、区域经济增长的内在逻辑,深入分析成功商人的软实力所包含的内在要素及其关系,使温商精神形成的脉络与知识框架体系在学生头脑中构建起来。地方文化、温商精神对学生心灵的滋养在亲身体验、探索调查中实现。《温商精神导论》通过课程内涵的不断发展,课程建设的不断优化,育人功能也在学生的行为转变中得以实现,从而使温商精神真正成为学生成长的原动力。

表 1　　　　　　　　课程视频的章节分布

章节	课程视频	时长	主讲教师
序言	文至千年 商载匠心	2 分 38 秒	王叶
第一章　概论	心向往之,行必能至	11 分 04 秒	胡宪武
	商业在中国古代的地位	11 分 02 秒	胡宪武
	重农抑商政策的演变及表现	11 分 35 秒	胡宪武
	重农抑商政策的原因及危害	9 分 33 秒	胡宪武
	商业的基本功能	9 分 13 秒	胡宪武

续表

章节	课程视频	时长	主讲教师
第一章 概论	中国历史上的十大商帮	13分25秒	胡宪武
	华夏第一商帮——浙商商帮	11分53秒	胡宪武
	温商商帮与其他浙商商帮的同质性与异质性	10分0秒	胡宪武
	强连带优势、弱连带优势、镶嵌理论观点对温商商帮现象的解释	10分14秒	胡宪武
	社会资本、社会网络、资源依赖理论观点对温商商帮现象的解释	10分33秒	胡宪武
第二章 温商精神的界定和特征	温州及温州模式	10分54秒	汪强
	温州商人	10分05秒	汪强
	温商精神与企业家精神	10分25秒	汪强
	温商精神的特征	9分15秒	汪强
	小城大业	12分23秒	陈晨
	实业先声	11分06秒	陈晨
	大道行思	10分04秒	陈晨
	精神命脉	12分13秒	陈晨
	寻危图强	8分48秒	陈晨
第三章 温商精神形成的历史文化基因	百工百艺、世代传承	9分43秒	陈燕
	百戏之祖、南戏故乡	7分25秒	叶倩倩
	技艺精湛、独具匠心	11分26秒	马志龙
	温州饮食文化中的温商精神（上）	10分27秒	黄春慧
	温州饮食文化中的温商精神（下）	8分35秒	黄春慧
第四章 温商精神的文化传承	温州古建筑中的温商精神	7分05秒	王叶
	温州老字号——温商精神的品牌传承	11分30秒	张宜仪
	温州的产业集群——以地域为区隔的特色传承	11分23秒	张茜茜
	永嘉桥头纽扣市场的兴衰流变	10分17秒	张茜茜
	温州历代名人	8分21秒	何怡
第五章 温商精神的媒体传播	温商精神的组织传播	10分13秒	张宜仪
	温商精神的大众传播	11分59秒	张宜仪

续表

章节	课程视频	时长	主讲教师
第六章 温商精神与现代商业精神	温商精神的实质——企业家精神	12分15秒	许雪莲
	现代商业精神及其培育	9分42秒	夏春燕
第七章 现代温商精神与商业文明	温商精神历史发展与演变	11分04秒	夏春燕
	新时代温商精神的新内涵	11分09秒	肖莎丽
	新时代温商精神的发展取向	10分18秒	肖莎丽

本书在内容设计上，按照"商人-商帮-经济社会学对温商商帮的解释；商人-商业-商业精神-现代商业精神-商业文明；企业-企业家-企业家精神-温商精神；温州模式-温商精神-现代温商精神"等四条主线，从成因、传承、传播、发展的视角展开论述，结构清晰地对温商精神相关知识进行了总结、归纳和梳理，便于学习和理解。形成了温商精神的发展脉络和知识框架（见图2：本书知识内容体系结构图）。

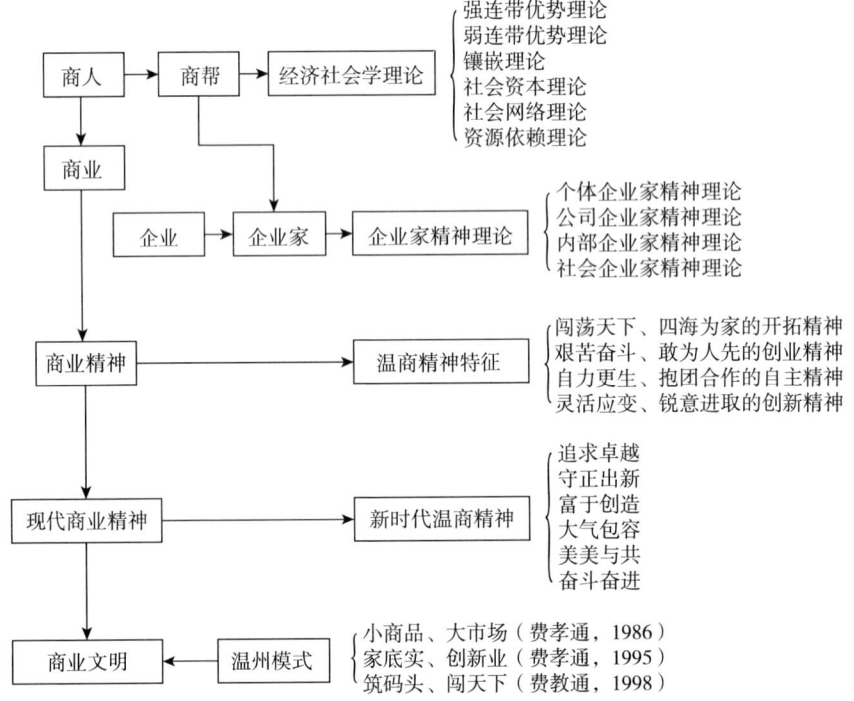

图2 本书知识内容体系结构图

二 线上线下混合教学模式初具雏形

本书配合《温商精神导论》课程教学，采取线上线下混合教学模式。线上利用浙江省高等学校在线开放课程共享平台展开理论教学。由教师按时发布理论教学视频，学生在线学习完成测验，师生在讨论区交流反思与心得。线下建立稳定的校外实践基地，丰富学生校外研学的内容。以实践项目为依托，按照实践教学大纲，分项目依次按周完成。

线上充分利用 SPOC 学习模式。SPOC 作为一种小规模限制性在线教学课程模式，因具有学生规模小、师生参与度高，便于一对一交流与答疑的优势，根本解决 MOOC 同伴互评、能"教"不能"育"的问题。教师可以充分运用 DELC 深度学习模式，针对不同学科专业学生学习风格进行预测评估，为其营造适当的教学环境。通过激活先期知识、接轨新知识、探索新知识，完成并深加工成作业作品。最后对学习过程及学习效果进行评价，从而指导课程标准的调整与优化。经过内外两大闭合循环过程，学生能够在高阶思维下，从情感上，对所学知识形成系统、深入的认识，且思维观念得到升华。

线下积极拓展校外移动课堂来满足实践教学需求。温州的企业、工厂、乡村、社区、自然风貌、名胜古迹、百年老字号等都是《温商精神导论》课程的外部资源，也是构建校外移动课堂的生动鲜活的渠道。教师可以分小组、分项目地组织学生前往实践基地考察体验；采用多样化的方式，使学生充分深入地了解本土文化，体会领悟温商精神形成的历史文化基因。

利用本书开展混合教学，做到了一周线上理论学习、一周线下实践研学，每周学习既有侧重又有交叉，理论与实践充分融合。实践教学分小组完成：从课堂讨论、设计实践方案，到实践基地参观采访、又回到课堂分组交流。学生的参与度、兴趣度、小组学习的竞争和团队意识增强。这种方式提升了课程教学效果，培养了学生的动手实践能力，大大增强了学生的获得感。课程借助创新型学习模式，让学生通过深度学习、建立高阶思维，实现思政育人效果（见图3：基于深度学习与高阶思维的课程开发与教学策略框架）。

三 本书融合温州地域文化形成地方特色

本书结合温州地域文化、商业文化、经济社会发展等本土要素，地方

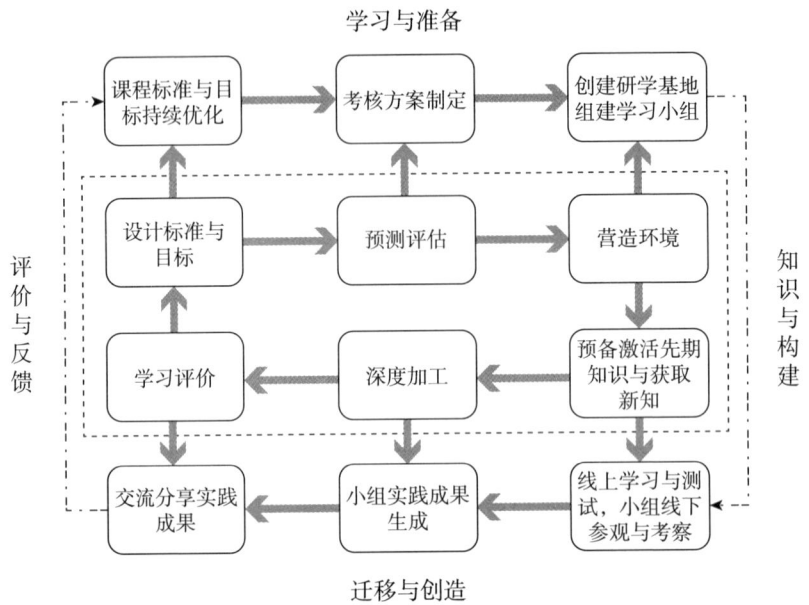

图 3 基于深度学习与高阶思维的课程开发与教学策略框架

特色明显。

按照课程规律不断丰富本书内容，与地域文化相结合。在课程目标指引下，教学内容既接地气又可以进一步升华，使学生全面掌握温商精神的内涵与精髓，做到诚信、合作、创业、创新；使学生认识温商精神形成的历史文化基因，增加文化自信、弘扬工匠精神；使学生正确面对财富观、提倡勤劳致富、敢为人先、追求物质现代化，同时又要克服拜金主义侵蚀。学生在学习过程中通过实践课程，把自己所见所闻，所感所悟，写成心得，创作出电子海报、微视频、微电影等形式进行呈现，在课堂上相互交流、分享学习研学过程。由此可观察、记录学生的成长和改变的全部经历。

在这部新形态教材建设过程中，课程组的老师们付出了辛勤的努力，从编写脚本，到录制视频，不辞辛劳，因此这是集体努力的结晶。这一过程实现了教材、课堂、教学资源三者深度融合。本教材还获得2020年浙江省普通高校"十三五"新形态教材建设项目立项。同时感谢中国社会科学出版社责任编辑宫京蕾老师和数字中心于晓伦主任，是他们精益求精的工作态度、勇于开拓的创新精神才使得这部新形态教材顺利出版。

由于是第一次开展新形态教材建设,一定会存在各种缺陷和不足。希望广大师生多多提出批评意见,不吝赐教,便于我们继续改进(hxw@wzbc.edu.cn)!并向一直支持我们工作的社会各界友人,企业家朋友表示感谢!

温商精神导论课程组
2021 年 12 月 13 日

序　　言

　　正值中国改革开放 40 周年。40 年的改革，为中国发展提供了源源不断的动力；40 年的开放，为中国走向世界带来了生生不息的希望。中国大地上发生了人类历史伟大的经济变革与实践。在这恢宏的历史进程中，浙南的一座小城温州勇立潮头，温州商人带给世界的印象不仅仅是善于经商，还投射出温州人特有的一种商业精神。哪里有市场，哪里就有温州人在经营；哪里没有市场，哪里就有温州人在开拓。

　　据统计，温州有 170 多万人在全国各地经商办企业，约建立了 170 家温州商会；60 万温州人分布在全球 93 个国家和地区经商置业。

　　著名经济学家董辅礽认为，温州模式的最可贵之处在于温州人强烈的致富欲望和创业精神。温商的创业精神有三方面的内涵：一是敢于冒险，二是善于变通，三是勇于创新。

　　《人民日报》原副总编辑周瑞金先生认为，温商精神可以概括为以下四个方面：闯荡天下，四海为家的开拓精神；艰苦奋斗，精于创业的创业精神；自力更生，抱团合作的自主精神；灵活应变，不断创新的创新精神。

　　关于温商精神，在不同场合和语境下，给出了不同方式的描述。像所谓"四千"精神，即走尽千山万水，说尽千言万语，吃尽千辛万苦，想尽千方百计，也反映了温州人勤劳创业的精神，形成了一种带有温州符号的精神文化。

　　在《2009 年中国城市竞争力蓝皮书》中，温州列为中国城市文化竞争力第一位。城市文化竞争力按"价值取向""创业精神""创新氛围"和"交往操守"四方面进行评选。温州人群体在这四个方面无可争议地获得第一名。温州商人具有很强的创业精神，在激烈的市场竞争中能敏锐洞察商机，敢于冒险，积极进取，抢占先机，创造财富。

　　德国著名社会学家马克斯·韦伯 1904 年到美洲考察，随后写出《新教伦理和资本主义精神》一书。他在这本书中提出：美国之所以产生了充满活力、发展迅速的资本主义社会，和从欧洲逃到美洲来的新教徒带来的伦理道德、职业精神有直接的关系。

马克斯·韦伯认为，美国现代商业的高度发达，得益于一种商人的气质，也就是一种独特的商业精神。因此，我们可以这样理解，人类任何有影响力的商业实践活动的背后，一定伴随着群体共同的推动力，这种动力的源泉，往往来自文化所承载的文明与精神。那么，温州商人所创造的温商文明及特有的温商精神，深层次的动力源泉究竟是什么呢？我们试图从温州特有的地理地貌、深厚而独特的历史文化逐本溯源，沿着文脉与商脉两条主线深入探究，去发现温州历史文化与文明在传播与传承过程中文脉与商脉是如何交织共生、共存、共荣的。这对温商精神的产生、发展以及现代商业精神的形成产生了重要影响，由此去感受商业繁荣背后文化的力量。

温州是一座历史悠久的沿海城市。远在五六千年前的新石器晚期，已有先民在这里繁衍、生息。温州古为瓯地，秦统一全国后属闽中郡。西汉惠帝三年（前192）为东海王（俗称东瓯王驺摇）都地。汉顺帝永和三年（138）章安县东瓯乡分出置永宁县，县治设在瓯江下游北岸今永嘉县瓯北镇境内，被认为是温境建县之始。温州古城建于东晋明帝太宁元年（323），因地处温峤岭以南，"虽隆冬而恒燠"，四季温和湿润，故名温州。

温州有着历史悠久的文化创新传统。有中国山水诗开宗祖师之称的谢灵运（385—433）做过永嘉太守，谢灵运所开创的山水诗，把自然界的美景引进诗中，使山水成为独立的审美对象。他的创作，不仅把诗歌从"淡乎寡味"的玄理中解放了出来，而且加强了诗歌的艺术技巧和表现力，并影响了一代诗风。"岂以千秋争一时，江南草长忆丘迟"，诗中丘迟（464—508）也做过永嘉太守，其所作《与陈伯之书》中有咏温州及江南"暮春三月，江南草长，杂花生树，群莺乱飞"的千古名句，并使陈伯之拥众八千归降，化干戈为玉帛。南宋时抗金名将韩世忠的长子韩彦直任温州知州时，研究了温州14种柑橘，写了《永嘉橘录》，提到了瓯柑，是世界上最早的一部柑橘专著。这些文人墨客在当时代表了精英阶层，都是当时文化的改革家、创新家，影响着温州文化的深远传播。中国最早的戏剧南戏就开创在温州，温州成为中国戏剧、戏曲的发源地。这种重文、重教、重创新的文化传统，使温州特具经济社会的活力。

南宋时温州出了四位诗人（徐照、徐玑、翁卷、赵师秀，其字或号中都含有"灵"字），史称"永嘉四灵"。"永嘉四灵"主张诗歌要有个性、要有创新，反对当时江西诗派"要求字字有来历"，只能"袭用前人诗意"的主张。以叶适为代表的"永嘉学派"，鲜明地反对朱熹的理学和陆九渊的心学，主张义理和功利的统一，反对脱离实际、空谈义理，倡导以事功来衡量义理，义理不能脱离功利。从"永嘉四灵"的诗歌创作到"永嘉学派"的哲学思想，渗透出温州文化传统的风貌和温州人的禀性特质，反对陈腐的观念，不迷信权威，不讲究来历依据，不拘泥前人做法，提倡独立思考、勇于开拓创新、不羞于追求功利。"永嘉学派"的思想在明、清时期不断为温州学人传播传承并发扬光大。

南宋至明清，温州商业手工业发达，城乡商品经济繁荣，文化教育事业发展迅速。从南宋起，温州人就到日本、高丽（朝鲜）、交趾（越南）、暹罗（泰国）、真腊（柬埔寨）等地经商，开展国际贸易。1295年（元成宗元贞元年）6月中央政府遣使前往真腊招谕，温籍元代地理学家周达观以钦使随员的身份出使，次年3月24日从温州港乘海船出发，7月到达真腊首都吴哥，在真腊考察居住了一年多，详细调查了真腊社会政治、经济、风俗、物产、贸易等，于1297年（元成宗大德元年）回国，整理写成《真腊风土记》共40则，约8500字，是现存关于柬埔寨中古时代文物风俗生活的唯一记载，对研究13世纪元朝与文明到达顶峰时期的吴哥时代柬埔寨的友好关系，有非常重要的史料价值。1876年，温州又据中英《烟台条约》被迫开辟为对外通商口岸，推动对外贸易发展，中外文化交往增多，海外关系不断拓展。这样，温州文化中近代商业文化不断凸显，中西文化也得到了碰撞交融。这为温州的经济文化发展创造了良好条件，并培育了温州一代又一代在全国有影响力的出类拔萃的人才。如清末的著名教育家孙诒让，在温州开办全国最早的传授近代科学知识和外语的学校，提出新的教育理论，被郭沫若尊为"中国启后承前一巨儒"。此外，温州人夏鼐是我国现代考古的主要开拓者和组织者；夏承焘是我国一代词宗；姜立夫、苏步青、李锐夫、谷超豪等数学大师为温州赢得"数学家摇篮"的美名；还有文学家郑振铎，史学家苏渊雷，著名报人马星野、赵超构，百岁棋王谢侠逊，国学大师南怀瑾，等等，温州文化人群星璀璨！

从以上温州文化历史传承的特点，可以看到温州文化是影响今天温州人特别是温州商人特质的内在因素和精神渊源。在当代企业家的身上，可以看到温商精神的发扬光大，也可以看到改革开放时代和现代科技发展对温商精神的升华。

本书理论共分三大部分：

（1）温商精神及其形成

（2）温商精神传承与传播

（3）温商精神与现代商业精神

实践部分（温商精神之"天地人和"）包括：

（1）温州的地灵山水：依人杰地灵，寻访温州山水文化的底蕴——温商精神形成的地理根脉

（2）温州商脉与文脉探幽：到温州市博物馆、温州市古村落、温州市民间艺术馆等参观、访问——探索温商精神形成的文化与历史脉络

（3）温州文化艺术赏析：茶文化之茶艺表演，演艺文化之泰顺木偶表演，雕刻文化之点石成金、"朽"木生花之黄杨木雕，民间工艺之瓯绣与瓯塑、民间工艺之竹丝镶嵌等——感受温商精神之工匠精神

（4）寻找成功商人：包括立足本土，精耕细作的温州本土商人、商行天下之他乡温商，商行天下之世界温商——采访书写温商精神的谱写者、传承者、践行者

针对每一主题，布置学生通过摄影、摄像、美文、故事、小品、微电影等方式完成作业、作品，并推选学生优秀作品进行展览、路演、讨论，激活学生内心对成功商人的一种渴望，把温商精神及现代商业精神内化为成长的内在动力。

本课程以大一新生为授课对象，传授温商创业路上商脉与文脉交织所形成的独特的温商精神；课程内容紧紧围绕温商精神这一主题，向学生传递温州商人"闯荡天下，四海为家的开拓精神；艰苦奋斗，敢于冒险的创业精神；自力更生，抱团合作的自主精神；灵活应变，锐意进取的创新精神"等。把温商精神的精髓深深植入商科学子的成长基因，一脉传承，与时俱进，提升学生现代商业综合素质、成为崇尚现代商业精神和具有国际化视野的商科人才。

课堂教学采用：演讲+视频+讨论等多种教学方式；实践教学采用：分班、分组、分项目实地考察、参观、报告会等形式，通过作品展览、竞

赛、路演、研讨会等过程考核学生学习效果。

　　本课程首次在我校尝试开设，参与课程内容建设的老师包括温州商学院工商管理（胡宪武、徐爱华、陆云燕老师参与第一章、第三章内容编写）、物流管理（陈屏国、宋聪老师参与第七章、戴晓震老师参与第二章内容的编写）、广告学（杨娟老师参与第六章内容的编写；传播学（郭冲、潘陈青老师参与第五章内容的编写）、文学（戴益、张茜茜老师参与第四章内容的编写）等不同学科专业的老师，一方面体现专业学科交叉融合；一方面又是跨学科专业教学团队合作的初次尝试。同时，本书在编写过程中，引用了大量相关学者的文献资料，都已在每章后参考文献中列出，对此表示感谢！如有挂一漏万，还望各位专家学者、广大师生批评指正！

《温商精神导论》课程组
2019 年 8 月

文至千年　商载匠心

心向往之，行必能至

目　　录

第一章　概论 …………………………………………………… （1）
　第一节　商业在中国古代的地位 …………………………… （1）
　　一　中国古代商业发展概况 ……………………………… （1）
　　二　从"商人"到商人——中国商人的来历 ………………… （4）
　　三　古代的重农抑商政策 ………………………………… （6）
　第二节　商业的功能——经济活力之源泉 ………………… （13）
　　一　商业的基本功能 ……………………………………… （13）
　　二　商业的扩展功能 ……………………………………… （13）
　第三节　中国历史上的十大商帮 …………………………… （15）
　　一　福建商帮——亦盗亦商 ……………………………… （16）
　　二　广东商帮——内涵丰富 ……………………………… （17）
　　三　陕西商帮——行道多多 ……………………………… （17）
　　四　山东商帮——全民经商 ……………………………… （18）
　　五　宁波商帮——后来居上 ……………………………… （19）
　　六　晋商商帮——学而优则贾 …………………………… （20）
　　七　徽商商帮——贾而好儒 ……………………………… （21）
　　八　龙游商帮——海纳百川 ……………………………… （23）
　　九　洞庭商帮——审时度势 ……………………………… （24）
　　十　江右商帮——讲究贾德 ……………………………… （25）
　第四节　浙江区域文化与浙商商帮 ………………………… （26）
　　一　浙商区域文化的特点 ………………………………… （26）
　　二　华夏第一商帮——浙商商帮 ………………………… （27）
　　三　温商与其他商帮的相同点 …………………………… （36）
　　四　温商与其他商帮的不同点 …………………………… （39）
　第五节　温商商帮产生的理论基础 ………………………… （44）

一　强连带优势理论 …………………………………………（44）
　　二　弱连带优势理论 …………………………………………（46）
　　三　镶嵌理论 …………………………………………………（47）
　　四　社会资本理论 ……………………………………………（47）
　　五　社会网络理论 ……………………………………………（50）
　　六　资源依赖理论 ……………………………………………（52）
　参考文献 …………………………………………………………（53）

第二章　温商精神的界定及其特征 …………………………………（55）
　第一节　温州及温州商人 ………………………………………（55）
　　一　温州简况 …………………………………………………（55）
　　二　温州商人 …………………………………………………（57）
　　三　温州模式 …………………………………………………（61）
　　四　温商的特性 ………………………………………………（63）
　第二节　企业家精神与温商精神 ………………………………（68）
　　一　企业家精神 ………………………………………………（68）
　　二　温商精神与温州文化 ……………………………………（71）
　第三节　温商精神的特征 ………………………………………（74）
　　一　闯荡天下，四海为家的开拓精神 ………………………（74）
　　二　艰苦奋斗，敢为人先的创业精神 ………………………（75）
　　三　自力更生，抱团合作的自主精神 ………………………（76）
　　四　灵活应变，锐意进取的创新精神 ………………………（78）
　　五　一诺千斤，以实待人的诚信精神 ………………………（80）
　参考文献 …………………………………………………………（82）

第三章　温商精神形成的历史文化基因 ……………………………（83）
　第一节　温州商业发展历程 ……………………………………（83）
　　一　温州工商业发展阶段 ……………………………………（83）
　　二　温州商业文化的历史变迁 ………………………………（99）
　第二节　温商精神的成因 ………………………………………（104）
　　一　温商精神的自然成因 ……………………………………（104）
　　二　温商精神的人文成因 ……………………………………（106）
　第三节　近代温商精神的发展 …………………………………（112）
　　一　近代温州商业及海外贸易的发展状况 …………………（112）

二　近代温州工商业及进出口贸易的发展对温商精神的
　　　　影响 …………………………………………………………（114）
第四节　温州地域文化的制约 ……………………………………（117）
　　一　重商轻文的传统思想制约着经济可持续发展 …………（118）
　　二　"老板意识"影响了温州产业组织优化 …………………（118）
　　三　"重人情、轻契约"有违社会契约精神 …………………（119）
　　四　"重血缘、地缘"不利于开放管理 ………………………（119）
参考文献 ……………………………………………………………（120）

第四章　温商精神的文化传承 ……………………………………（121）
第一节　温商精神的文化载体 ……………………………………（121）
　　一　温州的风水之城特色与建筑特征 ………………………（121）
　　二　文学艺术的商业精神传承 ………………………………（127）
　　三　手工艺术的商业化发展 …………………………………（136）
　　四　民间习俗中的商业特色 …………………………………（142）
　　五　其他社会习俗 ……………………………………………（146）
第二节　温商精神的品牌传承 ……………………………………（148）
　　一　瑞安市百好乳业有限公司 ………………………………（149）
　　二　温州叶同仁 ………………………………………………（151）
　　三　老香山 ……………………………………………………（152）
第三节　温商精神的传承载体 ……………………………………（153）
　　一　以血缘为纽带的家族传承 ………………………………（153）
　　二　以地域为区隔的特色传承 ………………………………（154）
　　三　以多元团体为媒介的思想传承 …………………………（157）
参考文献 ……………………………………………………………（163）

第五章　温商精神的传播 …………………………………………（164）
第一节　温商精神的人际传播 ……………………………………（164）
　　一　人际传播的概念 …………………………………………（164）
　　二　人际传播的类型 …………………………………………（165）
　　三　人际传播的特点和功能 …………………………………（166）
　　四　人际传播在温商精神传播中的应用 ……………………（167）
第二节　温商精神的群体传播 ……………………………………（169）
　　一　温商群体传播的社会功能 ………………………………（170）

二　温商群体传播的特点 …………………………………………（174）
　第三节　温商精神的组织传播 …………………………………………（175）
　　一　温商组织的文化传播 …………………………………………（175）
　　二　温商组织的形象传播 …………………………………………（176）
　　三　温商组织的危机传播 …………………………………………（178）
　第四节　温商精神的大众传播 …………………………………………（183）
　　一　温商精神的媒体传播 …………………………………………（184）
　　二　温商精神的影视剧传播 ………………………………………（187）
　　三　温商精神的著书立说传播 ……………………………………（190）
　第五节　温商精神的政府传播 …………………………………………（191）
　参考文献 …………………………………………………………………（193）

第六章　温商精神与现代商业精神 ……………………………………（195）
　第一节　温商精神的实质是企业家精神 ………………………………（195）
　　一　企业家精神的内涵回顾 ………………………………………（195）
　　二　企业家精神理论的演化脉络 …………………………………（196）
　　三　温商精神的实质是企业家精神 ………………………………（202）
　第二节　企业家精神价值及典型案例 …………………………………（204）
　　一　企业家精神在就业方面对经济具有促进作用 ………………（204）
　　二　企业家精神促进产业集群 ……………………………………（205）
　　三　现代企业家精神典型案例 ……………………………………（206）
　第三节　现代商业精神的价值体现 ……………………………………（209）
　第四节　现代商业精神的培育 …………………………………………（212）
　　一　塑造敬业精神 …………………………………………………（212）
　　二　打造诚信环境 …………………………………………………（214）
　　三　弘扬节俭精神 …………………………………………………（214）
　参考文献 …………………………………………………………………（215）

第七章　现代温商精神与商业文明 ……………………………………（216）
　第一节　现代温商精神发展之路 ………………………………………（216）
　　一　从文化到经济 …………………………………………………（216）
　　二　从经济发展到精神的形成 ……………………………………（217）
　第二节　现代温商精神的含义 …………………………………………（218）
　　一　现代温商精神的演变概述 ……………………………………（218）

二　基于温商精神产生的温州近代产业演化大事纪 …………（220）
第三节　现代温商精神发展取向 ……………………………（225）
　　一　倡导合作文化 ……………………………………（225）
　　二　建立开放文化 ……………………………………（225）
　　三　创新企业文化 ……………………………………（226）
　　四　培育诚信文化 ……………………………………（226）
参考文献 …………………………………………………（234）

附录　温商精神导论实践指导 ……………………………（235）

第一章　概论

本章主要内容：

认识和学习温商精神，离不开其主体温州商人，也离不开商业环境；温州商业现象的独特性可以用商帮理论来解释。因此，有必要对商人、商业、商帮等基本概念和理论有个基本认识。本章主要内容安排如下：

一　讲述商人的由来；商业在中国古代的地位；重农抑商政策。

二　阐述商业的基本功能和拓展功能。

三　我国十大主流商帮文化及其影响。

四　浙江商帮文化的特点；温商与其他浙商商帮的相同点与不同点。

五　商帮产生的理论基础。

第一节　商业在中国古代的地位

一　中国古代商业发展概况

1. 春秋时期

春秋战国时期，各地出现许多商品市场和大商人。春秋时期著名大商人有隐居宋国的范蠡、郑国的弦高、孔子的弟子子贡；战国时期著名商人有魏国的白圭、吕不韦。战国时期各国铸造流通的铜币种类增多，形状各异，有的模仿农具，有的模仿各种工具，也有的模仿贝壳的形状。货币数量大、种类多，反映了商业较过去发达。商品交换的发展，促进了城市的繁荣。

2. 秦汉时期

秦汉时期商业得到初步发展。秦始皇统一中国后，为了改变战国时期货币种类繁多、度（长短）量（容积）衡（轻重）不一的现状，决定统一货币，把原来秦国流通的圆形方孔钱作为全国流通的标准货币，也就是通称的"秦半两"。他还统一度量衡，修建驰道，这些措施都有利于商业的发展和国家的统一，特别是统一货币对后世影响最为深远。之后各封建王朝大都掌握铸币权，钱的形制也保持着类似"秦半两"的圆形方孔模式。两汉时期，伴随着统一局面的形成，促进了农业、畜牧业、手工业的发展与巩固，尤其是两汉政府实行"开关梁，弛山泽之禁"的政策，商业实现了初步的发展。当时的都城长安和洛阳，以及睢阳、宛（南阳）、成都等大城市都发展成为著名的商业中心。每个城市都设有专供贸易的"市"，长安城东、西有市，后来发展为九个市，但当时官府对城市的商业活动采取严格限制的政策。市区与住宅区严格分开，周边有围墙。市内设有出售商品的店铺、官府设有专职官员即市令或市长进行管理，按时开市、闭市，闭市后不许再有经营活动。市内的物价也由官员统一管理。

　　与以往不同的是，两汉又开通了陆上和海上两条丝绸之路，中外贸易也逐渐发展起来。张骞通西域之后，陆上丝绸之路开通，路线是从长安出发，经过河西走廊、出玉门关或阳关，再经过今天的新疆进入中亚和西亚。汉武帝之后，还开辟了与南海诸国及印度半岛等地交往的水上交通线，从事经常性的贸易往来，这就是海上丝绸之路。两条丝绸之路的开通，大大促进了中外贸易的发展。

　　3. 隋唐时期

　　隋唐时期商业发达的城市，除黄河流域的长安、洛阳外，隋唐大运河沿岸的宋州（今河南省商丘市睢阳区）、扬州都是当时的商业大都市；东南沿海的越州（今绍兴）、洪州也成为繁荣的商业城市。唐代长安城有坊、市；市有两个，东市和西市。市与坊用围墙隔开，白天定时开市、闭市。东市和西市各占两坊之地，各有220行。东市邸肆（唐代以后供客商堆货、交易、寓居的行栈的旧称）千余，货物山积，商贾云集。唐朝政府允许外商在境内自由贸易，胡商遍布各大都会。西市就有西域、波斯及大食（阿拉伯帝国）商人，"胡风""胡俗"流行。长安城的人口不下百万，这样庞大的人口对商品的需求，促成了长安城商业的繁荣。农村集市此时也有了进一步发展。尤其是在水陆交通要道附近，集市不断增多，有些甚至还发展成重要的市镇。

　　隋唐时期对外贸易不断发展。唐朝前期陆上丝绸之路畅通无阻，出现商旅不绝的繁忙景象。安史之乱后，对外商业交通的重点，由西北陆路转移到东南海道。越州是东南最大的对外贸易港口，是外国商船的聚集之地。唐政府在这里设有市舶使，专管对外贸易。

4. 两宋时期

两宋时期商业繁荣。从唐代后期起，市坊严格分开的制度被打破，不再限制商品交易的时间。两宋时期的商业繁荣是全方位的，不仅商品种类繁多，而且国内贸易、边境贸易和对外贸易都很繁华。

两宋时期商业繁荣首先表现为城市商业的繁荣。繁荣的大都会首推宋朝的首都开封和南宋的行在（即行在所，指天子所在的地方）临安。开封自五代开始日益繁华兴盛，到北宋时已发展成为当时世界上超过百万人口的特大城市，商业也空前繁荣。城内既有繁华的商业街区，又有专业交易场所。北宋画家张择端的《清明上河图》形象地反映了开封城内商业的繁华景象。南宋定都临安，全盛时期临安的人口也达百万，取代开封成为当时世界上最大的都市。城内店铺林立，贸易兴隆，早市、夜市昼夜相接，酒楼、茶馆、瓦子（古代杂技表演、唱戏的地方）等错落有致。商品种类增多，各种类型的集市出现。许多农副产品和手工业品开始转向市场，成为重要的商品。如苏湖地区农民剩余的粮食，南方篾匠所做的竹木器，都变成了商品。北宋时商品种类增多，商家注重商品的包装，还注意为自己的商品做广告。南宋时流行的谚语"苏湖熟，天下足"说明苏湖地区农民剩余粮食成为重要的商品。城市中还出现了定期和不定期、专业性和节令性的各种不同类型的集市。商税收入，越来越成为政府的重要财源。

两宋时期，边境贸易繁荣。北宋与辽、西夏对峙，南宋与金对峙。两宋在与辽、西夏、金相邻的边境地区设榷场，进行双边贸易，互通有无，获利甚丰。

两宋时期，海外贸易发达。宋代海上丝绸之路畅通无阻，政府还特别重视海外贸易。这样，海外贸易发达起来。北宋时，东南亚、南亚、阿拉伯半岛以至非洲，有几十个国家与中国进行贸易。南宋时，海外贸易发展加快，外贸税收成为国库财富重要来源之一。

5. 元代时期

元代实现了国家的空前统一，为经济的进一步发展奠定了基础。重新疏浚了大运河，疏浚后的大运河从杭州直达大都（北京）。开辟了海运，海运从长江口的刘家港出发，经黄海、渤海抵达直沽（天津）。元政府还在各地遍设驿站，横跨欧亚的陆上丝绸之路也重新繁荣起来，这些都促使元代商业继续繁荣。

元代的大都是政治文化中心，也是繁华的国际商业大都会。东欧、中亚、非洲海岸、日本、朝鲜、南洋等各地，都有商队来到大都。城内各种集市三十多处，居民不下十万户。国内外各种商品川流不息地汇聚于此。"百物输入之众，有如百川之不息。"据说每天仅运入城中的丝即达到千车。绍兴是南方最大的商业和手工业中心，"贸易之巨，无人能言其数"。泉州是元代对外贸易的重要港口，经常有百艘以上的海船在此停泊，外国旅行家誉之为世界第一大港。元政府在这里设有市舶司，严密控制对外贸易。

6. 明清时期

明清时期，小农经济与市场的联系日益密切，农产品商品化得到了发展；城镇经济空前繁荣和发展，许多大城市和农村市场都很繁华。其中北京和南京是全国性的商贸城市，汇集了四面八方的特产。在全国各地，涌现许多地域性的商人群体，叫作商帮，其中人数最多、实力最强的是徽商和晋商。

二 从"商人"到商人——中国商人的来历

"商人"名称的由来与商朝兴亡相关，而中国古代商业产生于先商时期。中国人很早就学会了经商，夏代的商国人就开始了经商行为，商国第七任君主王亥为中国商业始祖。公元前11世纪，周武王灭商后，商朝遗民被赶到洛阳，他们没有土地，无以为生，只好靠做小买卖维持生计，因为他们是商朝的遗民，所以周人就称他们为"商人"，商人一词由此而来。日子一长，便形成一种固定职业，于是人们称他们的职业为"商业"。

商朝的商业十分繁荣，有"商邑翼翼，四方之极"之称。但是，此时的商业，并不是现代意义上的商业，当时只是为了满足自己的生存需要。如《尚书·酒诰》所写"肇牵车牛远服贾，用孝养厥父母"，意为乘坐牛车进行长途贩运以从事商贸交易活动来获取盈利，以盈利赡养孝顺父母。这说明在殷商先民中已经有一部分人在专门从事商业活动，他们就是早期的商贾。

我国自古是一个以农业立国的国家，农业是历代社会生活的根本。但依靠非农业而生存的商人的出现却早在我国的商代，距今已经有4000多年的历史。商国最早是夏王朝的一个诸侯国，据司马迁说：商族是黄帝族的后裔。其起源是有娀氏的女子简狄在河边洗澡,"见玄鸟坠其卵,简狄吞之,因孕生契"。契就是商族的祖先。吞鸟蛋的传说证明商是一个鸟图腾的部落,当时仍处于母系氏族社会,知母不知其父。由契开始进入父系氏族社会。契长大后协助夏禹治水,因功而封于商地,赐姓子氏。历经14代至汤,这期间商族经历了八次迁徙,到汤建都于亳(今河南商丘),后又迁往殷地,即今天的河南安阳小屯村,史称殷商。商族主要活动在当时被称为滴河的清漳、浊漳两河流域。在殷商建国的600年间,虽曾八迁都城,但一直在清漳、浊漳两河一带。商之所以为商,也便得名于此。

商业在中国古代的地位

由于不断的迁徙,商族早在王亥时就在商丘驯服牛马来发展生产力,用牛车拉着货物到外部落去搞交易以交换粮食和其他生活用品。"肇牵车牛,远服贾用",赶着牛车,装满货物,专门从事长途贩运的商人开创了华夏商业贸易的先河。商汤灭夏以后,随着商王朝的建立,由于农业生产的发展,手工业和农业的分工不断扩大,手工业生产门类的增多,大规模手工作坊逐渐增加,生产用品日益增多,促使商品生产和交换发展起来。商族人会做生意的传统得到了发扬,从以物易物的交换方式发展到以贝、玉作为货币的商业活动,到了商代的后期商业已经很发达。

周灭商后,周人很看不起商族人。因为周人善于种植,以经营农业起家,认为农业是根本。而商人善于经营贸易,以交换货物起家。所谓"殷人贵富",就是说商人是以做生意致富的。周人骂商人唯利是图,富而不仁。"成周既成,迁殷顽民。"周公旦对商朝心存疑虑、仍不放心,为了消除商朝的历史痕迹,遂将滴河改名为漳河。洛邑建成,周公将殷人迁移至此,并驻扎军队进行军政统治与殖民。殷朝遗民被迫集中到洛阳，周朝人叫他们为顽民，经常召集训话，不许乱说乱动，过着被监视的生活。虽然殷朝遗民已经成为周朝的一部分，但是却被另眼看待。他们既无政治权利，又失去了土地，怎么过日子呢？只好东奔西跑做买卖。买卖这一行，周朝的贵族是不会做的，当时的庶民要种地不能做买卖，而商品买卖又为社会所需要，久而久之，买卖商品的商业就成为商朝遗民的主要行业了，因此称买卖商品的人为商人，以便与周朝人区别开来，这显然带有轻蔑和歧视之意。可年深月久，人们慢慢忘记了商人"贱民"的含义而成了买卖人的代称。至今3000多年来，"商人"的称呼一直经久不衰。

古时中国，商人最没有社会地位，中国古人崇尚的是学而优则仕，所谓"书中自有千钟粟，书中自有黄金屋，书中自有颜如玉，书中车马多如簇"。因此中国古代等级制度中，士农工商，商人处于社会地位的最底层。虽则如此，在秦朝以前，在齐楚秦晋争霸之时，因郑国地处交通要道，郑人借战争转运各国商品，从中在经济上大获其利，国富民强，显示了商业活动的重要性。其中最著名的故事就是富商弦高救国。秦朝直至清朝，无不强调以农为本，看到商人在流通领域高卖低买，赚取中间差价，便认为其狡黠奸诈，不事生产而徒分其利。认为商业本身不创造价值，反害农桑，故有重农抑商一说，这使得在随后几千年里商人社会地位极其低下。有的商人甚至连老婆都娶不到，《琵琶行》里"老大嫁作商人妇"，似乎挺亏的，没人嫁了才嫁商人，可见商人地位之低。

随着中国改革开放，最早下海经商敢于赚钱的人里面最多的是广东、福建、浙江等地区一贫如洗的文盲农民，其次是城里那些在别人眼里没有出息的工厂混混，最后才到那些抬不起头的知识分子、受打击的国家干部"堕入"商海。由于政府鼓励经商办实业，商人不仅在大陆复活了，而且队伍越来越庞大。过去的无产者如今早已是腰缠万贯，成为成千上万普通百姓关注的大款、百万富翁，并获得了很高的政治地位。商人开始浮出商海，关注起政坛的风云变幻。我国新时代商人的社会地位越来越高，不复当年。

三 古代的重农抑商政策

1. "重农抑商"政策的演变与发展

纵然中国古代商业有了较大发展，但是却改变不了商人社会地位低下的史实。"士农工商"四民之中，商为末，最为人所不齿。因此，"重农抑商"思想一直贯穿中国古代社会。

古代中国人"重农抑商"的思想，萌芽于先秦时期。先秦时期对农业生产的重视有效促进了社会进步。在政治上，家家户户都以农业劳动为主，社会闲散人员少，食得饱、衣得体的社会现状满足了人们对于日常生活的要求，有利于官僚地主的统治。在经济上，自给自足的小农经济生产方式能满足时代的需求，供给基本的生产生活资料，同时秦始皇"废井田，开阡陌"的政策保证了农民给地主交纳地租后还有余粮剩余，提高了劳动积极性。与此同时，在秦始皇统一六国后百废待兴，大力发展国力是其重要目标，因而此时的抑商政策并不明显。尽管表面上看，秦始皇似乎是采取了法家所主张的抑商政策，但其仍需要商业的发展来带动国家经济发展，所以并未采取必要的抑商措施，抑商观念并不强烈，抑商政策处于萌芽时期。

秦汉时期，"重农抑商"思想的形成。战国末期，商鞅力求秦孝公变法图强，实行"商鞅变法"，第一次正式提出了重农抑商的政策。也就是从这时起，发展农业，抑制商业，重本抑末的思想开始形成。到了汉朝初期，由于战乱纷扰，大片土地闲置，民不聊生，为了恢复与发展生产，从刘邦开始采取了比较严苛的抑商政策。而到了东汉时期，抑商程度减弱很多，其原因是该时期的阶级基础是以商人为主的豪强地主阶级，为了维护自我利益与国家统治，抑商的程度势必会减弱，但由于重农的思想根深蒂固，是该时期的基本思想，所以对于商业的抑制并不会消失，而只能是减弱。因此，东汉时期工商业发展迅速，经商人员较之前也有明显增长，更重要的是许多借此机会发家致富的商人又将其资本转向土地，身份发生

重农抑商政策的演变及表现

转变，由纯粹的商人变为商人地主，这也充分说明了"崇本抑末"思想何其坚固。

唐宋时期，"重农抑商"思想的发展。唐宋是中国集权官僚制发展的巅峰时期，同时也是我国商品经济发展的高潮时期。在这个阶段，抑商政策执行力度很小，商业的发展并不落后于农业，而"重农抑商"思想正处于发展时期，统治者一方面重视农业发展，另一方面对商品经济并无严苛的管制，这在两宋时期尤为明显。唐宋时期，统治阶级的政策重点仍在农业。唐初为了恢复战乱所破坏的经济，政府依承前朝惯例，重农的同时继续实行抑商政策。宋朝时期也有思想家主张强本节用。"所谓富国者，非曰巧筹算，析毫末，厚取于民以媒怨也。在乎强本节用，下无不足而上则有余也。"由此可见，唐宋时期重农思想的影响仍然很大。但是在唐朝时期社会生产力有了较大发展，农作物的产量有了较大提高，城市手工业者不再是零散行动，而是统一集中于较大的佣工作坊，由此商品经济的发展有了良好的条件，而随着宋代城市经济贸易的迅速发展，从事商业的人数越来越多，民间财富增长也越来越快，与此同时，商人的政治地位有了较大提高，商人子弟也可通过科举步入政坛。凡此种种，都说明唐宋时期的重农抑商政策较之前有了一定的改变。

元朝时期，"重农抑商"思想的转变。重农抑商政策在元朝开始进入转变时期。在进驻中原后，元世祖认识到，凭借之前游牧民族的治国理政方针并不能统治区域辽阔的中原，他学习唐宋时期的重农政策，鼓励农民开垦荒地，重视农业生产，同时注重修筑水利，也可以看出统治阶级对农业生产的重视。但是身为游牧民族的蒙古族统治者并不排斥商业的发展，元朝是历史上一个比较重视发展商业的王朝。由于元代对工商业发展的重视，当时的大都北京，就是全国的工商业中心，同时元代朝廷实行吸引客商的政策，在国内以巨资付给江南行省与民互市，所以商品经济得到了进一步的发展。

明清时期，"重农抑商"思想的衰落。明清时期中国社会开始转型，受西方资本主义影响，商品经济发展迅速，生产力逐步提高。较之前几个朝代，统治者对"重农抑商"思想的重视程度有所下降。但是为了维护大地主阶级利益，巩固其统治地位，该思想仍占主导。以自给自足的小农经济为主导的古代中国，资本主义只是零星出现，并未形成统一体，某些行业仍要接受统治阶级的高额赋税，商品经济的发展并不能改变社会结构。

从一开始,商人名称的由来就证明了商人地位的低下,因为这是当时周人对"商人"的贬称。一直以来,统治阶级采取了以下多种困商辱商政策。

第一,官营禁榷。任何一种工商业,只要稍有利可图,就可能收归官营、禁止民营(禁榷)。管仲相齐,"管山海之利",商鞅变法,实行"壹山泽"。汉武帝时,实行盐铁官营;此后历朝历代官营禁榷的范围不断扩大,到明清两代已经发展到盐、铁、酒、茶、铜、铅、锡、硝、硫黄,甚至瓷、烟草、大黄,等等,均统统列入官营范围。为了维护国家"专利",历代朝廷设定了严刑峻法以打击敢与朝廷争利的商人。汉代,"敢私铸铁器、煮盐者,钛左趾,没入其器物";唐法,"私盐一石至死";五代,"私盐不计斤两皆处死";宋代,"鬻卤盐三斤者仍坐死";元代,"私盐一斤以上皆拟徒没产";明清两代,"凡犯私盐者,杖一百徒三年,拒捕者斩"。

第二,重征商税。早在秦商鞅变法时即定下国策"不农之征必多,市利之租必重"。汉高祖对商人"重租税";汉武帝实行"算缗""告缗",用征重税和鼓励告发漏逃税的方式对商贾进行大抄家,"得民财以亿万计""使商贾中家以上大率破产"。汉代征收人头税,明定"贾人倍算"。自汉以后,历代王朝莫不重征商税,"寓禁于征"。

第三,不断改变币制。汉武帝时,"更钱造币以赡用,而摧浮淫并兼之徒"。仅汉一朝,改币制达六次之多。此后直至清末,朝廷进行了数十次币制改革,其主要目的之一就是通过改变铸币的金属成分、重量、发行量来使货币贬值,以搜刮民财。为使三者切实有效,均以法律形式加以规范与贯彻。

第四,直接视经商为犯罪,实行人身制裁。秦始皇时,曾"发贾人以谪遣戍",汉武帝"发七科谪"中也有"贾人"一科。自秦始皇三十三年(前214)起,扩大了戍卒征兵的范围,称为"谪戍",其中包括"吏有谪""赘婿""贾人""尝有市籍者""大父母、父母尝有市籍"几类人,被派遣到南海、桂林、象郡戍边。西汉初,依然袭用秦代禁止商贾、刑徒、奴隶服兵役的制度。武帝时学习秦发"谪戍"之制,多次征发"天下谪民""谪戍""七科谪"从军。

第五,"锢商贾不得宦为吏"。这是历代最常见的一种抑商之法。汉初,"贾人不得名田为吏,犯者以律论";孝惠、高后时虽"弛商贾之律","然市井子孙犹不得仕宦为吏";汉文帝时,"贾人赘婿及吏坐赃者,皆禁锢不得为吏"。唐《选举令》规定:"身与同居大功以上亲自执工商,家专其业者不得仕";北魏律规定"工商皂隶不染清流"。直到明清时代,商人子孙仍须数世以后才被允许参加科举。

第六,从服饰方面进行侮辱。汉高祖令贾人"不得衣丝乘车",汉律明定"贾人毋得衣锦绣绮,操兵,乘骑马"。晋律"侩卖者皆当着巾白贴额,题所侩卖者及姓名,一足着白履,一足着黑履";前秦王符坚曾下令:"金银锦绣,工商皂隶妇女不得服之,犯者弃市!"明太祖亦曾下诏:"农民之家许穿细纱绢布,商贾之家止穿绢布。如农民之家但有一人为商贾,亦不许穿细纱。"类似的法令史不绝书。

2. 重农抑商的原因

任何一种思想都产生在所处的特定历史环境下,重农抑商思想的产生有其深刻的历史原因。以一家一户为基本单位的小农经济是其产生的基本经济基础。

从政治经济方面讲,私人工商业对以小农经济为基础的封建社会结构的稳定有着经常性的危害,它常导致小农经济的瓦解。古代中国是一个以农为本、以农立国的大农耕国家,农业发展关系到国家的治理、社会的安定与人们的日常生活。而随着手工业与商品经济的发展,部分劳动者开始从农业转成工商业,对统治阶级的管理造成一定的影响,为了维护该阶级的统治,重农抑商的思想不断发展。

从伦理方面讲,私人工商业是封建等级秩序、"均平"秩序、俭朴秩序的经常性破坏因素,它易导致社会尊卑贵贱紊乱。

抑商也与商人的不良品行有关。战国时期,群雄并起,有不少商人趁战乱物资供应紧张而抬高物价。秦统一中国之后他们虽有所收敛,但到了汉初,一些商人趁经济凋敝、物资奇缺之机,囤积居奇,哄抬物价,牟取暴利,兼并农民。《汉书》中的《食货志》记载:"商贾大者积贮倍息,小者坐列贩卖,操其奇赢,日游都市,乘上之急,所卖必倍。"这种状况,造成了许多农民在他们的兼并之下陷于破产,流亡他乡,没有破产的农民也常常弃农经商,"背本趋末,游食者众",直接影响到农业生产的恢复和发展。商人的不良品行,不但直接危害了国家利益,还倡导了一种不良的风气。这些不法商人在势力壮大之后,还有可能形成割据势力,甚至相互勾结发生叛乱。这种现象当然是封建统治者所不能容忍的，所以抑商也就势在必行。

3. 重农抑商的危害

第一，滋长了小农意识和闭关自守思想。中国古代习惯上以社稷作为国家的代称，社即土地神，稷为粮食，代表农业之神。有了土地和农业的发展，即有了国家。整个封建社会，中国的经济发展模式都是由小农经济占主导地位。秦汉以来，小农经济进一步发展，农业的支配地位牢不可破，依靠一家一户的家庭小生产模式开始确立其主导地位。中国生产方式的主体是农业自然经济，小农经济作为中国传统社会的主导性经济形态，其根本特征是男耕女织、自给自足的小规模简单再生产。小农经济生产方式的特征，从生产力方面看，是低级简单的生产力水平长期延续。中国文化扎根于自给自足的农业经济土壤，这对民族心理、思维方式的形成产生了深远的影响。在这种社会中，国民容易形成小农经济思想。这种小农经济思想的特征，表现为眼光狭隘、胸无大志、盲目乐观、安于现状。中国是世界四大文明古国之一，但封建王朝的统治者越来越保守，不向外国学先进科技，即便是到了清代，清朝文武以及不少国民还是以"大清"自居，认为自己是地球的中心，闭关自守直至被动挨打。

第二，延缓了资本主义萌芽的出现。重农抑商，必然造成资本积累放慢。长此以往，也就会延缓中国资本主义经济的进程。中国的资本主义萌芽，一直到明代才出现，与秦汉以来农业社会中的重农抑商政策有很大关系。落实重农抑商政策的主要社会机制是"士农工商"的社会地位序列。流行观点认为，士农工商的社会序列使商人地位低下，商人总想改换门庭，买官置地，从而阻碍了扩大再生产，阻碍了商业、经济和技术的发展。在封建社会的初期，重农抑商政策对促进社会经济的发展、巩固新兴地主阶级政权起了积极作用。如战国时期秦国商鞅变法实施重农抑商政策，促进了经济发展，壮大了秦国的实力，为统一中国奠定了基础。而到了明清时期，重农抑商政策的消极作用成了主要方面。如明朝中后期以来，商品经济活跃，资本主义萌芽已经出现，在这种形势下，统治者仍把商业和农业对立进来，采取各种措施压抑和束缚商业的发展，违背了经济发展的客观规律，失去了最初的积极作用，不利于资本主义萌芽的发展。直到明代末年，随着新的叛逆思潮涌入，东南沿海对外经济交流频繁，手工业和商业才一度骤兴，出现资本主义萌芽。

重农抑商政策的原因及危害

第三,导致了商人社会地位低下,难以吸引社会精英人士从事商业经营活动。封建统治阶级蔑视商人,整个社会对商业不予重视,这就必然影响到商人的社会地位。秦汉之前,商人未被蔑视。管仲为齐桓公做宰相,垄断盐铁批发生意,建立国家粮库,用国家商业挤压私人商业,形成一种计划和市场相结合、垄断和竞争相结合、国营和私营相结合的经济体制,使齐国经济发展、国库充实,成为春秋五霸。这一时期著名的商人还有前越国大臣、后下海经商的范蠡,被后人称为商人鼻祖的陶朱公。秦汉之后,即使在商业相对繁荣的唐代,非农从业者的社会地位之低,也可以从现实主义诗人白居易的诗作《卖炭翁》中得以体现。"牛困人饥日已高,市南门外泥中歇","一车炭,千余斤……",交易的结果却是"半匹红绡一丈绫,系向牛头充炭值。"

第四,对近代中国社会的前进和发展起到了严重的阻碍作用。清朝末年以来,西方资本主义日益发展,而我国清政府将闭关锁国政策作为一种消极防御手段,使中国长期处于与世隔绝的状态,严重阻碍了国内商品经济和资本主义萌芽的发展,使经济、文化、科技等方面日益落后于西方;不利于中华民族同世界各民族的正常交往,不利于中国人民了解世界、走向世界,学习世界各民族优秀的思想文化和先进的科学技术,从而导致了近代中国的落后。改革开放后中国经济腾飞的事实证明,可以借助国际商品经济的推动,改造自然经济的落后面貌。

第二节 商业的功能——经济活力之源泉

一 商业的基本功能

1. 商业的出现促进了交易

货币的出现并不能完全解决交易的困境，生产者和需求者之间的交易仍然困难。商人实际上是众多消费者的共同购买代理人，是众多生产者的共同销售代理人。集中进行大批量的买卖交易，节约了商品销售和购买的时间和费用。

2. 商业的产生降低了交易费用

商业把全社会的供给和需求联系起来，形成了一个有效率的市场。经济学中的市场是以商业的存在为前提的。商业促进了市场的形成。商业节约了交易费用，包括信息搜寻成本、买卖的时间成本和物流成本。

3. 商业具有信息传递功能

生产者不知道消费者需要什么，需要多少；消费者不知道生产者提供什么，产品的功能怎么样。通过发展商业，让商业成为消费者了解生产的窗口，同时，也为生产者提供了解消费的窗口。这样，商流、物流和信息流得到长足而全面的发展，促进了商业信息的交流与传递。

4. 商业分担了生产者和消费者的风险

风险主要包括物理性风险和经济性风险。商品在流通领域要持续较长时间，商人承担了流通期间的风险。商业具有蓄水池功能，生产者可以专注于生产，放心生产；具有了商业的缓冲功能，消费者能够以较低风险购物。

二 商业的扩展功能

1. 商业对生产者和消费者具有衔接和协调的作用

从现实的经济活动中发现，生产者与消费者之间的连接障碍实际上已经成为市场供求失衡的一个重要原因。生产者与消费者无法在价格上达成一致，原因之一在于他们之间缺乏一个缓冲和协调的市场主体。市场经济条件下，这个主体就是独立承担流通风险、降低交易成本的商业组织。他们是对最终交易价格最有发言权的市场力量，可以起到使供求价格趋于协调的衔接作用。

同时，市场经济要求经济资源的市场配置占主要地位，各种利益主体必须通过市场交换出售产品并获得资源。生产的发展要看市场，以需定产，市场需求是第一位的。在商品流通过程中，谁越接近于消费者，谁就越能正确了解消费者、越能捕捉准确的需求信息。因此，商业对生产、消费起到能动的调节作用。

从消费者角度看，商业的发展推动物流配送业发展，同时新的零售业态的出现节约了消费者的时间、金钱成本，相应地增加了消费者的闲暇，更大程度地满足了消费者需求。

商业的功能

2. 商业对劳动力具有吸纳作用

充分就业是所有国家宏观经济的重要指标。中国是劳动力供给大国，在经济改革中，中国社会遇到的一大问题就是失业。在大量农村剩余劳动力涌入城市，同时城市人口就业压力不断加大的形势下，商业对劳动力的吸纳作用便尤为重要。

必须强调的是，商业对劳动力吸纳的作用和能力是有边界的。首先，过多地吸纳低素质劳动力对商业发展不利。其次，一定时期商业的就业规模也是受当时的社会规模及社会化、专业化程度制约的。在制度体制尚未健全的经济发展时期，商业就业规模的无限扩张容易导致商业流通秩序严重混乱，对国民经济发展产生不利影响。因此，大力促进商业吸纳就业的同时，应加强产业内部结构优化，并注重第一、二产业发展对支撑第三产业发展的基础性作用。

3. 商业对国民经济其他产业具有推动作用

在18世纪的英国，推动工业革命的真正动力是商业贸易。当时，生产规模的扩张极大地受到市场需求的限制，是商业贸易为工业革命做好了准备。商业的发展对工业化进程和整个国民经济发展所产生的推动作用是不可低估的。

随着制造业生产规模大、相对集约的趋势与消费购买量小、相对分散的特点，在商品空间、时间以及具体品类、特色上产生的矛盾呈日益扩大之势。这就要求商业组织在规模、数量和质量上必须以一定速度增长来匹配工业、制造业高速增长的要求。

某项产业能否顺畅地获得生产要素、销售产品，不仅关系到自身能否正常运转，而且还决定着相关产业链能否正常运转。在这种情况下，各产业之间以及各产业与市场之间越来越需要专门的中介机构建立起高效、有序的协调机制，商业无疑是充当这一角色的重要力量。

4. 商业具有促进市场体系发育和完善的作用

商业是反馈消费者需求信息的第一道环节，最终产品的价格也是在商品市场上形成的，各类要素市场能否清晰无误地反应和折射需求并有效定价，在相当程度上，都取决于商品市场的价格机制是否具有及时性、准确性和效率性。因此，没有发育成熟、富有效率的商业体系和中介组织，就不可能有完善的市场体系。

第三节　中国历史上的十大商帮

中国具有悠久的历史，作为"士农工商"四民之一的"商"，一直是推进社会经济进步发展的重要力量。中国商帮文化中所蕴含的商业智慧，对于当代中国企业的管理和发展，具有广泛而深远的现实意义。

所谓商帮，是指"称雄逐鹿于商界的地域性商人群体或商人集团，它常常以血缘姻亲和地缘乡谊为纽带所结成，并有一大批手握巨资的富商构成商帮的中坚力量"。商帮的组织形式是会馆，它从唐宋时代比较松散的行会发展而来，一般以同地域或同行业为聚合对象，组织成会馆或公所，作为商人聚会、议事、处理商务活动的办事机构，有自己的组织章程和代表，维护商人的共同利益，对外应付、处理来自官方及社会有关本帮商务的大小事务，对内约束同业人员的不轨行为。到了明清时代，全国各地出现了大大小小许多商帮，其中著名的有十大商帮，分别为山西商帮（晋商）、徽州商帮（徽商）、陕西商帮（西商）、宁波商帮、山东商帮、广东商帮、福建商帮、洞庭商帮、江右（江西）商帮、龙游商帮，其中龙游商帮和宁波商帮就是如今新浙商的前身。

一　福建商帮——亦盗亦商

福建商帮的兴起，一开始就与封建政府的官方朝贡贸易和禁海政策针锋相对。他们通过走私进行商业贸易，不能贸易时就抢劫，他们具有海盗和商人的双重性格。"内外勾结"的贸易方式是福建海商最常见的经商方式，他们广泛联络沿海居民，建立了许多据点，利用据点收购出海货物，囤积国外走私商品，以利销售。他们不仅在海营商，也在陆营商，甚至有水陆两栖营商，即海上贸易也做、陆地贸易也做。

明清福建商人，把国内与国外的贸易紧密地结合起来，努力经营，进行多种形式贸易，从而形成了中国封建社会晚期一个很有影响的地方商帮。

随着封建社会的消亡，福建商帮却在台湾及南洋等地开辟出新的商业场地。福建商帮中的许多商人，正是以自由商人的身份，大无畏地开拓海外市场，终于在福建帮这棵枯树上发出了新枝，使福建商帮的商业精神在海外华人和台湾的福建籍人身上得到延续。

中国历史上的十大商帮

二 广东商帮——内涵丰富

粤商深受岭南文化的影响，远离政治中心，不受所谓"正统""权威"观念的束缚。粤商为了赚钱，天不怕、地不怕，擅打"擦边球"、有冒险精神是其最为突出的特性。他们永远敢做"吃螃蟹"的第一人，喜欢"头啖汤"。粤商以快制胜，出击迅速。粤商从不将自己的生产经营局限于某一固定的框架之中，注重灵活变通，"上得快，转得快，变得快"正是其写照。

粤商文化水平往往不高，自有资金不多，技术力量也不雄厚，但他们会"借"。一是借钱发挥；二是借才发挥。粤商文化信奉"开放包容不排外""不揾独食、有钱大家赚"。

近代粤商发扬了古代广东商人的冒险开拓、独立进取的商业精神，而在参与国际商业贸易的过程中，近代潮商又具有了某种开放的心态。在近代广东商人身上，我们看到传统文化与近代商业文化的某种有效的结合与融合。而正是这种文化的发展与融合，也许才是粤商继晋商、徽商衰落之后仍能发展，并进一步成长的原因。

三 陕西商帮——行道多多

陕西商帮有陕西人的性情，也有陕西人的商业品格。陕西农村流传着许多俗语，比如"天上下雨地下滑，自己跌倒自己爬"，又有"生意要勤快，切勿懒惰，懒惰百事废；用度要节俭，切勿奢华，奢华则钱财竭"。这些俗语体现了陕西商人顽强自立、艰苦奋斗、勤俭节约的传统美德。

陕西商人善于抓住难能可贵的历史机遇。早在春秋战国时期，陕西商人就对诸侯的贸易自由政策迅速地做出了反应，赶上了第一次商业致富的浪潮；隋唐时期，政府的对外开放政策更使陕西商人如鱼得水，充分利用了丝绸之路的便利条件，再次积蓄了实力；明清时期，陕西商人更是没有错过政府的"食盐开中""茶马交易""随军贸易"等政策，一反陕西省地处西部的不利地理条件，成为中国历史上最早形成的商帮，以雄厚的实力，垄断中国东西部贸易通商长达五百年之久。

我国西部的生活非常艰苦，但也不能阻挡陕西商人经商的脚步。他们的足迹遍布甘肃、四川、云贵。道光年间，朝廷官员出使新疆，来到了茫茫戈壁里一个名叫"一道泉"的地方，只看见一个瓦屋小店独立于天地间，进店休息，才知道老板为陕西三原人，早年随军贸易流落于此，在千里戈壁中生活了三十多年，是这一带唯一的一户人家，所以这个小店也就起名为"一道泉"。

商场以追求最大的利润为目的，但陕西商人深知贪图一时的钱财不会得到永久的利益，他们童叟无欺，从不二价，留下了"人硬、货硬、脾气硬"的美名。他们的布匹价格不低，但质量上乘，货真价实，所以常常被抢购一空。陕西商人在富平地区更是营造了一个被称为"直镇"的市镇，这里做生意讲究"君子一言，驷马难追"，言无二价，所以叫"直镇"。

因为陕西商人中有许多弃儒经商的士人，所以运用知识谋略也是陕西商人的一大特点。他们不讲究谋一隅而讲究谋全局，不讲究谋一时而讲究谋万世。他们气魄宏大，非常注重在商业经营中运用自己的智慧，从大处着眼，透视市场变化的规律，在战略上高人一等。

坚忍不拔更是陕西商人取得成功的一个根本所在。他们能吃苦，遇到任何困难都能够奋力去解决，让人钦佩。清代乾隆年间，成都的陕西商人打算修建"陕西会馆"，但是当地的士人却百般阻挠，说会馆可以盖，但是不允许动用当地的一捧黄土，以免风水外泄。面对这样的苛刻要求，陕西商人没有退缩，他们拿出了无比的坚韧与毅力，回到了自己的故乡西安，经过千里巴蜀古道，硬是把家乡的黄土背到四川，盖起了华丽的陕西会馆。

陕西商人拥有这么多优秀的商业品格，但又能做到富贵后而不奢侈，继续保持朴素的生活作风，热心公益，淡泊自守。陕西商人的创业精神在今天仍值得发扬。

陕西商人虽辉煌一时，但他们却终究没有脱离农村、融入城市，当近代受到外来资本冲击时，陕西商人的保守使陕西商帮迅速瓦解，成了十大商帮中最先瓦解的商帮。面对新的历史形势，与时俱进者存，循规守旧者亡。陕西商帮没能适应分化、改组，在两淮盐场中被徽商击败，本土市场被晋商占领，四川的井盐业在战乱中迅速下滑。最后，清末多发的战乱促使陕西商帮走向了衰亡。

四　山东商帮——全民经商

山东商帮也称作"鲁商"，在十大商帮中虽然不像晋商、徽商那样富甲天下，但也独占了北方的优势，在东北地区更是占尽地利、人和。山东商帮在兴盛时期控制了北京乃至华北地区的绸缎布匹、粮食销售以及餐饮行业等，可以说是纵横"商场"，声名显赫。

山东人的性格特点是直率淳朴、单纯正直，由山东人组成的山东商帮也同样具有直截了当的特点，他们很讲究商业道德，重信义，重商业规范。这就是山东商帮的致富道路，没有什么特别之处，但落实到实际，总是让人有种很实在、很踏实、很放心的感觉。山东商帮有两种主要的商业经营方式：长途贩卖和坐地经商。山东商帮并非晋商的"学而优则贾"，也并非徽商那样"贾而好儒"，山东商帮是富的地区的人也经商，穷的地区的人也经商。并且商人之间经商的动机和条件彼此相差很大。大多由封建性的商人组成，如大官僚、大地主、大商人。

山东商人的经营方式有独资与合资两种。资本雄厚的大商人往往会采用独资的方式，也有一些资本较小的小商贩。在买卖中，他们都讲求信义，按规定办事，给人留下很好的印象。合资经营者与今天的股份公司有类似的地方，会先立下一个合同来表示守信用。这是山东商帮的特点，也是山东商帮的独特经商武器，由于他们特别善于规范自己的商业行为，所以外地的商帮没有贬低山东商帮的。山东商帮不仅在大事上严格要求自己，在小事上也很注意约束自己的行为，他们践行了"细节决定成败"的商海品格。

五 宁波商帮——后来居上

1984年，因邓小平一句"要把全世界的'宁波帮'都动员起来建设宁波"的豪言壮语，"宁波帮"举世闻名。事实上，宁波商帮在十大商帮中属于后来者。然而宁波帮在工商业、金融业等领域不但影响了江浙、上海的进程，可以毫不夸张地说，影响了中国工商业、金融业的进程。

鸦片战争后，尤其是民国时期，宁波商帮中新一代商业资本家脱颖而出，把商业与金融业紧密结合起来，从而使宁波商帮以新兴的近代商人群体的姿态跻身于全国著名商帮之列。他们所经营的银楼业、药材业、成衣业、海味业以及保险业，也是名闻遐迩。

宁波商帮形成的时间较晚，但其发展势头却非常之快。他们的活动区域不断拓展，最终形成四处营生、商旅遍于天下的局面。宁波商帮不仅善于开拓活动地域，还善于因时制宜地开拓经营项目。他们的致富之道非常有特点，也非常实用：以传统行业经营安身立命，以支柱行业经营为依托，新兴行业经营为方向，而往往同时经营数业，互为补充，使自己的商业经营在全国商界中居于优势地位。

六 晋商商帮——学而优则贾

科举制在我国封建社会由来已久，引历代学子十年寒窗，发奋苦读。揭榜那一日，状元也就成了众人瞩目的对象。清朝总共出了一百多个状元，这些状元来自不同的地区，但唯独没有山西的学子。连云南、贵州等较为偏远的地区都出过状元，为什么偏偏没有山西的呢？原来在山西，不是学而优则仕，而是学而优则贾。最聪明的、读书最好的孩子让他去经商；差一点的去种地，种地还是个地主呢；剩下的才去参加科举考试。山西的学生就是这样分配的。

早在隋唐时期，就有资产雄厚的山西商人，他就是武则天的父亲武士彟。李渊父子当年从太原起兵，做木材生意的武士彟给予了他们丰厚的物质支援。凭借着武士彟的财力和精锐的太原军队，李渊父子最终夺取了政权，赢得了天下。

山西商人的生意遍布全国。从蒙古草原上的骆驼商队，到吴淞口正在出海的商船，都有山西人忙着计算价格的身影；从呼伦贝尔的醋味，到贵州茅台的酒香，都有山西人在酿造叫卖。从甘肃的老西庙到新疆的古城塔，从昆明金殿的铜鼎到江苏扬州的亢园，都是山西商人建造的。山西商人资本的发展，使山西商人聚集了大量的货币资产，促进了山西手工业的发展，促进了全国商品物资的交流，加快了中国自然经济解体和商品经济发展的过程。并且他们首创了民间汇兑业务、转账和清算中心。

在封建社会的环境下，晋商为了稳定自己的生意，扩大自己的产业，极力结交官府，与封建官吏建立了一种互相勾结、互相利用的关系。张之洞曾离开京城为老母守孝，三年以后当他准备重返京城时，便想要谋取更高的官位。为了打通上下各个关节，张之洞拜访了日升昌票号，想借白银十万两，日升昌觉得数目太大就没有很快给予答复。张之洞又去了协同庆票号，这一次他获得了意想不到的热情款待。该票号的掌柜说："十万白银不算什么，为了您使用方便，不如立个折子，用多少，取多少，不用限定数字。"这让张之洞喜出望外。而掌柜之所以这样，就是为了拉拢张之洞，并且看看他究竟能出任什么官，借银也可以随机应变。协同庆果然打了一个如意算盘，当张之洞出任两广总督后，便把两广的财粮国税都交给协同庆解交，协同庆因此三四年就盈利百万两白银。

清政府为了巩固自己的政权，经常出兵南征北战。而每当财政紧缺时，政府就想到了山西商人的钱袋。于是，山西商人经常向政府捐献军饷。到咸丰三年年底，山西商人向朝廷捐献的军饷累积达到了二百七十万两白银。1900年，八国联军攻陷北京后，慈禧和光绪帝仓皇出逃。当慈禧的车经过山西时，大德通票号的大掌柜高钰最先知道了这个消息。他赶紧暗自准备，盛情款待了慈禧和光绪帝，并为他们筹措了四十万两白银的路费。果然后来慈禧给了大德通优厚的回报，她把由各省总督上缴给朝廷的款项交给这家票号经营。又将对外的赔款连本带息，约四十万两白银全部交给山西票号经营。

七 徽商商帮——贾而好儒

徽州商人，又称"徽帮"，形成于唐宋时期。我国古代理学的集大成者——朱熹，他的外祖父祝确经营的商店、客栈占徽州城的一半，于是得了一个"祝半城"的外号。祁门程氏兄弟经商发财致富，号称"程十万"。徽商在明代逐渐走向高峰，主要经营盐、粮、茶、布、典当、木材等行业。这时的徽商已经完全跨越了地域，遍布全天下，出现了百万级的富商。清代时，徽商达到了顶峰，出现了千万级的巨商。但由于封建统治的日益衰弱，徽商也不得已走向衰亡。

徽商可以说与晋商齐名，遍布全国各地。并且经营的品种特别广泛，有盐、棉布、粮、木、茶等。

明代嘉靖、万历年间，徽州的一些盐商拥有数十万甚至百万的资产。后来，徽州盐商的实力越来越壮大。乾隆南巡时，一名徽商就极尽奢华、大肆铺张、反复接驾，赢得了皇帝的欢心。徽商能以一介布衣的身份迎接巡游的天子，可见其财力的雄厚。

徽州人从唐宋时期开始，很重视粮食的经营，但当时规模并不大。明代中期，苏州、浙江一带的粮食需求量加大，善于经营粮食产业的徽商便一下子扩大了规模。一个主要从事粮食贸易的商帮登上了历史舞台。乾隆时，一位徽州商人经过汉阳地区时，碰巧赶上当地有灾荒，他一下子就在那里抛售了上万石米。

而麻布、棉布类更是成了徽商的垄断产业。苏浙盛产棉布的城镇，简直成了徽商的聚集地。他们有的以低廉的成本收购散棉布，有的开设布行。清朝在苏州、松江的几十家布行都是徽州商人经营的。生意逐渐兴隆的布商又把眼光投向更远处，他们在常州、上海也开设了布行。染出的布色泽鲜艳，备受欢迎，为了提高声誉和防止假冒，每家布行还在布上印有自己的独家标记。有的布商一年甚至能卖出百万匹布。

徽州地区的茶叶贸易历史悠久，可以追溯到宋元时期。乾隆时，徽州商人在北京开设的茶行达到七家，茶商字号达到一百多家，小茶店数千家。茶商的足迹遍布汉口、九江、苏州、上海等长江流域的城市。明清时期茶叶更是远销海外。

另外值得一提的是徽州的木商，徽州山区盛产杉木，南宋时徽州人就开始做木材生意了。随着苏浙地区经济的发展，徽州山区的木材量已不能满足需要，徽州人便向江西、湖北、湖南、四川等地开辟货源。湘西德山镇的徽州商人络绎不绝，长年在这里管搬运的劳工达到几千人。木商的规模也很大，万历年间，北京修建乾清宫、坤宁宫，一位徽州木商便趁机请求采办"皇木"16万棵，可见其货源广阔、资本雄厚。

徽商在南宋时期萌芽，元末明初发展壮大，明代初具规模，清代乾隆时达到鼎盛，嘉庆、道光年间开始衰败，前后达六百多年，称雄三百年，贸易活动领域遍布全国各地，并且商品远销日本、东南亚各国以及葡萄牙等，在世界市场上占有一席之地。"无徽不成商"叫遍天下，徽商对市场经济和中国近代对外贸易的发展都起到了很大的促进作用，在中国商业史上占有重要地位。

朱熹是我国理学的集大成者，是一代大儒，而徽州正是他的故乡，有其他地方不可相比的儒学传统。受儒家思想影响也就成了徽州商帮独特的商业文化和伦理精神。喜好儒学的徽商，一方面促进了自己故乡的儒学繁荣，另一方面又借助儒学对商业产生了历史影响。

徽商以儒家的诚、信、义为商业道德原则，以诚待人、以信接物、以义为利，赢得了信誉，促进了商业资本的发展。这也是他们成功的一个秘诀。

成功后的徽商捐资建设书院，让少年学习儒术。明代徽州中进士的将近四百人，中举人的将近三百人；清代时，徽州仅一个县就出了近三百名进士、五名状元、两名榜眼、八名探花。一些商人在经商致富以后还放弃了商业，投身于科举。徽商这种亦儒亦商的商业传统可以说独具特色。

明代徽商郑孔曼，每次出门的时候都一定携带书籍，在做生意的间隙时间里阅读。他去一个地方做生意，每每不忘拜会当地的文人学士，与其结伴游山玩水，还写下大量的诗篇。他的同乡人郑作，更是喜欢读书。郑作出门做生意的时候，人们总是能看见他捧书拜读的身影。所以认识郑作的人提到他总是说："他虽然是个商人，但怎么看都不像商人的样子。"

八　龙游商帮——海纳百川

龙游商帮是历史上的一个奇迹，它崛起于浙江西部的山区，既没有官府的支持，又没有强大宗族势力做后盾，但却逐渐聚集了大量资金，在商业上立于不败之地。号称中国十大商帮之一，有"遍地龙游"的佳话。龙游商帮并不仅仅指龙游一个县的商人，而是指浙江衢州府所属龙游、常山、西安、开化和江山五县的商人。由于龙游商人的数目最多，经商手段最为高明，就以"龙游商帮"为名，也称"龙游帮"。

晋商富甲天下，经营票号，在金融业叱咤风云；徽商垄断盐业，扬名四海。龙游商帮却低调处世，他们在埋头苦干、不露声色中悄然占据了珠宝古董业的头把交椅，同时从事印书、刻书和贩书业，在海外贸易中也占有一席之地。

龙游商帮的经营行业很广。他们的造纸业一般以作坊的形式生产，同时自己负责销售。龙游的溪口镇是纸张的生产和销售中心，成品远销江苏一带。书商一般是有文化基础的文人学士放下架子，来从事商业活动。粮食商也不甘下风，年销量1200万吨。山货业就以当地的产品为货源，年产各类油十万多斤，远销全国及东南亚各国。丝绸棉布商也声名显赫，远销到湖广一带。珠宝商更是赫赫有名，他们在全国独占鳌头，据古书载，龙游的珠宝商人只身一人带着价值千金的明珠翡翠、宝石猫眼，来到京城买卖，却能做到掩人耳目、踏雪无痕。可见他们不但资金雄厚，还具有很高的文化和随机应变的能力，处事谨慎，才得以躲过被盗被劫。长途贩运业也是他们的强项，当时的一名龙游商人把丝绸远销到了湖北一省十五郡，占据了全省的销售市场。

与其他商帮相比，龙游商帮的一大特点就是富于开拓精神，敢于离开故土，闯荡他乡。龙游商人在南宋时期初露头角，至明万历年间已分布于全国各大市场，呈现"遍地龙游"的局面。清康熙、乾隆年间，龙游人大多外出经商，踏遍天涯海角，长大后仍留在家里农耕的仅占十分之三。

这种敢于闯荡打拼的精神在各省市中也是少见的。

龙游商人也是最早把商业的气息带入西部的商坛劲旅。他们舍弃了经济发达的长江三角洲和珠江三角洲，而踏上了遥远艰苦的道路直奔黔、滇、蜀等西部地区，对民族关系的融合和西部的经济发展做出了很大贡献。当然龙游商人最初也没想到他们不远千里来到西部有这样的历史意义，他们是有长远目光、有雄心气魄的商人，他们看出了江南、华南、中原地区的商场已近饱和，拓展的空间是有限的，于是克服了长途跋涉、艰苦生活、水土不服、语言不通、生活习俗不同等一系列困难，扎根在西南地区。据史料记载，龙游商人李汝衡的丝绸生意做遍了楚地十五郡；童巨川和他的弟弟在边界做贸易成为巨富。

龙游商人的经营理念也非常先进。他们来到贵州、云南少数民族地区以后，在少数民族聚居地区从事屯垦，把先进的农业生产技术带到了西南。龙游商人会利用自己雄厚的资金，雇用当地的劳动者轮流开发垦拓。同时他们将土地作为资本来经营，采取农业雇用制度来经营经济作物，最后把收成的农产品作为商品投放到市场中。这一举动非同小可，这意味着把商业资本转化为农业产业资本，具有历史转型的意义，代表着新的生产方式的诞生。

九 洞庭商帮——审时度势

19世纪到20世纪，一个雄心勃勃的商帮诞生了，在传统商海中注入了现代商业霸气，这就是洞庭商帮。洞庭商帮是特别的，在中国古代著名的十大商帮中，洞庭商帮是唯一以县以下的一两个乡命名的商帮，由苏州吴县管辖下的东山人和西山人组成。

洞庭商帮又叫作"洞庭帮""山上帮"或"洞庭山人"。明代苏州的小说家冯梦龙在他的小说集《醒世恒言》里记载了洞庭商帮的情况："两山之人，善于货殖，四方八路，去为商为贾。"所以江湖上有个口号，叫"钻天洞庭"。称为"钻天"，非同寻常，连无路可上的天庭都有本事去经营，洞庭的东山人和西山人可谓商海的健将。谁都知道徽商资本雄厚，活动范围广，经营能力强，民间流传一句俗语叫"钻天洞庭遍地徽"，在这里唯独把洞庭商帮与徽商相提并论，可见洞庭商帮的影响力之大。

聪明的商人都知道该如何扬长避短、审时度势。明代晋商和徽商在盐业和典当行业叱咤天下，精明的洞庭商帮避开竞争的强锋，选择了洞庭湖天时地利的商业条件，做起了米粮和丝绸布匹的生意，并逐步建立了自己强大的商业势力。

洞庭商人经营手段高超，连现代的商人都需揣摩。他们对市场的信息特别灵敏，对行情也很有预见性，还能非常变通地根据具体的情况采取特殊的经营方式。洞庭商帮的可贵也在于他们能打破传统，充分考虑市场行情和商品交换的变化情况，及时调整自己的经营特点。所以说洞庭商帮是非常具有现代谋略的商帮。

更值得一提的是洞庭商帮善于与时俱进，调整开拓自己的商业活动。鸦片战争以后，洞庭商帮把重心放到了金融中心上海，创办了买办业、银行业、钱庄业等金融业和丝绸、棉纱等实业，他们走了一条与以往都不同的商业道路，诞生了一批民族资本家，完成了由商业资本向工业资本的转型。

十　江右商帮——讲究贾德

古书上记载：江东称江左，江西称江右。所以古代江西商人就称作江右商帮，也即赣商。江西商人绝大多数是因家境所迫而负贩经商的，因此，小本经营、借贷起家成为他们的特点。他们的经商活动一般是以贩卖本地土特产品为起点，而正是江西商人这些独特的背景，使江右商帮具有资本分散、小商小贾众多的特点。除少数行业如瓷业比较出众外，其他行业与徽商、晋商等商帮相比经营规模显得相形见绌，商业资本的积累也极为有限。当代著名作家沈从文在他的作品中，曾经这样描述江西布商"一个包袱一把伞，跑到湖南当老板"。

另外，江西商人浓厚的传统观念、小农意识也影响到他们的资本投向，只求广度，不求深度。所以，尽管江西商人人数众多，涉及的行业甚广、经营灵活，但在竞争中往往容易丧失市场。江西商人讲究"贾德"、注重诚信是江西人质朴、做事认真的性格的一个外在反应，也是江西人头脑中中国传统儒家思想的自然流露。江西商人还善于揣摩消费者心理，迎合不同主顾的要求。总之，以售尽手中的商品和捕捉商机为原则。

第四节 浙江区域文化与浙商商帮

一 浙商区域文化的特点

浙江地处我国东南沿海,素称"文物之邦",在长期的发展历史过程中,形成了以"永嘉文化"为主体的区别于其他地区的文化特色。

1. 具有鲜明的"善进取,急图利"的功利主义色彩

浙江文化位于"东南功利文化区"。主要集中在我国东南沿海一带,其主体构成是吴越文化,其范围包括江浙及其附近地区。近现代以来,东南沿海一带一直受到西方工业文明的熏陶,形成了本地文化与西方文化的广泛交流。吴越文化终于从传统的农业文化转化为商业气息浓厚的商业文化。吴越文化从纵向上看,是在传统与现代的反复碰撞中发展的;从横向上看,吴越处在我国传统的大陆文明与现代西方文明两大板块的交锋地带,这就使其具有海陆两种成分,并进而发展成传统的伦理本位主义与现实功利主义两种性质的交流与融合。

2. 具有"富于冒险,开拓进取"的海派文化传统

浙商具有顽强的生命力与开拓冒险的精神。从原始先民以来,吴越文化屡经磨炼与挑战,练就了一身兼收并蓄、融会贯通、为我所用的本领,因此,它的生气来源于文化间的碰撞与交流,来源于浙人特有的柔慧性。

3. 具有浓厚的工商文化传统

浙江的商业文明历史源远流长,工商业活动自古就有深厚的民间基础。在农业经济占据绝对优势、商人居于"四民"末位的传统社会,较之于大多数兄弟省市,浙江的商业和商人的作用和社会地位依旧突出。浙江工商业活动的历史传承和脉络完整清晰。隋朝京杭大运河的贯通使杭州成为江南物资的集散中心。唐安史之乱以后,中国的经济重心南移,江浙一带成为中国经济较为发达的地区之一,商品经济较为发达,也产生了中国早期的资本主义萌芽。五代吴越国王钱镠的励精图治使浙江在两宋后富甲东南。宋元时期,浙江凭借发达的桑蚕丝织业和优良的海港资源成为"海上丝绸之路"重要的出发点和腹地。清朝末年及民国初年,浙江商人成为中国民族工商业的中坚之一,为中国工商业的近代化起了很大的推动作用。改革开放之后,浙江商人活跃于国内外商界,为各地的发展尤其是

欠发达地区注入了活力。

华夏第一商帮——浙商商帮

4. 具有"崇尚柔惠，厚于滋味"的人文情怀

中国社会发展到南宋，儒家礼教日益成为世人必须遵守的伦理纲常，"存天理，灭人欲"也是整个社会发展的文化导向，但在局部地区、局部文化中仍然保持着一定的自然人性论，吴越文化就是这样一种文化。它首先要看能否最大限度地满足人的欲望，因此，宋人将此概括为"厚于滋味"。

二 华夏第一商帮——浙商商帮

从严格意义上来说，20世纪80年代以前，并没有明确的"浙商"概念。但是，从古至今，浙江商人都是中国经济发展的重要推动力量。20世纪80年代后，随着温州人在商业领域的厚积薄发，逐步成为浙商代表。此后，宁波商帮再现辉煌，杭州商帮发展强劲，越商、婺商等地商帮风起云涌，逐渐汇聚成了一个新的大商帮——"浙商"。如今，浙商足迹遍布天下，成为商坛中的一支劲旅。现代浙商已经是当仁不让的华夏第一商帮。但是对于浙商而言，又因地域特色不同而形成各具特点的地域商帮。

作为"华夏第一商帮"，浙商按地域可分为：杭商、甬商（宁波帮）、温商、台商（台州商人）、婺商（金华商人）、湖商（湖州商人）、越商（绍兴商人）和衢商（衢州商人）八大商帮。

1. 湖商

湖商，即南浔商帮，以明清以来湖州城乡日益发展的丝绸经济为基础，以上海开埠为契机，是19世纪六七十年代形成的一个商业群体。

唐宋时期，湖丝及其丝织品就被列为贡品。元代湖州已能缫出清白如银的丝，蚕丝业的兴起和商品经济的发展，明万历至清中叶以南浔为代表的湖州经济空前繁荣鼎盛，清末民初已成为全国蚕丝贸易中心。同治、光绪年间，民间开始出现"二狮、四象、八牛、七十二墩狗"的说法，这是当时中国整体实力最强、密度最高的商人群体。上海开埠是湖州商帮崛起的历史契机，大利所在，趋之若鹜，一批湖州丝商以上海开埠为契机，利用地缘和业缘优势，贩丝沪上，崛起上海滩，其中南浔崛起者尤众。

从19世纪70年代到20世纪初是湖州商帮发展的鼎盛时期。湖州商帮的经营领域大为拓展，除土丝业外，他们向缫丝等近代工业、金融业以及盐业、房地产等领域投资。缫丝工业是其投资的重点，湖州帮成为上海厂丝的开拓者和最主要经营者。

进入民国后，特别是20世纪20年代后，日本缫丝工业崛起，人造丝的发明及大量廉价供应，加上湖州商帮的保守性，导致湖州商帮趋于衰落。

2. 龙游商帮

龙游商帮是浙江最早的商人群体，以血缘和地缘为纽带，联结衢州府及浙西一带从商人员而形成了一个商人资本集团。龙游商帮虽以龙游命名，但并非单指龙游一县的商人而是指浙江衢州府所属龙游、常山、西安（今衢县）、开化和江山五县的商人，其中以龙游商人人数最多，经商手段最为高明，故冠以"龙游商帮"之名，简称"龙游帮"。

龙游帮商人大多从事长途贩销活动，"龙游之民多向天涯海角，远行商贾"。不仅活跃在江南、北京、湖南湖北、闽粤诸地，而且还一直深入西北、西南等偏远省份。龙游商帮这种开拓进取、不畏艰辛、不恋家土的敬业精神，和现在温台地区的企业家精神在本质上是一致的。

一方面，龙游商帮的形成基于血缘、地缘关系，本质上具有排他性；另一方面，浙西人从内心深处鄙视商业和商人，重农抑商、重仕轻商思想严重。因此，龙游商人中从商而终的极少，多数人无论是发了家或是赔了本，最终还是叶落归根，返回到以农为本的老路上来。一些富有的商人或把精力和财产投入官场竞逐；或如龙游叶氏家族将经商所得巨资悉数投入叶氏建筑群，很少有人投资产业来扩大再生产。

龙游商帮发轫于南宋，鼎盛于明代中叶至鸦片战争前后，自光绪以后龙游商帮的活力之源逐渐枯竭。弹指间奢华烟消云散，唯有从龙游境内300多座明清建筑的残瓦断垣中，依稀还能感受当年的气度。

3. 甬商

甬商即宁波商帮，形成于明末清初，崛起于鸦片战争五口通商后的上海，辛亥革命后达到鼎盛时期，扩展至全国各大商埠，并迅速超越其他商帮居于当时各商帮之首。改革开放后，甬商传承"宁波帮"的优秀基因再一次迅速崛起，是中国传统商帮中唯一延续至今的商帮。

历史上的宁波帮，一般指祖籍由宁波府所管辖的鄞县、镇海、慈溪、奉化、象山、定海这六县的旅外商人，以血缘、地缘为纽带所组成的商业团体。

当代宁波帮的定义可以这样理解：一方面是祖籍在宁波所辖地区除原六县外，还包括宁海、余姚的一切旅外人士及其后裔；另一方面也涵盖了改革开放后现代宁波本土崛起的工商业人士。

宁波商帮的发展很大程度上和上海紧密联系。鸦片战争后，宁波等五地被辟为对外通商口岸。上海以其地处长江流域终点、交通便捷的优势，逐渐成为全国内外贸易的中心，各省商帮纷纷云集上海，而宁波商人以甬沪交通仅一水之隔的优势，大批量涌入，经营南北洋埠国际贸易及颜料、钟表、粮油、海味、煤炭、棉布、药材、西药、棉纱、银楼、五金、机械等行业，并经销洋货，开展对外贸易。上海最早受外商雇用的洋行和银行买办多数是宁波人，他们基于发展需要，在上海相继组成各种行业小团体，这类小团体具有同乡和同业的双重结构，它以维护帮会利益、互济互助为目的，是"宁波帮"的重要组成部分。宁波商帮在我国处于半殖民地半封建的社会经济中急剧崛起，成为我国民族资本的一支中坚力量。

20世纪以来，宁波帮的中心不断移往海外。宁波帮在海外享有较高的社会声誉，具有财力和智力的优势，邵逸夫、达三、曹光彪、王宽诚四人受到中国科学院等单位推荐，先后获得小行星命名的国际荣誉。现在，在海外从事工商业的上一代宁波帮后裔中，有相当一部分已经接过上一代人创造的辉煌业绩，继续为世界经济的发展做出新的贡献。与上一代相比，他们接受的教育水平更高，具有更加成熟的现代市场观念和企业管理能力，完全有能力把上一辈的事业推向新的高潮。

改革开放以后，宁波本土商帮迅速崛起，涌现出一大批出色的民营企业家。

宁波商帮经商传统历史悠久，宁波商帮在近代经济的发展中取得了非凡的成就，新一代宁波商人也正在不断努力，为宁波经济的发展、为中国经济的发展、为世界经济的发展，做出新的贡献。

4. 越商

越商即绍兴商帮，它是改革开放以后迅速崛起的商人群体。绍兴有悠久的商业文化传统，但历史上没有出现过大规模的商人群体，较之前所述的几个商帮，从其产生的时间来看，绍兴越商形成时间较晚。改革开放以后，绍兴涌现了一大批事业有成的绍兴商人，人们称之为越商，是浙江商帮中的后起之秀。从其发展过程来看，主要经历了以下三个发展阶段：

第一阶段：20世纪70年代中期到80年代中期，越商群体的初创时期。

早在20世纪70年代中期，一大批不甘贫穷的绍兴农民就开始不安分地办厂，他们冒着极大的政治风险，在当时允许生产的农机修理部里，安装起了车床和纺机，开始加工产品；一些不安分的农村小伙子做起"飞马牌"香烟采购员，他们利用政策的空档，从全国各地买来当时十分紧缺的原料加工产品，再销往各地。

从20世纪70年代中期到80年代中期，是越商群体的初创时期。这一时期，绍兴还是一个以农业为主的地区，但工业化的序幕开始拉开，草根农民企业家的创业活动由此开始。1978年改革开放，催生出一大批以金良顺、冯海亮、王永泉、陈爱莲、阮水龙等为代表的农民企业家，他们开始在机械制造、纺织、建筑、化工等领域创业，如今很多规模巨大的越商企业，大都是这个时期兴办的。当时没有国外资金直接投资，贸易量也非常小，但受计划经济束缚的消费开始涌动起来，第一代草根的农民企业家硬是在国家政策的空子中钻了出来。一大批农民企业家发扬"四千精神"，艰苦创业，创办了为数众多的社办企业，完成了创业第一阶段的资本原始积累过程。经历数千年历史的绍兴农村，开始冒出一批将会创造庞大财富的农村企业主，他们快速改变绍兴农村的面貌，绍兴城乡数不清的小企业应运而生，炽热的创业精神由此迸发出来。

第二阶段：20世纪80年代中期到90年代，越商群体的成长时期。

从20世纪80年代中期到90年代，是越商群体的成长时期。其间，开始在绍兴城乡站稳脚跟的越商群体，遇上了有利于民企发展的好形势，他们的企业家精神因此得以更好地发挥。这一时期，越商开始重视营销，重视技术革命，从早期的冒险与勤奋，开始转型为追求合作与进取，大量的联营企业出现，用当时的语言叫做"借梯上楼"，越商群体开始产生强烈的成长冲动。早期的领军民企因其外部环境变化，加上政府推动，建成了一批专业市场和产业集群，绍兴各级政府解放思想，适时地推进了企业的转制工作，为越商群体的发展创造了良好的外部条件。以靠纺织业发展的绍兴县为例，历经了80年代中期的化纤革命和市场革命，90年代初期的体制革命和无梭化革命，由此奠定了越商作为全球纺织制造基地的重要地位，一大批称之为"布老板"的越商变得殷实起来。无疑，良好的外部环境和内生的成长动力结合在一起，使越商群体成长发育良好，为90年代后期的崛起打下了良好的基础，越商的商业天赋也在这时充分显现出来。

第三阶段：20世纪90年代后期至今，越商群体的崛起阶段。

从20世纪90年代后期至今，是越商群体的崛起阶段。20世纪90年代，改革开放政策在我国的一些地方有所摇摆，绍兴却在坚定不移地往前推进。"入世"给越商群体带来了挑战，也给了越商跨越式的发展机遇，靠着前面两个阶段的先发优势和良好积淀，越商群体适时地推进了产业升级，走向了国际大世界，走进了资本市场，越商群体的资源整合能力由此得到了充分发挥，因此在浙商群体中乃至全国崛起。2003年4月，浙江省民企百强榜由省工商局发布，绍兴民企以36席的数量一举超越杭、甬、温稳居百强榜首位，此榜一直排到2007年，绍兴企业一直居于首位。全国工商联公布了2006年度上市规模民营企业调研结果，绍兴有45家企业榜上有名，几乎占了全国的十分之一。绍兴民企的上市风潮，也在此时风生水起。到2007年9月，有29家绍兴企业在海内外上市，形成了国内有很大影响力的绍兴板块，其中大部分是民企。越商群体此时大放异彩，在国内外广受关注。区域经济和社会发展也得以大力推动，绍兴连续得到最佳中国魅力城市等称号，在中国社科院倪鹏飞先生主持发布的历年《中国城市竞争力报告》中，绍兴的综合竞争力一直靠前，理性务实的绍兴人因经济和文化的良性互动受到国内外的高度关注。

5. 台州商帮

台州虽早有经商传统，但崛起的商人群体主要是在改革开放之后，是民间与政府互动联动发展的结果。从组织形式上看，以股份合作为主，靠工业实业起家。在1984—1988年、1991—1995年的近10年间，台州经济发展进入超常增长时期。台州商人更活跃于国内外商界。新台商有遍布全国及海外的各级商会以及建有"台州街""台州工业园""武汉汉正街""浙商新城"等。台州商人以精明、吃苦耐劳、敢闯敢干著名,从东北到新疆、南到海南,在中国只要有民营经济的地方就有台州商人的身影。

6. 婺商

婺商,就是八婺大地之商。金华,故称"婺州",辖领金华、兰溪、东阳、义乌、永康、武义、浦江、汤溪八县,故称"八婺"。据考古发现,金华的工商业历史源远流长。自春秋时期开始,这块土地上就已经出现了市场的雏形——市井。唐、宋时期陶瓷、丝织、印刷、棉纺、造纸、五金各业发达,至明、清发展成为多种手工业工场,永康、东阳、义乌一带从事手务工者甚多,素有"百工之乡"美称。唐代境内商业兴起,明正德年间有主要集市40多处,清末发展到百余处。清末、民初时期在上海就已有"金华帮""婺商"的提法。当时,"金华帮"与"宁波帮""绍兴帮"相提并论,共计有20多万人。他们给人们留下了一笔弥足珍贵的工商业文化财富。他们吃苦耐劳,笃守诚信,在风云变幻的境遇中百折不挠,自强不息。新中国成立以后,当代婺商各显风流,演绎出了许多可歌可泣的故事,创造了巨大的物质财富和精神财富。其中,"兰溪一剂药""义乌一面鼓""东阳一把斧""永康一只炉"等都名扬天下。

"兰溪一剂药。"兰溪药业,源远流长,尤以瀫西诸葛药业为最,诸葛村习业者大多遵循"不为良相,便为良医""良相治国,良药医民"之古训,人人习药。宋末元初以来,诸葛村凭借传统的中药业,使兰溪与浙江慈溪、安徽绩溪合称"三溪",称雄江南中药市场700多年。据1947年统计,诸葛村人在各地经营中药行店有200多家,诸葛亮第47代后裔诸葛棠斋创建的"天一堂",成为经营国内中药材和洋药材进出口业务最大的代理商之一。

"义乌一面鼓。"义乌人"手摇拨浪鼓、肩挑货郎担",至清乾隆年间,全县已有糖担万副。他们用红糖从外地换来鸡毛、鸭毛等,当作农田的肥料,上等的鸡毛还可以加工成日用品或工艺品,再转手出售获利。开始形成了"鸡毛换糖"的交易特征,其活动范围南至广东、西至湖南、北至徐州。

"东阳一把斧。"东阳素有"婺之望县""歌山画水"之美称,被誉为著名的教育之乡、建筑之乡和工艺美术之乡。唐宋时期手工业已成雏形，明清时期形成了木雕、竹雕、泥工、木工、石匠为主的百工队伍。"一把泥刀一把斧，天南海北找出路。聚散离合总关情，矢志不渝做建筑"，正是东阳人的写照。

"永康一只炉。"从"黄帝铸鼎"开始，永康便积累了金属冶炼、打制的工艺知识，踏上艰辛的五金之路。大批男性公民从十多岁就开始学艺，做银、铜、铁、锡匠。千工百匠父子相传，师徒相授。他们肩挑百斤行担，终年走村串巷，上门服务，到全国各地制铜壶、补铁锅、铸铜勺、铸饭叉、打菜刀、打锡瓶等，足迹所至，几乎遍及全国。留下了"五金工匠走四方，府府县县不离康"的佳话。

7. 杭商

作为中国历史上古老的通商口岸，杭州向来都是商品云集、出口繁荣的重要地区，在纷繁的商品流通过程中，历代行商坐贾活跃于城乡社会，市场向杭州的各个角落尽情地渗透。隋朝开皇年间开凿大运河，杭州由山中小县变为通商大邑，到唐代中期，杭州发展成"珍异所聚、商贾并辏""骈樯二十里，开肆三万室""鱼盐聚为市""灯火家家市"的"大都""名郡"。五代吴越和南宋又两代建都，历时200多年，是杭州历史发展史上的鼎盛时期，所谓"东南形胜、三吴都会"。宋廷南迁，定都临安府，杭州成为南宋的政治中心，全盛时人口达百万，取代北宋的开封成为当时世界上最大的都市。城内主要的商业街道，"自大内（宫城）和宁门（北门）外，新路南北，早间珠玉、珍异及花果、时新海鲜、野味、奇器，天下所无者悉集"。"买卖关扑，酒楼歌馆，直至四鼓方静，而五鼓朝马将动，其有趁卖早市者，复起开张，无论四时皆然。""严、婺、衢、徽等船，多尝通津买卖往来，如杭城柴炭、木植、柑橘、干湿果子等物，多产于此数州耳。"宋高宗后期，因商业发展需要，杭州富商们还印造"便钱会子"在市场使用，是世界上最早使用纸币作为商品流通媒介的城市之一。南宋商人社会地位也得到了提高，宋前历朝一直奉行"重农轻商"政策，士、农、工、商，商人居"四民"之末，受到社会的歧视。宋代商业已被视为和农业同等地位，均为创造社会财富的源泉。"士、农、工、商，皆百姓之本业"，成为社会共识，两宋商人的社会地位得到前所未有的提高。蒙古贵族入主中原后，杭州未遭大的破坏，城内市场活跃、秩序井然。元代的杭州是重要的消费市场和商品生产基地，也是出口商品吸纳地和钱塘江流域进出口商品的集散地。由于有着便捷的交通，杭州可以通过船舶把汇聚于此的进出口商品，由钱塘江通过澉浦港入海，外地的富商大贾纷纷来寻找商机，杭州城内有一定数量的外国居民，很多都是善于经营的穆斯林商人。元代以后，随着政治和交通等因素的变迁，杭州逐步演变为一座区域中心城市，城市工商业仍得到进一步的发展，"东南财赋地，江浙人文薮"就是当时杭州的写照。明初由于元末战争影响，城市经济遭到一定程度的破坏。万历年间经济又呈现出空前的繁荣，史载"舟航水塞，车马路填。百货之委，商贾贸迁、珠玉象犀，南金大贝。侏儒雕口，诸蕃毕萃，既庶且富"。明清时期杭州与苏州并称为江南二大都会，以杭州为中心，把太湖南段的杭嘉湖平原以及附近地区的经济联系起来，浙江各地的商品流向杭州，通过大运河输送到国内各地。清朝中叶以后，杭商迎来了发展的黄金时代。胡庆余堂创办人胡雪岩纵横官商两道，富甲天下，成为商界财神；民国时期，随着民族企业的兴起，涌现出了像叶揆初、陈蝶仙、蒋抑厄、金润泉、徐新六、项兰生、项叔翔、朱光焘、吴受彤、朱紫光、吴季英、张子廉、都锦生等一批著名企业家。

改革开放以来，杭州经济快速发展，杭州商人抓住机遇、乘势而起，涌现出大批浙商的领军人物。传化集团董事长徐冠巨当选浙江省政协副主席、省工商联会长，开创中国私营企业家出任省级领导的先例；中国乡镇企业协会会长、万向集团创始人鲁冠球，是国内第一位领衔全国性行业协会一把手的企业一线负责人；在美国《财富》杂志的首选投票评选中，此前没有全国性知名度的华立集团董事长汪力成荣登"2001中国商人"榜首；资深企业家冯根生，是1988年第一届中国优秀企业家20位得主中，仍然活跃在生产经营第一线仅有的二人之一；阿里巴巴创办人马云，获选2000年《福布斯》杂志封面人物，成为50年来中国企业家获此殊荣的第一人。

他们有着坚韧不拔的创业精神、敢为人先的创新精神、奋发有为的自强精神、不图虚名的务实精神、恪守承诺的诚信精神、勇往直前的开拓精神、吐故纳新的包容精神和互信互利的团队精神。这个群体以特有的综合优势，强有力地推动了杭州的物质文明和精神文明建设，同时又依托于杭州变得不断成熟、完善。

8. 温商

温州是我国民营经济的主要发源地之一，以其"多元产权、特色产业、专业市场、城镇集聚"的发展之路而闻名全国。温州的崛起依靠的是"敢为天下先"的勇气,由于地处浙江东南沿海,自然资源匮乏,工业基础薄弱,生存的压力和远离政治中心的地理劣势,使温州人的经商意识得到大大激发,很多人都以商业贸易谋生。温州人的经商风气由来已久,南宋时期,温州就出现了以叶适为代表的"永嘉学派",主张义利并举,追求一种"知之则必用,用之则必尽"的价值取向,这种讲究实效、注重功利的思想及其价值取向,经过一代又一代温州人的历史实践,塑造和强化了温州的地域文化传统,构成了温州经济社会发展中不可缺少的"遗传因子",渗透在温州人的骨髓里。

"哪里能赚钱,哪里就会出现温州人的身影,他们在全国各地及海外建立了自己的销售公司和经销点,形成了新产品的销售网络,到2007年,全世界每30件衣服就有一件是温州产品,温州生产的打火机在全球的市场份额超过70%,正是温州人这种恋乡不恋土、走南闯北打天下的精神,开拓了国际市场,为温州经济发展聚积了第一桶金,并继续推动着温州经济新跨越。"温州人从不放弃任何一个赚钱的机会,即使在个体私营经济被禁锢的计划经济时期,温州人就开始通过各种变相的方式从事个体经济,如磨剪刀、养蜜蜂、修鞋,到了改革开放初期,个体私营经济被允许在一定程度发展时,温州人就从经营纽扣、徽章、开关等小商品开始跑遍全国各地。温州人率先发展家庭工业、专业市场和个体私营经济,探索农村工业化的路子率先实行市场导向改革,探索国民经济市场化的途径,率先进行以股份合作制为重点的企业制度创新,探索公有制的多种实现形式,创造了"以家庭经营为基础,以市场为导向,以小城镇为依托,以农村能人为骨干的经济发展模式"即"温州模式"。正是这种精神给温州经济的发展带来了"先发优势"。不论是投资还是办实业,只要能赚钱,温州人都会去干,敢于为经济利益做出常人不能做的努力。温州人把生意做到了全世界,除了具备做生意的意识以外,与他们吃苦耐劳、团结互助、注重信誉等品质密不可分。"白天当老板,晚上睡地板",是温州人肯吃苦的最真实写照。温州人的团结精神让其他地区的人自叹不如。温州人只怕找不到创业的项目,不怕没有创业的资金,因为只要有温州商人在的地方,温州人想创业就会得到同乡的最大支持,温州商人的团结、互助被人们传为美谈,也成为温州商帮的一大特色。

在以上各商帮中,由于时代和自身的不同原因,产生了不同的宿命。

改革开放之后，浙商主要以甬商、温商、婺商、越商、杭商、台商较为活跃，下文主要以上述六个较活跃的商帮为对象，对温州商帮与其他商帮进行比较分析，找出它们同质表现与异质特点。

三 温商与其他商帮的相同点

1. 产生的背景和基础是相同的

先天不足的资源条件是促使各商帮形成的客观基础。浙江七山一水两分田，人多地少，"缺铁、少煤、无油"，缺乏大宗工业原材料。从国家统计局颁布的45种矿产工业储量潜在价值看，浙江仅为55.7亿元，人均128元，占全国比重仅为0.09%。先天不足的资源条件，使浙江人面临巨大的生存压力。汉代以后，随着北方移民不断南迁和人口逐渐密集，浙江老百姓的生存压力不断加重。浙江人靠辛勤劳作，形成了精耕细作一年三熟的稻作文明，也逐步磨炼出了依靠自己努力来改变自身命运的自立精神和自强意识。同时，生存压力还成了"被逼下海"的客观动力，使浙江许多地方的老百姓不得不背井离乡外出谋生，漂洋过海去闯荡世界，推动了如今浙商顽强拼搏的创业实践。

除了传统的几个商帮外，其余大部分商帮都是在改革开放的大背景下发展壮大的。

2. 都有着深厚的精神文化渊源

浙东事功学大体有三派，以陈亮为代表的永康学派，以吕祖谦为代表的金华学派和以薛季宣、陈傅良、叶适为代表的"永嘉学派"。三个学派在哲学思想造诣上各有千秋，但均扎根于浙江现实，并行不悖，互相兼容，是浙江精神文化的理性升华。浙东事功学三体一脉的哲学思想构成浙江精神文化的基本理论体系，产生于浙江人的实践，反过来指导浙江人的价值观与行为，在本质上是浙商的精神文化渊源。浙东事功学派学术思想的一个显著特征是：主张学术与事功的统一，强调实事实功，学术的目的在于经世致用。浙商的处世哲学正是基于这三脉共同主张所形成的浙江人文精神，即以"实事疾妄、崇义谋利、经世致用、兼容并蓄"为特色的人文精神，这种处世哲学思想概括而言就是"功利与仁义并存"的新价值观念。浙商的精神文化正是在浙东事功学指导下的精神文化，浙商在创业中表现出来的务实创新的处世态度、讲求功利的做法，与浙东事功学倡导的处世哲学一脉相承。

3. 商业主体带有浓郁的草根性

浙商之所以能跨越几个时代而越来越兴旺，一个关键因素是无论晋商还是徽商始终作为封建政府的附属物而存在的，从来就没有成为独立的商业力量，本质上都是"官商"，而浙商是从农民演变而来，其是真正的"民商"。

浙商的商业主体基本上都是"草根"。他们绝大多数是农民或手艺人（身份也是农民）创业，文化水平很低，小学、初中文化比比皆是。例如，浙江001电子集团有限公司老板项青松——农机工，星星集团有限公司老板叶仙玉——农民，奥康集团有限公司老板王振滔——木匠，这些创业者在创业之初既不懂技术，又不懂经商办实业；学历水平低，正泰集团南存辉学历是初中，万向集团鲁冠球学历是小学，均瑶集团王均瑶初中辍学，很少具备大学学历，高中学历也相当少。在浙江非公有制企业100强中，约有90%的浙商精英，出身均很"低微"。正是这些学历低，从耕耘的土地上走出的农民，组成了遍布中国甚至于远渡重洋的浙商大军。用"草根性"来形容浙商在恶劣的资源环境中顽强成长、自强不息是再恰当不过了。

温商商帮与其他浙商商帮的同质性与异质性

4. 浙商创业的家族性

浙商创业过程中最为普遍的组织特点是以家族式创业为基础的。家族关系与泛家族关系是浙商在创业过程中的天然力量，他们通过亲缘、业缘等关系，进行区域化扩张，表现为家族、泛家族关系的群体联合行动。一种产业、一个产品、一种模式很快就会在一个村、一个乡、一个镇中蔓延开来。从数量上看，据浙江省经贸委调查，2003年，浙江全省工业总产值在10亿元以上的制造业产业集群有149个，工业总产值合计1万亿元，约占全省制造业总量的50%。从专业化类型看，有绍兴的轻纺、海宁的皮革、嵊州的领带、永康的五金、温州的皮鞋、乐清的低压电器、桐庐的制笔、诸暨的袜业等等。这些星罗棋布的产业群已经成为浙江开拓国内、国际市场的生产基地。

5. 工与商紧密结合

浙商的鲜明特色之一是"工"与"商"的结合，是费孝通所说的兼营手工业和商业，集手工艺人和商人角色于一身的"艺商"。

工商业发达和"百工之乡"的产业传统为浙商积累了丰富的经营经验，自古以来，浙江就是全国工商业发达的地区之一。在唐代，杭州、宁波和温州已经成为繁荣的商业都市。两宋以来，浙江成为全国工商业的重要中心，也是国家财税收入的重要来源，丝织、制瓷、造纸、印刷和造船业等都位居全国领先地位。南宋时，人口超过百万的杭州，不仅是都城，而且是当时全国最繁华的商业城市。温州市"其货纤靡，其人多贾"，还出现了被称为"机户"的中国最早一批个体工商户。到了明代，杭州、湖州、温州等地均辖有几十个市镇，小者千户，大者万家以上。鸦片战争后，宁波、温州等地相继被辟为通商口岸，对浙江工商业的发展起到了一定的推动作用，浙江商人开始走向上海，走向海外。"宁波帮"企业家在近代中国的崛起，显示了富有商业头脑的浙江人在商品经济发展中的地位。浙江发达的手工业和小工业传统还造就了众多的能工巧匠，诸如东阳的泥水木匠、永康的铁匠、义乌的麦芽糖艺人、奉化的"红帮裁缝"、台州的绣花女、温州的皮鞋匠、永嘉的弹棉花郎，等等。这些世代相传的专业技能，加上头脑灵活、善于经营的个性，构成了浙江特殊的专业性人力资源优势。这种"百工之乡"加上外出谋生的传统，使浙商的专业技能和经营经验不断得以积累，特别能适应中国改革开放后市场经济的发展。

6. 鲜明的浙商文化精神

德国学者马克斯·韦伯认为，"精神气质"（Ethos）在一个地区的发展过程中起着关键性的作用，浙江商人最大的优势在于精神优势。王孝通在《中国商业史》中曾说："浙人性机警，有胆识，具灵活之手腕、特别之眼光，其经营商业也，不墨守成规，而能临机应变。"一般说来具体表现如下：

其一，低调，公众知名度低。他们不擅表达，不喜欢到公众场合露面，即使是一些很多人看来很重要的场合。这种"对待荣誉犹如对待批评"式的反应，不爱出风头的个性，为其赢得了"隐形冠军"的美誉。

其二，吃苦，谨慎的冒险精神。改革开放初期，浙商群体创出了"四千精神"，即"走遍千山万水，经历千辛万苦，想尽千方百计，说尽千言万语"，他们重操作，敢冒险，把经商行为发展到极致。经营手法平实稳健，创造概念和新名词不是他们的专长。

其三，合作，抱团经营。哪里有市场，哪里就有浙江人；哪里没有市场，那早就有浙江人去开拓。浙江人在市场竞争中能抱团却不封闭，而且能与时俱进，最后演变成具有公信力的商会组织。

其四，模仿、局部创新思维。在与西方商业文明的交融中，浙商逐渐生成了模仿、引进、学习、赶超的个体品格。在累积了必要的资本、管理、技术和营销经验之后，往往选定某种产品进行仿制并局部创新。

四　温商与其他商帮的不同点

1. 不同的文化特征

文化涉及一个商人群体的综合竞争力，商业的发展在很大程度上取决于文化的"领跑"作用。浙江乃至江南地方文化的多样性和共融性，决定了甬商、温商、婺商、越商各有自身的文化特色。

温商文化是山地文化、海洋文化、移民文化、重商文化的集合体。由于温州自南宋开埠后，商业繁荣，加之浙东永嘉学派事功、趋利之说深入人心，逐步形成"功利""重商"的区域文化传统。因此，温商文化有别于重义轻利、崇本抑末的传统儒家文化，表现为实用主义色彩浓厚、精于计算、敢于冒险、善于应变、族群自我封闭等特点。因此，虽然温州人的经商能力得到广泛的肯定，但文化方面存在缺憾。

甬商文化类型丰富，内涵深刻，兼容并蓄，贯通中西，是大陆文化与海洋文化的有机结合。甬商文化既不是单一的大陆文化或者单一的海洋文化，而是以博大精深的浙东学术文化为核心，以源远流长的海洋文化为主线，把中国传统的儒家文化和海洋文化有机地结合起来，表现出既秉承传统，又与时俱进、不墨守成规；既具内陆文化吃苦耐劳、顽强拼搏的优点，又有海洋文化敢于开拓、勇于冒险的精神；既诚信务实，又灵活多变的文化特性。

婺商文化是一种相对独立的地域文化体系，即丘陵盆地文化。婺文化从东汉时期开始逐渐形成，经历了魏晋至隋唐，逐渐形成了婺商的瓷文化、宗教文化、名人文化、工技艺文化等，形成了具有鲜明地方特色的文化体系。婺商受徽商、绍商文化的影响比较大，热衷儒业，迷恋官途，经营利润流向非生产性领域，表现出朴实勤劳、自主自强、博采众长、善学精思等文化特质。但大多婺商继承了先辈独走江湖的"行商"衣钵，相互之间合作不够，整个群体相对比较零散，有着容易满足的"盆地意识"和凝聚力缺乏症。

越商文化则是一种智慧型、应变型、外圆内方、不断进取的精神及兼具面子文化的特色。绍兴自古以来以文化闻名，但也不缺乏重商的传统。越商文化中儒商鼻祖范蠡的不尚虚功、求实利，南宋时期"浙东学派"的"实事实功、经世致用"，"农商并举""义利双行"等经商文化思想，一直影响至今。越商文化中最鲜明的特色是卧薪尝胆精神，"功利主义"色彩中隐含着浓厚的绍兴师爷智慧，区别于传统的儒家文化，有着一种"《论语》+算盘"的商文化内涵。

台商的文化特征与地理有密切关系。台州企业家吃苦耐劳、敢干恳干、善于钻研、不怕风险。台州玉环县资源贫乏，而能得到迅速发展，与玉环人的特点有关。玉环文化是一种移民文化和海洋文化，玉环人来自福建沿海等地的渔民，长年在海上生活，养成了一种豪爽、不认输的性格。他们敢拼、敢干。玉环汽摩配的发展，当初他们选择为大企业做配套，主要看准"大船不愿干，小船干不了，我们干"这样一条路子。

杭商的文化既渊源于浙江区域文化，更来源于自身特有的城市文化。长期以来，杭州一直是浙江的政治、经济、文化中心，频繁的人口、货物、信息的流动交流，使杭州成为各种文化碰撞、对话、交融的平台。杭州作为浙江的政治经济文化中心，首先深受浙江区域文化传统的影响。浙江的历史文化中，具有重商的传统。同时，杭州特有的城市文化。精致和谐、大气开放是杭州的城市精神，特别是开放，不仅是杭州城市文化的一大特征，更是千余年来杭州经济社会发展的动力，这种兼收并蓄的开放格局也必然使其文化形态表现为多元化，从而使杭州的历史文化带有高度的包容性特征，这也为经济的发展提供了强有力的后劲。

2. 产业发展差异

温州产业以传统产业为主，如服装、皮鞋、眼镜、低压电器、皮革、打火机，而且基本上是终端产品，科技含量较低。从温州工业企业规模化发展态势看，电气制造业、鞋革制造业、通用设备制造业、电力生产和供应业、塑料制造业、服装制造业等行业产值较高。此外同时涉足交通运输设备、化学原料及化学制品制造业、金属制品业等行业。

甬商，在产业转型上，有半数甬商企业由核心产业向相关服务业发展；产品转型上，有29%的企业选择通过加大研发力度，提高产品技术含量的方式打造名牌产品；商业模式转型上，有四成的企业通过互联网等新兴媒介改变销售模式；营销转型上，有三成企业选择开拓新的国际市场；管理转型上，有三成企业选择建立新的人才激励制度和采用新的人才培养方法。

婺商，改革开放之后，金华商人崛起初期，并没有统一贴上"婺商"的标签，而是各下辖县各有各的特色。义乌是小商品市场，永康是五金制造业，东阳是建筑业等。义乌是国际著名的"小商品市场"，市场是义乌经济的最大特色和优势。义乌自1982年在全国率先创办小商品市场以来，经过五易其址、九次扩建，业已形成以中国小商品城为核心，11个专业市场（通信市场、家电市场、旧货市场、汽车城、义乌装饰城、物资市场、义乌农贸城、家具市场、二手车交易市场、木材市场、出版物中心）、20多条专业街相支撑，运输、产权、劳动力等要素市场相配套的市场体系。

越商以轻工业中的纺织业为主。1979年起，工业生产迅速发展，先后建成绍兴弹力丝厂、浙江涤纶厂、诸暨毛纺织厂、浙江建筑卫生陶瓷厂、新昌毛纺织总厂、华越微电子有限公司等一批现代化企业。至1990年，绍兴市已拥有纺织、食品、机械、冶金、化工、建材、电子等20多个工业部门，初步形成以轻纺工业为主体，酿造为特色，纺织、机械、食品三大工业为支柱的工业体系。

台州产业以重工制造业为主，如交通运输设备制造、汽车摩托车及其配件生产、服装机械、塑料模具、化学原料药出口生产、阀门，现代工业初具规模，科技含量不断提升。目前已经形成了汽摩、医化、塑模、家用电器、服装机械五大支柱行业生产体系。其中交通运输设备制造工业总产值最高，台州工业重化趋势明显。重点行业和重点企业支撑作用显著，其中船舶制造业增势强劲，增幅较大。

杭商是杭州后工业化的社会主体，推动着杭州的产业向高级化发展。虽然杭州的土地资源、矿产资源十分稀缺，但杭商通过市场，较为有效地利用本地和跨地区资本、技术和劳动力等生产要素，以内源力量和市场机制推动经济发展。杭商还利用本地的特色和优势，致力于软件、网络、动漫、文化创意、医药、新材料、环保等高新技术产业的发展，一大批知识型企业和知识型企业家迅速成长，赋予杭商新的时代内涵。今天的杭商，已成为全球化、互联网时代的弄潮儿，是新经济时代的杰出代表。

3. 不同的发展模式

在甬、温、婺、越商中，甬商和婺商是在没有模式的情况下成长发展的，而温商、越商则形成了自己的发展模式。

"温州模式"是以个体为主、私营机制、市场经济为基本特征，兴起于计划经济居主流地位的时期，经历了从市场无序走向有序。伴随着"温州模式"的成长过程，温商也经历了从经商无序到自觉遵守市场规则、纠正自己的行为，转而注重产品质量、重视市场信誉的一个历练过程。

"绍兴模式"是一种复合型区域经济发展模式，其本质特征是市场经济，表现形式是民营经济，推动力量是百姓创业。这种模式有苏南民营经济的区域集约性优势，又兼容了温州民营经济高度灵活的市场机制优势。伴随着"绍兴模式"的发展，越商从原生态的个体经济起步发展，与外来资本合资、抓住国有、集体、乡镇企业改制等机会，逐渐形成产业集群与商品交易平台，在浙商中后来居上。

宁波经济在没有模式的情况下运行。如果要总结也是一种尚不成型、尚无定义的宁波模式，这种模式不同于"温州模式"，也不同于"绍兴模式"，而是符合宁波实际情况的混合所有制经济模式，它不是单纯以某一种经济为主体，而是产权多元化，随着环境的变化而创新，并且在日益激烈的市场竞争中发挥各个经济主体的积极性和创造性。正因为没有模式，甬商则大气有为，气吞山河，总能以国际视野来定位自己的企业和产品，把它做大做强。

杭商与杭州城市人文精神的融合，既体现出"精致和谐、大气开放"的城市精神和价值取向，也体现出茶叶、丝绸、剪刀、中药和电子商务等传统与新兴产业相辅相成的杭州经济文化特色，更体现以人为本与顺应天时、生活享受与工作创造，以及人文与科学、传统与现代、实体与虚拟等复合文化特征。杭商具有情感与理智、诚信与敢为、深厚与活力、柔和与硬气、务实与谋略、沉稳与创新、休闲与创造等品格。总体上来说，杭商是超越资本的经营者，体现了中国的传统商业伦理和现代商业文明的精髓，彰显出杭州"和谐创业"模式的个性特征。

4. 不同的经营方式

甬商的经营得益于优越的港口和与上海接壤的地利，他们继承和发扬了老一代宁波帮的传统，善以港口及沿港城市为依托，以国内外贸易带动相关产业。他们敢为天下先，敢于接受最先进的科学文化，吸收最先进的经营方式，敢于投入最新式的行业大胆经营且经营稳健，他们不做投机生意，不做无谓的冒险，往往是先谋后断，步步为营，因此甬商成就的大企业较多。还由于受海外宁波帮的影响，改革开放后的甬商一开始就能站在一个制高点上，从航运、金融、制造等产业介入，将东西方文化融于一体，更方便地进入经济全球化的轨道顺势而为。

温商的经营方式与甬商向城市集结相反，温商是向农村渗透，继而向世界各地扩散。温州商人在国内遍布各地，穿行于环境恶劣的地方，向许多被人遗忘的地方渗透。在国外活跃于全球八十多个国家和地区。温商敢试敢闯，胆大包"天"、包"海"、包"地"，创造了市场经济的先发优势；温商善于算计，对于经营成本锱铢必较，但当他们看准一个项目之后，便会以迅雷不及掩耳之势将大量的钞票"砸"下去，先发制人，出奇制胜；温商善变，没有固定的经营方法，往往根据不同的情况采取不同的行动，不断找到赚钱的门道，所以，有人总结温商是世界上最活跃、最能把苦难当作财富、最敢于冒险、最能创业、最会赚钱、最会算计、财富积累速度最快的商人群体。

婺商的经营特点总体是以小见大。他们所选择的产业都是针头线脑式的小商品，家业不大，但灵活多变，以小成大，创造出影响广泛而深远的国际小商品市场。婺商善于在实践中不断总结出自己的理论，用以指导自己的经营，如"半步哲学"理论、"社团经济"理论、"加减法"理论等。婺商还善于把握形势，化危机为商机。一些婺商在企业里专门设立了"政策研究室"，把握政策导向，顺势而为，使许多婺商具备化危机为商机的能力。

越商的经营带有明显的越文化烙印，有着独立的经商人格。他们擅长谋划，善于借势、趋势、借梯上楼、借船出海，不断跨越，尤其在资本市场上，越商的资本运营模式被媒体称为"绍兴人的资本经营魔方"，他们借助外来资本、国有企业及乡镇企业改制，将原生态的个体私营经济、合资企业、改制的国有企业、集体企业和农村乡镇企业糅合经营，使资本与财富迅速积聚，成为浙江地缘性商帮的后起之秀。

"提起杭商，人们脑海中会即刻浮现出文明、儒雅、高素质的文化符号。这是一个具有累积性的群体，具备长期战略性思考能力，会把理念融入产品的长期谋划中，而非急功近利。"浙江大学罗卫东副校长总结了杭商的经商风格。

杭商是杭州最为稀缺的资源和最为宝贵的财富，在很大程度上弥补了杭州矿产、耕地等方面的不足，尤其在面对"全球化、新经济、互联网"和"高油价、高粮价、高成本"的双重挑战，杭商的经营理念与城市的人文资源、服务资源一起，共同形成了杭商独特的经营优势，推动着杭州经济社会的不断创新和发展。实现了从模仿型向创新型转变、从积累型向运作型转变、从草根型向知识型转变、从机会型向战略型转变、从逐利型向品质型转变五大转变，体现了杭商独特的经营理论与风格。

总体上看，各商帮经营各具特色：甬商稳健、抱团但不封闭，落地生根，不见媒体宣传，生意却做到世界一百多个国家；温商抱团但封闭，外人很难插入其中，旋风式的资本运作充满投机，让人充满向往与恐惧；婺商放眼神州，网布全球，小而全的商品成就了大产业，以小博大让人崇敬却又难以模仿；越商经营不温不火，总能让企业长大，培养出的上市公司的数量及规模让人羡慕。

第五节　温商商帮产生的理论基础

一　强连带优势理论

强连带优势理论认为，强连带提供了人们彼此相互信任的基础，有利于人们适应环境的变化，降低不确定性风险。强连带可以传递影响力和信任感，从而促成组织的变迁。温州商人的经商资源网主要是以强连带为前提，而温州商人的信任则首先基于血缘。温州商人最初经商时都是从家庭、家族关系中寻求合作，随着与自身血缘关系的亲疏变化，彼此的信任也存在差异。所有关系中最信任的自然是夫妻关系，在温州商人群体中，夫妻共同外出打拼的家庭不计其数，二人通常将事业追求当作共同的目标,"男主外,女主内"的传统夫妻关系更是被运用于商业上"男管'外交',女管'财务'"的经商模式。此外,以夫妻双方为核心拓展的血缘关系网络也成为企业运行的重要组成部分,这些具有血缘关系的个人在企业中也占据了重要的职位。可以说,家族的关系网络深深地嵌入企业内部的关系网络之中,这种人员构成是温州商人创办企业之初的普遍形式。许多温州商人在海外做生意,其最早的形式也都是投奔亲戚,往往形成亲属都从事某一行业的现象。

温州商人的信任还来源于地缘和朋友。在同一地域内,商人们编织起一支庞大的互助网络,行动者之间的互动围绕着信息共享、资金互助、劳力共通等方式展开。例如泰顺商人从事房地产开发,他们在信息共享方面一个最典型的现象就是"每当哪个项目开盘开业的时候,一呼百应,成帮泰顺的商人都去捧场",这期间便是商人们互相交流创业信息和学习运营经验的重要时刻。大卫·克拉赫德(David Krachhard)指出,强连带提供了人们彼此相互信任的基础,有利于人们适应环境的变化,降低不确定性风险。强连带可以传递影响力和信任感,从而促成组织的变迁。

此外,温州独特的方言结构也增强了这种强连带关系。温州的语言,粗分可以分为瓯语(温州话)、闽南话、蛮话和蛮讲以及乐清北部接近台州话的大荆话。此外还有一小部分人说金乡话(戚继光军队在金乡卫留下来的,接近吴语,与温州话无法交流)、蒲壮话(戚继光部队在蒲壮所留下来的话,与城外的闽南话完全不通,也与温州话没法交流)。此外还有不少畲族人,说他们畲族的畲客话,还有不少畲族人说客家话,也有极少数人说翁山话。

即使是占大多数的温州话,口音也完全不同。温州话的标准音,以前是以瑞安城区或城区紧挨的陶山为标准,温州鼓词、温州道情,都是以这种口音为标准的,现在也有人把温州鹿城区的话当标准温州话。虽然温州城和瑞安只相距35公里,但是口音差距很大,有些词汇完全不同。比如说普通话里"这里,那里",温州市区说:Lei, Buda。瑞安话说Hao, Gao。吃饭,温州市区说Ci Va,瑞安人说Qi Wo。即使是瑞安,也是出了城没隔几公里,口音就会变。所以只要是温州人,一说话就大体可以确定你是哪个县哪个区甚至哪个乡镇的。

口音的区别度高,好处是熟人社会的极度发达。别人一听你口音,就

强连带优势、弱连带优
势、镶嵌理论观点对温商
商帮现象的解释

打听你的社会关系网，每个温州人都在一张极其严密的关系网里，这就要求温州人必须谨慎经营自己在关系网中的人际关系、保持人情往来、树立良好的口碑和信用。这种关系使温州人借钱融资更容易。乡亲合作也更有信用。因为一旦失信，你的整个声誉就在整个温州人网中垮掉，东山再起就很难。因此温州人在借钱、生意合作方面，个人信誉的认同感强于其他地区。

所以在没有政府金融业支持的情况下，温州民间有无数的古老金融业，呈会、抬会、担保高利贷等形式都很普遍，上一代温州人几乎人人都呈过几个会，人人都借过年息10%到36%的民间贷款，稍有点积蓄的也会找各种可靠渠道放高利息的贷款。虽然无数的温州民间"金融家"以非法集资之类的罪名坐牢、处死，后人依然前赴后继、层出不穷。

熟人社会带来的另一个好处是一个人有一种成功模式，其他人可以拷贝跟进，这样可以迅速占据一个垂直领域。比如全国开电器和气动配件店的，温州人就很多。当年的商标印刷业、打火机业、纽扣业，以及鞋业，都是典型的例子。一个领域大了，各种配套就齐全。比如鞋业大了，就有各种鞋料市场、鞋机市场、大批的鞋业工人，就有了规模竞争力。而乐清的电器大发展，则带动了临县的黄岩路桥成为一个模具业根据地，模具业的发达又让乐清的电器更有竞争力。

二　弱连带优势理论

弱连带优势理论认为，在社会关系网络中弱连带较之于强连带有更好的信息传播效果。所谓弱连带关系，是指跟你认识但不是太亲近的人，强连带关系则反之。举个例子来说，生意场的合作机会往往是由你不太熟的朋友介绍而来。这是为什么呢？因为太熟的朋友会形成自己的小圈子，而圈子中的人之所以能聚在一起是因为他们具有某种相似性，所谓人以群分。故圈子内的人所拥有的资源也是类似的。为了拓展新的市场机会，需要将不同的资源进行整合，这时圈子内部的资源就不能满足要求了。弱连带关系可以打破小圈子的局限，形成一个更广阔的信息网络。

温州商人讲究"来者都是客"的经商范式。无论是生意伙伴还是一般客户，本着"生意不成情谊在"的经商理念，保持信息互通的底线，追求下次生意的目标，使生意圈不断扩大。

三　镶嵌理论

镶嵌理论认为，一切经济行为都镶嵌在人际关系网络中，交易行为是在社会互动中做出的。镶嵌理论提出了组织间信任的问题，并指出这种信任关系具有防止欺诈、节省交易成本的功能。

地缘的圈子很小，温州商人认为即使是"温州"也并非一个有效的信任范围。温州商人重视组织间及组织内部的人际关系的交流与感情的增进。譬如，每年年末年初，都会有公司企业做"分岁酒"的习俗。不惜重金，大办宴席，款待公司员工，并邀请生意伙伴、学界名流参会。热闹的气氛中，人际关系网络得到强化并进一步拓展和彼此嵌入。

四　社会资本理论

基于社会资本的观点，社会是一个大系统，它由相互交错和平行的网络构成，组织个体在社会网络中所处的位置以及采取的不同社会行为都是影响组织成长的重要因素。

皮埃尔·布尔迪厄（Pierre Bourdieu）是第一位将社会资本概念引入社会学领域并对其进行系统分析的学者。他认为"社会资本是现实或潜在的资源的集合体，这些资源与拥有或多或少制度化的共同熟识和认可的关系网络有关。即与群体中的成员身份有关"。

皮埃尔·布尔迪厄的观点包括三方面内容：（1）社会资本是一种资源，可使资源拥有者受益，并且这种受益程度与每个人的实践能力有关；（2）社会资本与制度化的社会网络关系密切联系，一旦某一个体获得某个团队的成员身份，就有权力调动和利用网络中的资源；（3）社会资本是一种以稳固关系为目的，通过经济资本和文化资本的长期、持续投入所形成的一种产物。皮埃尔·布尔迪厄关注的是个体层面，认为个体投资于社会关系的目的在于把自我的、私有的特殊利益转化为超功利的、集体的、公共的、合法的利益。他重点分析了不同类型资本间的相互转换，包括经济资本、文化资本、社会资本及符号资本等。不同类型资本间的相互转换表现为：个体通过构建社会资本可以获取经济资源，提高自身的文化资本，并通过与制度机构建立的紧密联系获取符号资本。但是，皮埃尔·布尔迪厄的观点存在局限性，他在最终的分析中，把每一类型资本（包括社会资本）都化约为经济资本，忽略了其他类型资本的独特效用。

社会资本、社会网络、资源依赖理论观点对温商商帮现象的解释

科尔曼（Coleman）从功能上定义社会资本，认为"社会结构资源作为个人拥有的资本财产，即社会资本"。社会资本是具有生产性的，一定程度上决定了人们能否实现某些既定的目标。科尔曼认为社会资本与人力资本、物质资本是资本的三种形态。物质资本存在于看得见的物质中，是有形的；人力资本存在于个体所掌握的技能和知识中，是无形的；社会资本存在于行动者之间的关系中，是无形的。社会资本既不依附于独立的个人，也不存在于物质生产的过程之中。

科尔曼详细阐述了社会资本的五种表现形式，更清晰地界定了社会资本的内涵。社会资本的五种表现形式，包括义务与期望、嵌入在社会关系内的信息网络、规范和有效惩罚、权威关系、多功能社会组织和有意创建的社会组织。在社会资本的讨论中,科尔曼目的是通过解释(1)社会结构形成和约束理性行为的方式;(2)社会结构对个人产生影响是其自我利益最大化的原因,来缓解理性选择方法社会化的不足。而信任的源泉是理性选择理论的核心问题。

亚历詹德罗·波茨(Alejandro Portes)将社会资本界定为"个体凭借成员身份在网络中或者在更广泛的社会结构中获取稀缺资源的能力,获取能力不是个人固有的,而是个人与他人关系中包含的一种资产。社会资本是嵌入的结果"。他把社会资本概念扩展到了社会结构这一更宏观的层次。

在波茨观点的基础上,格兰诺维特(Granovetter)进一步区分了两类嵌入性,即埋性嵌入和结构性嵌入。理性嵌入建立在双方互惠的预期基础上。但是,当行动双方成为更大网络的一部分时(表现为结构性嵌入),信任就会随着互惠的期待而增加。

阿德勒和克文(Adler & Kwon)首先更准确地定义了社会资本,并清晰地给出了一个整合性概念框架。阿德勒和克文认为社会资本是嵌入个体或团队社会关系结构中的可得性资源,并且在概念框架中详细探讨了社会资本的形成条件、影响因素以及可能带来的收益和风险。他们认为现有对社会资本的研究可以分成两大类:一类是将社会网络结构视为社会资本的来源,关注社会网络结构特征,比如联系的强弱程度、结构洞等;另一类是聚焦在关系的内容上,包括通用的共同行为规范、信念以及能力。

社会资本的积极作用主要体现在以下三个方面:(1)社会资本有助于获取信息。对于行为者来说,社会资本有助于拓宽行为者的信息来源,并且有利于提高获取的信息的质量、准确性和及时性。(2)社会资本有利于促进个人、团队或组织的影响力和控制力。从关系内容的视角来看,社会资本代表着行为者的可信任程度,而信任一定程度又反映了个人通过社会关系网络涉取资源的能力。从关系结构的视角来看,拥有网络结构优势的行为者也可以获取较大的权力。(3)社会资本还可以带来网络成员间的凝聚力。克拉克哈特(Krackhardt)和汉森(Hanson)指出,信任作为社会资本的内隐价值可以促进网络内成员的团结一致性,进而有利于网络成员间传递更多、更准确的信息。在企业内部,若组织成员或者组织不同部门之间有着很强的内部凝聚力,则可以促进实现组织层面更高的目标。

但不容否认，社会资本也存在着一些负面的影响，包括：（1）过量资源投入。行为者需要投入大量的资源来构建和维持社会关系，在一些情境下，用于维系社会关系的资源投入并不总是有效的。（2）过度嵌入导致的创新思想束缚的问题。过度嵌入减少了外部其他有利于产生新创意的信息流入，导致了视野狭隘和惰性。（3）限制决策自由。一些社会关系所在的战略位置和地位，决定了其可能获取更具价值的资源和行使更大的权力。对处于依赖关系不平衡中较弱的一方，在决策过程中会受到较强一方的限制。此外，网络内部的共享规范有利于促进知识转移，但是这种默认的规范容易限制个体自由。

温州人社会资本的主要特征就在于它的可达成性，即社会关系中各结点之间的紧密程度。如果温州人之间能够彼此接触、相互联系，相互交往并互换其活动，社会资本则具有可达成性。社会资本的可达成性是产生关系性内聚力的首要的结构性条件。这种内聚力的结构性条件只靠自身并不足以产生信任，它除了要求温州人必须建构一种持久和相对较强的联结和配置（例如商会、行业协会）以外，还必须具备的条件就是情感。情感是黏合剂，可以增加彼此的信任，维持温州人的各种联络，以防止温州人之间的过渡疏远和联系"真空"。温州人之间互动越频繁，由这样的互动产生的情感就密切，信任感就强，关系性凝聚力的水平就越高，从而会产生自觉维系、涵养和拓展该关系网络的义务性行为。从温州人的社会关系角度来看，温州人在全国甚至世界各地良好的关系网络，通过本地温州人和非本地温州人之间相互的合作和博弈，最后在关系网络内部达成高度的信任，从而转换成了温州人的社会资本，完成了温州人的社会关系向温州人的社会资本的转换，因此，温州人的社会资本就是温州人的社会关系。

五 社会网络理论

社会网络理论显示，网络能够为移民的成功创业提供重要资源。社会网络就是有某些接触或交往方式的一群人的集合，或者说是一个包括朋友、家庭、同事及其他所有人在内的网络，人们之间有着诸如朋友、商业网络等社会关系。首先，社会网络有助于创业机会的识别。拉斐尔等分析从西班牙收集的数据后，认为创业者通过其参与的社会网络接触的外部知识，对识别新的商业机会非常重要。其次，社会网络有助于创业融资。创业者与亲戚、朋友以及家庭成员之间的非正式的网络联系是新创企业融资的主要渠道。在社会网络中，家庭是体现责任和信任的小单位，家庭内的借款是新创企业启动资金的主要来源。家庭的优势就在于降低了交易成本。再次，社会网络作为社会资本的一部分，对创业者的成功非常重要。罗伯特和吉迪恩的实证分析显示他们在社会网络中的社交能力越强，所获得的成功就越大。这些观点都是从资源论角度来阐述社会网络的作用，即从人们之间的关系来分析其给创业带来的诸多好处。

但社会网络观点也因为忽略了网络与外部环境之间的联系而受到批评。许多学者也尝试着联系产业集群的发展理论。集群因为空间上的聚集效应形成独特的竞争优势。集群能够带来外部经济性，并降低交易成本。产业在空间上的聚集还能加大企业之间的交流机会，形成基于信任的社会网络，从而促进知识的交换和衍生，利于创新和创业。集群内构建创业网络，有助于新创企业在网络中获取创业资源，提高创业绩效。

人的本质在其现实性上是一切社会关系的总和，马克思指出："人的本质不是单个人所固有的抽象物，在其现实性上，它是一切社会关系的总和。"[①] 具体的、现实的人总是处于一定的社会关系之中，"人不是抽象地蛰居于世界之外的存在物，人就是人的世界，就是国家，社会"。温州人的本质就在于温州人的社会关系网或温州人的社会关系的总和，是温州人成为自身的内在规定性，是温州人和其他人相区别的内在根据。在认识和改造世界进程中，温州人相互交流、合作，并结成了一定的社会关系。这种社会关系网反过来又制约着温州人的活动，温州人就是在多方面的温州人的社会关系中获得了多方面的现实的规定性。

在温州人的实践中，温州人总是处在温州人的社会关系网中，是温州人社会关系的生产者和再生产者，同时，又生产和再生产了温州人自身。离开温州人的特定社会关系网，就无从了解温州人的本质，只有理解了温州人的本质在于温州人的社会关系网或温州人的社会关系的总和，才能把温州人和其他人区分开来；只有理解温州人的社会关系，才能理解温州人的社会地位，温州人的社会关系决定了温州人的社会地位。在温州人的社会关系中，经济关系居于支配地位，起主导作用，正是温州人创造了温州经验、温州现象和温州奇迹，尤其是创造了丰厚的物质财富和精神财富，

---

① 《马克思恩格斯选集》第1卷，第56页。

才使温州人成为现代社会最具竞争力的群体之一，成为社会地位的象征。温州人社会关系网络的形成与发展，丰富了马克思主义哲学关于人的本质学说，进一步说是发展了马克思主义联系范畴。

六　资源依赖理论

资源依赖理论的基础假设是：没有任何一个组织是自给自足的，所有组织都必须为了生存而与其所处的环境进行交换。组织对外部环境的依赖性取决于组织所需的资源的稀缺性和重要性。具体而言，组织的这种外部依赖性取决于三个方面：第一，资源对组织生存的重要性；第二，组织内部或外部特定群体获得处理资源使用的程度；第三，是否存在替代性资源。

资源依赖理论隐含着三个基本假设：第一，组织是一个综合体，由内外部共同组成；第二，外部环境中存在着对组织而言有价值的、稀缺的资源；第三，组织和外部环境之间存在两个权衡目标使组织获取对资源的控制，一方面减少自身对外部环境的依赖，另一方面通过对资源的控制提高外部环境中其他人或组织对自己的依赖。资源依赖理论认为资源交换是联系组织和外部环境关系的核心纽带，承认外部因素对组织行为的影响，并且认为虽然组织受到外部情境约束，但是管理者能够通过采取行动降低对外部资源和环境不确定性的依赖。这些行动中的关键是权力概念，即对关键资源的控制。

总体而言，资源依赖理论的重点内容包括以下三点：

（1）降低环境中的不确定性。普费弗和萨兰西克认为如果组织与外部环境之间的交换关系不确定，则应该通过增加对关键领域的控制力，减少对单一重要资源的依赖等方式来转变组织的相互依赖性。如果组织无法有效地控制所需的资源，则可以通过建立与外部环境中的其他组织之间的合作关系，来降低环境中的不确定性。

（2）获取组织生存所需资源。资源依赖理论基本假设认为外部环境中存有组织经营所需的、关键的、稀缺的资源。因此，企业的生存与发展必须依赖于外部环境中的一些组织提供的资源作为输入，同时也需要依赖外部环境中的另一些组织作为自己产出的输出之所。在开放的系统中，组织之间的互动关系体现为有形或无形资源的交换，其表现出来的结果是提高资源稳定性，进而促进企业成长。

（3）加强组织的权力。基于资源依赖理论，"依赖"是一种相互的行为。汤普森（Thompson，1967）指出合作战略的实行可通过交换承诺而得到权力。

综上所述，资源依赖理论有助于解释当组织运营所需的资源和自身所拥有的资源之间存在缺口时，组织可以从外部环境中获取重要的资源，来构建自身核心能力。资源依赖理论关注组织和外部环境间的和谐关系，强调组织的外部资源依赖性。由于自身资源有限，组织需要与控制关键资源的其他组织合作来保证资源获取的稳定性。

【思考与实践】

1. 简述"商人"的由来。
2. 简述中国古代"重农抑商"的历史原因及其危害。
3. 简述商业与经济发展的关系。
4. 简述中国十大商帮及其特征。
5. 比较浙商商帮的相同点与不同点。
6. 简述商帮的基本理论并对温商群体的形成进行基本解释。
7.《×××传奇的撰写》寻找具有突出成就和社会影响力的知名温商，阅读其个人事迹，思考总结其商人特质。

参考文献

缪仁炳：《从文化视角看浙商创业特征与转型路径》，浙商资源网（http://www.izheshang.com），2013年8月1日。

范忠信、秦惠民、赵晓耕：《论中国古代法中"重农抑商"传统的成因》，《中国人民大学学报》1996年第5期。

李健、曲长海：《论秦汉重农抑商思想对我国社会发展的消极影响》，《学理论》2010年第14期。

刘朝峰：《从传统到现代：温州社会资本转型的研究》，硕士学位论文，温州大学，2012年。

吕新福：《浙商研究》，浙江工商大学出版社2011年版，第10页。

黄朝忠：《温州人的关系网》，《中共银川市委党校学报》2011年第3期。

黄峥：《商业对国民经济的影响》，《中外企业家》2013 年第 23 期。

纪宝成：《商业经济学教程》，中国人民大学出版社 2016 年版，第 1 页。

冀春贤、王敏杰：《甬商与温商婺商越商的比较与借鉴》，《浙江万里学院学报》2015 年第 5 期。

乔浩：《浅析我国古代重农抑商经济思想演变》，《品牌》2015 第 7 期。

秋泰：《中国十大传统商帮的经商秘诀（一、二）》，《农家参谋》2008 年第 10、11 期。

张翼飞：《中国的世俗文化与类资本主义精神——以改革开放以来第一代温州商人为例》，《社会学研究》2016 年第 8 期。

张仁寿、杨轶清：《浙商：成长背景、群体特征及其未来走向》，《商业经济与管理》2006 年第 6 期。

赵松霞、刘江鹏：《论区域经济发展中的文化因素差异——以江西省与浙江省为例》，《现代商贸工业》2007 年第 10 期。

周庆生：《语言与认同国内研究综述》，《语言战略研究》2016 年第 1 期。

周建华、张一力：《社会网络与区域性企业家集群演进——以温商为例》，《商业经济与管理》2016 年第 3 期。

邵捷：《浙江商人"天生"会做生意：探求杭甬温绍台义六地商人的性格差异》，《浙江经济报》2003 年 1 月 13 日第 2 版。

石帮：《中国古代十大商帮》，《协商论坛》2007 年第 8 期。

杨轶清：《浙商制造》，浙江人民出版社 2003 版，第 153 页。

易元芝、徐剑锋：《地域文化：温州模式的支撑与革新》，浙江经济 2008 年第 13 期。

第二章　温商精神的界定及其特征

本章主要内容：

学习温商精神，还要认清温商精神的本质是什么？如何正确理解和把握温商精神的基本内涵及其特征，要从认识温州商人，把握温州模式及其发展历程等视角展开。进一步讨论企业家精神与温商精神的关系，温商精神与温州文化的关系等。具体内容分如下三个小节：

一　阐述温州模式、温州商人的特点及发展历程。

二　概述从企业家精神到温商精神，重点阐述基本概念的内涵，以及企业家精神与温商精神的关系。

三　描述温商精神的由来以及温商精神与温州文化的关系，最后解释温商精神的特征。

第一节　温州及温州商人

一　温州简况

温州历史悠久，古代称瓯越。温州历史上以造纸、造船、鞋革、绣品、漆器著称，亦是中国青瓷的发源地之一。北宋时成为当时的港口重镇，被朝廷辟为对外贸易口岸，南宋时海上贸易尤其发达，是四大海港之一，至今仍为浙南、闽北货物进出的咽喉。晋人郭璞在《山海经》中描述温州的地形为"瓯居海中"，这是有关"瓯"的最早文字记载之一。据晚清学者孙诒让考证，夏为瓯，殷为沤，周为欧，因世异字，故"瓯"从夏始。

温州位于中国黄金海岸线中段，浙江省的东南部，东濒东海，南接闽北，西与丽水地区相连，北与台州市毗邻，是浙南的经济、文化中心和交通枢纽。1984年被国务院列为进一步对外开放的14个沿海港口城市之一。辖鹿城、瓯海、龙湾、洞头四区和乐清、瑞安二市及永嘉、平阳、苍南、文成、泰顺五县。辖区南北长176公里，东西宽163公里，陆地面积11784平方公里，海域面积约11000平方公里。全市各县市区总人口分布及城镇化率见表2-1。

表2-1　　　　　　　　　温州市各县市区人口分布

地区	年末常住人口（万人）	城镇化率（%）
温州市	925.00	70.00
鹿城区	124.94	90.45
龙湾区	71.51	90.90
瓯海区	94.31	87.75
洞头区	10.35	53.82
瑞安市	143.12	67.40
乐清市	142.35	57.20
永嘉县	82.94	64.60
平阳县	80.27	57.74
苍南县	125.22	63.32
文成县	24.42	47.99
泰顺县	25.57	48.89

资料来源：2018年底温州市统计局数据。

由于土地肥沃，山海兼利，温州物产十分丰富。已发现矿藏有铅、锌、锡等40多种，探明大小矿点300多处，明矾石储量达2.2亿吨，有"世界矾都"之称。温州素以奇山秀水扬名海内外，境内雁荡山和楠溪江被定为国家级风景区。北雁荡山号称"寰中绝胜"，总面积460平方公里，有7个景区，500多个景点，奇峰怪石，移步换景，瀑飞泉涌，洞壑幽深，古人诗云："欲写龙湫难下笔，不游雁荡是虚生。"楠溪江100多公里曲折的江流，清澈澄碧，有36湾72滩，滩湾风光四时晨昏变幻多姿，保持着田园式自然生态风光。沿岸还有古建筑和大若岩等著名景点。温州有泰顺的"承天雪龙"、永嘉的"乌牛早"、乐清的"雁荡毛峰"等珍品名茶，多年来中外驰名。

温州气候宜人，物产丰饶。温州属亚热带海洋季风气候，冬无严寒，夏无酷暑，光照足量，雨水充沛。1月份最冷，平均气温7.6℃，7月份最热，平均气温27℃，全年平均气温18℃，无霜期约280天，年降水量

1100—2200毫米。温和湿润的气候，十分适宜农作物生长。沿海平原是温州主要产粮区，一年三熟，以水稻为主。经济作物有柑橘、茶叶、枇杷、杨梅、甘蔗等60余种，西部山区有大量的林产品资源。温州海域广阔，海岸线长达355公里，有洞头、北麂、南麂、乐清湾等渔场，海水鱼有带鱼、黄鱼、鳗鱼、鲳鱼、鲈鱼等370多种，还有近百万亩的浅海滩涂，养殖着蛏、蚶、蛎、虾、蟹等海洋生物。

二 温州商人

温商是与徽商、晋商、申商、粤商齐名的中国地方性商人团体，有"东方的犹太人"之称。温商是温州的奇迹，是中国的奇迹，也是世界的奇迹；温商是温州的骄傲，是中国的骄傲，也是世界的骄傲。一位著名的韩国企业家感叹道：从我儿子8岁开始，我就跟他讲温商的故事，我相信等到他80岁的时候，他会发现，他一生的成功都来源于这些故事。民营经济与温商的崛起是当代温州经济最引人瞩目的两大事件，它们的崛起不仅对温州的政治、经济、文化、社会因素等各方面产生了深远的影响，更是中国改革开放的模板、市场经济的典型、区域经济的楷模以及民营经济的代表。民营经济是指除国有和集体企业及外资企业之外的所有制形式和经营方式，广义上的民营经济指的是非国有经济，除了个体和私营经济之外，还包括集体经济、外资经济以及国有经济持股49%以下的混合经济。温州95%以上的出口商品是由民营企业生产提供的，温州境外投资的主体90%以上也都属于民营企业。所以，在国内外，一般把温商当作中国民营经济的代表。目前，学术界对温商的概念尚无明确的定义，温商是指温州本地的、旅居或定居海内外的原籍温州的企业家和商人。

温商的崛起与民营经济的发展息息相关。温州的乡镇企业促成了民营经济的发展和壮大，引发了当代一个新的商帮——温商商帮的萌芽和崛起。温州的民营经济由以下三个途径形成：第一，在改革开放过程中不断建立的温州私营企业以及非公有制的产权明晰的温州企业。如当时柳市八大王之一的电器大王郑元忠，就是中国改革开放后第一代个体户代表之一，其先后经营的胶木电器厂、五金制品厂以及精益开关厂，包括现在所领导的庄吉集团（涉足服饰、船舶、有色金属、房地产等多个领域），都是这类民营企业的典型。第二，20世纪90年代温州脱去"红帽子"的"戴红帽子企业"，这类企业实质上本来就是私营但却一直挂着"集体"

企业的牌子。温州乐清市虹桥镇的转制过程是典型例子。在 80 年代，虹桥镇曾以其发达的乡镇企业在温州闻名一时。从 1993 年开始，在有利的政策环境下，特别是邓小平南方谈话后，虹桥陆续把镇办和村办企业一个一个地改制。到 2001 年年底，除了两家企业以外，虹桥转制了所有镇办企业。第三，在转制过程中被拍卖的原温州国有企业。这些企业的产权完全或基本上是明晰的。这一点在制造业、商品零售、公路客货运输行业表现最为突出。如今，作为具有中国特色的一种经济概念和经济形式，民营经济是指除了国有和国有控股企业以外的多种所有制经济的统称，包括国有民营经济、集体所有制经济、个体经济、私营经济、外商经济和港澳台经济、混合所有民营经济和民营科技企业等类型。在国内外，温商是中国民营经济典型代表之一。

温州民营经济的发展阶段与以时代体制划分的标准相区别，根据经营方式的不同，又可以将温州的民营企业划分为三个不同的发展阶段，依次为：家庭企业阶段、狭义的股份合作阶段和现代企业阶段。

第一个阶段，家庭企业阶段。20 世纪 70 年代末期到 80 年代中期，温州从"一辆车子、两个轮子"起步，"一辆车子"就是发展商品经济，"两个轮子"一个是家庭手工业，一个是专业市场，出现了千家万户搞工业、千军万马干个体的局面。以家庭经营为基础、以家庭工业和联户工业为主体、以专业市场为依托的经济发展模式是早期温州模式的一大特点。因此，家庭企业可以说是早期温州民营企业最普遍的形式。以家庭企业为普遍形式的阶段，是温州民营企业的自发经济阶段。这一阶段的起止时间为 1978—1985 年，千家万户都在生产运输成本低、档次低、技术含量低，但批量很大的小商品。这种经济活动方式，就是费孝通所称"小生产、大市场"的温州模式。家庭企业阶段的民营企业的主要特点就是缺乏统一的管理和领导，温州人一般情况下都是自产自销，销售完了再把资金拿回来扩大再生产，然后再去销售。1982 年，温州的个体工商企业超过了 10 万户，约占全国总数的 1/10，大约 30 万的商品经销员遍布于全国各地。由于家庭企业的遍地开花，到 1991 年为止，温州农村年人均收入突破千元，"九五"期间，温州农民的收入以 10% 的速度递增，到 2001 年，温州农村年人均收入达到 4680 元。

第二个阶段，股份合作阶段。1985—1992 年邓小平南方视察前，温州的民营企业以股份合作制为典型形式。这里股份合作的含义与广义上的股份合作制的内涵略有不同，主要指温州非家族成员的多个投资者合伙经营一家企业的现象。1985年，为了加速资本积累，在竞争中取得更加有利的地位，股份合作制企业在温州悄然兴起。1986年，温州全市已有农村家庭工业作坊、工场近11万家，从业人员30余万人。1986年以后，这些个体工商户则逐渐转向股份合作制名义下的合作制企业。1992年2月，农业部颁布《农民股份合作企业暂行规定》，规定将两个以上投资者组建的企业都纳入股份合作的范畴并将其视为社会主义集体经济的组成部分。这大大扩大了温州股份合作制企业的范围，也完成了他们在法律上的合法定位。90年代后，一些已完成部分原始积累的股份合作制企业纷纷发展为股份公司和有限责任公司。与此同时，温州商人也走向了世界各地。

第三个阶段，现代企业阶段。经过1989—1991年的三年整顿，从1992年邓小平南方视察到党的十六大前，温州的民营企业形式以现代公司制为主要代表形式。因此，这一阶段可称之为温州经济发展中的现代企业阶段。1992年，邓小平南方视察提出了"三个有利于"的思想，这大大激发了温州商人的创造精神，股份合作制企业陆续改组为公司制企业。1993年4月，温州市委市政府颁布了《关于促进个体私营经济发展的若干意见》20条。1994年，《公司法》正式生效。到1999年为止，温州的个体工商户从1981年的1.32万户发展到21.04万户。私营企业从1985年的近一万家，产值小于等于1亿元发展到1999年的8629家、产值65.97亿元；其中，产值100万到500万共1432家，500万到1000万的共146家，大于等于1000万的共57家。与此同时，温州的股份合作制企业从1986年的10413家、产值13.61亿元发展到1993年的36887家，其中共有工业企业27771家，产值达192.84亿。另外，公司制企业从1994年的1158家扩大到1999年的9568家。2002年十六大以后，以现代企业制度为代表，以新型工业化道路为特点的民营经济在温州取得了长足的发展。2004年，可以说是温州民营企业的上市年，这一年的7月16日，温州瑞立集团在美国纳斯达克成功上市。2006年，国家颁布了新的《公司法》。新《公司法》在资本制度上做出了"降低成立有限责任公司、股份有限公司的最低注册资本额""允许有限责任、股份有限公司分期缴纳出资"以及"一个自然人可以设立一个有限公司"等有关新规定。这一系列举措大大降低了温州民营企业更好地向现代公司成功转型的门槛。2006

年，温州市出台《温州市培育企业上市和扶持上市公司发展实施意见》，规定拟上市公司在税收、用地等方面可享受相关优惠政策，有关部门也将为其开辟"绿色通道"。2008年，温州市委、市政府又在原来的基础上出台了新的政策措施——《关于促进企业上市工作的若干意见》。两次关于上市企业政策措施的出台大大增强了温州民营企业上市的决心和动力，截至2019年4月，温州上市公司总数已突破20家，其中沪市8家，深市12家（包括中小板7家，创业板5家），境外上市公司6家。

在中国众多地域性商帮组织中，温州商帮是一个比较独特的群体。一是温州商帮是在改革开放的土壤中生长开花的。二是温州商帮的形成推动了温州工业化进程，自下而上地创造了与之相适应的经济社会制度，这种内生性的制度变迁构成了温州模式的主要内涵。三是温州商帮的主力是农民，农民缺乏资源，没有集体经济和国有经济的支持，却能开发和创造资源，这种草根创业所爆发的创造性是其他商帮组织所不及的。四是温州商帮的流动性偏好非常强烈，且是自发自主的流动，从温州流向全世界各地，在全世界各个角落建立了温州商帮组织，流动性成效比其他商帮显著。五是温州商帮的创业属于群体创业，已有的成功创业模式在流动过程中被大量复制，在新的区域扎根并构建温州商帮组织体系，这种网络繁衍和延伸的能力更强大。

温州商帮是怎样崛起的呢？在当今中国，几乎在任何一个城市的市场上都能找到温州人的影子。他们生产的低压电器、打火机、皮鞋等小商品，已经占据了国内市场的相当份额，并且大量行销海外，真正是哪里有市场，哪里就有温州人；哪里没有市场，哪里就有温州人在开拓。只要有了温州人，就不愁没市场。在法国巴黎、意大利米兰，在美国纽约、洛杉矶、旧金山等地唐人街，都聚居着大量的温州人。这些散布在国内外各个角落从事商业活动的温州人，同样被称为"东方的犹太人"。温州人能在改革开放的短短几十年内，成为中国首先富裕起来的那"一部分"人，有人把他们的商品发展模式称为"温州模式"。说到底，温州模式就是市场经济的模式。温州模式在中国的成功就是市场经济在中国的成功。温州人就是抓住了发展市场经济的契机，从而使自己一跃成为先富起来的"一部分"人。温州没有像山西那样的独特的自然资源，但温州人有自己的手工艺。他们运用自己的手工艺，在计划经济的夹缝中，在中国计划经济最薄弱的区域破土滋生。利用自己的手艺，他们或者在家里制作着一双又一双的皮鞋，或者下岗后在家里生产打火机，然后悄悄地拿到市场上卖。诸如此类的小打小闹，使温州人在"市场经济到底该不该搞"的争论中，淘得了自己的第一桶金。资本的本性是流动和扩张，这种流动和扩张是不会停息的，也是没有疆域的。有了自己的家庭式的手工作坊，温州的推销大军上路了。推销大军带着自己的产品和希望出发，带回来的是资金、信息、技术与订单。当他们的家庭式生产车间已经不能满足市场要求时，更大的家族式的企业便诞生了。温州人就此淘得了自己的第二桶金。随着家族式企业的不断发展，温州人的腰包鼓了起来，他们的目光开始转向国内外的市场。这时的温州人，随着资本的扩张和壮大，向外流动的已经不仅仅是人员、商品，而越来越多的是资本。这是由资本扩张的本性决定的。于是就出现了国内外经商办厂的温州人，在北京、巴黎、纽约等城市，出现了自发形成的"温州街""温州村"甚至"温州城"。

三 温州模式

1978年以来的温州历史，是创业富民史、创新发展史。温州人民勇于探索，敢于试验，创造了以民营经济为本、市场经济为精髓、实体经济为基石、有限有为有效的政府治理为内核的温州模式。"温州模式"首次出现于1985年5月12日的《解放日报》。这一创造，不断给国人带来新的启迪，为中国的改革发展探路开道。与苏南模式、珠三角模式相比，温州模式以其更加广泛地实现了富民目标而更具有生命力。20世纪90年代开展二次创业以来，温州人以商业模式创新和科技创新，推进温州新的发展。温州人跨地经营，合作发展，为中国现代化建设做贡献，温州模式演变为不断创新的发展模式。

1. 清晰的产权制度

温州清晰的私有产权，其形成主要依靠自下而上的体制外诱性制度的变迁，是制度创新主体根据潜在的创新受益于创新成本进行比较而产生的自发性制度变迁。改革前的温州农村的集体经济基础十分薄弱，不具备大规模地形成集体产权的条件。因而只能通过市场自发地组织资源，由家庭或个人接投资，形成私有产权，通过家庭生产队联合生产的替代，来完成农村的工业化和市场化。此外，在历史的发展过程中，由于人地矛盾突出，温州农村多数家庭并不以单一的农耕为主，通常还兼营家庭手工业。总而言之，温州农村的工业化进程沿着家庭工业所形成的私有产权制度这一路展开，企业的产权结构从一元走向多元，所有权与经营权也逐步走向两权分离，企业的组织形式由家庭经营逐步向家庭之间联合经营的股份合作制、公司制方向演变，从而使企业的产权更趋明晰。这些转变为温州经济的内源性增长提供了可持续性的保障。资本内源性增长的特点可以从微观产业组织（企业）的产权结构上看到，即明晰的产权制度。要达到这一点，前提是必须拥有具备产权明晰条件的企业，而此类企业往往是非公有制企业，并且其产值总量占工业产值总量的比重往往较高。浙江工业产值中"国有工业"比重为全国最低，而温州为浙江最低。

温州及温州模式

2. 专业市场为依托的群体规模经济

温州民间投资发展模式的另一个特征是其特色鲜明的群体规模经济。温州群体规模经济以专业市场为依托，围绕各种主导产业和产品，形成了专业化分工和协作相结合的、以民营企业为主体的专业生产加工群体。例如低压电器行业、服装行业、打火机行业等一大批效率高、成本低、市场竞争力强的行业。这种方式最显著的优点是可以充分利用区域在资源、产业以及其他与产业相关的各种比较优势，通过集聚，使中小企业获得外部规模经济，克服内部不足，既增强了企业的创新能力和竞争力，又为区域发展提供了内生的增长机制。温州企业正是通过这种规模效应，整合了资源，增强了竞争力，把握住了市场的先机从而获得成功的。

3. 家族制的企业制度

在温州经济发展的整个阶段里，家族制企业一直是其重要特点。它凭借强大的凝聚力、艰苦创业的精神和灵活的经营机制，在企业创始之初有着别的类型企业不可比拟的优势。具体体现在减少代理成本、降低决策成本和协调成本等方面。传统温州企业规模不大，科技含量较低，区域内产业集中，因而采用此种企业制度管理起来相对简单。同时，温州的家族企业所有经营者能够更自主地决定某些问题，不需向家人多解释，决策也灵活。而建立在血缘、亲缘和姻缘关系基础上的家族成员能够为了家族利益而互相配合、团结奋斗，因此在企业内部形成了较强的凝聚力。这一点，大大节约了企业的成本，而这对于温州原始积累阶段的企业是至关重要的，也在"温州模式"的发展过程中起到了相当重要的作用。

四 温商的特性

1. 财富积累速度最快

在20世纪五六十年代，日本曾经创造了经济"奇迹"，其年平均经济增长速度为8.6%，80年代以来，中国成为世界上经济增长速度最快的国家，在20多年的时间里，保持了年均9.4%的高速度，超越了日本，刷新了世界纪录，创造了新的经济奇迹。与此同时，温州市的城镇居民人均可支配收入更是以15%—20%的速度递增，"温州速度"成了专有名词。

1984年，南存辉创建的正泰集团是一家注册资金仅5万元、产值仅1万元的家庭作坊式企业，至2004年，正泰在册员工为14500人，总资产为42亿元，销售额为119亿元。从1997年到2001年的年销售收入水平与总资产的年平均增长率分别为39.46%和32.23%，远远高于国内同类企业平均水平的9.7%和6.5%。2015年进入全国民营企业500强行列。在世界各地，像南存辉这样的温商比比皆是。

2. 最会赚钱的商人

上苍给了温州一个贫穷的起点，改革开放以前，"平阳讨饭，文成人贩，永嘉逃难，洞头靠贷款吃饭"，温州的空气里充满了贫穷与饥荒的信息。改革开放后，"十万元是贫困户，百万元才起步，千万元才算富"。"温州商人在浙江乃至全中国都以强大的资本动员能力而闻名。他们具有敏锐的经商嗅觉，在商机把握上总是能先行一步，只要跟随温州商人选择投资方向，赚钱的大门就向你敞开。"这段出自《韩国经济》杂志，被《环球时报》转载的话印证了温商的赚钱能力。

3. 最活跃的商人群体

据统计，温州有170多万人在全国各地经商办企业，约建立了170家温州商会；60万温州人分布在全球93个国家和地区经商置业。据美国《世界日报》报道：纽约法拉盛人气最旺的超市，老板几乎是清一色的温州人。有人戏言,温州打个喷嚏,全球都要感冒,虽然有点夸张,但是,"走出去"的温州人,正在"无孔不入"地影响着世界。"目前美国约有24万温州人,他们以经营小商品、开餐馆等行业起家,投资领域已涉及贸易、房地产开发、服装制造及销售,对美国经济有无法代替的推动作用。"美国浙江温州工商总会名誉会长朱海风介绍。

4. 最能创业的群体

创业过程中最常见的问题有三点:(1)资金问题;(2)信息资源;(3)管理能力。这些困难,在温州商人面前很自然地不成问题。他们通过"以资金为纽带联合打拼""借鸡生蛋""虚拟经营"等经商法则轻松地解决了资金问题;他们凭借无处不在的商会网络及时地获取最新的商业信息;人才是挖掘不尽的宝藏,他们通过自身不断的学习和外部人才的引入强化了组织的管理能力。

著名经济学家董辅礽指出,温州模式的最可贵之处在于温州人强烈的致富欲望和创业精神。温州商人的创业精神有三方面的内涵:一是敢于冒险,二是善于变通,三是勇于创新。在创业成功路上起决定性作用的是创业精神,温州商人各方面的成功经验是可以模仿的,唯独创业精神不可模仿。

温州商人

5. 最会算计的商人

在人际交往上,他们精于人情世故,主张堂堂正正的精明。在金钱应用上,他们主张把钱花在刀刃上,对于经营成本,锱铢必较,住最廉价的房子、吃最便宜的饭菜。一旦他们看准一个项目之后,能以迅雷不及掩耳之势将大量的钞票"砸"下去,温州人投资买房的举措称得上是独一无二。另外，温州商人十分热衷慈善事业，几百万、几千万的捐助他们都认为是理所应当的事情。

6. 最善于创新的商人

温州商人的模仿能力十分惊人，他们把打火机、眼镜、低压电器等商品拆开再重装，然后就能制造出一模一样的产品了。在模仿的基础上，不断学习、求新、求变，进而巩固自己差异化的竞争优势。

2006年5月，在温州市自主创新大会上，时任温州市委书记的王建满说："创新，是一个民族进步的灵魂，是一个国家兴旺发达的不竭动力。创新是温州发展最鲜明的特征，也是温州发展最有力的支撑。温州的发展之路，就是一条改革创新之路。过去温州靠创新赢得先发优势，将来还要依靠创新引领争先。"

7. 最敢于冒险的商人

"平安二字值千金，冒险半生为万贯"的观念使温州人"敢为天下先"，敢于第一个吃螃蟹。他们胆大包"天"、胆大包"海"、胆大包"地"，由此创造了市场经济的先发优势。他们认为：头道汤的味道最好，先人一步的生意最赚钱。事实证明：一分耕耘，一分收获；一分冒险，一分成就。温州商人的成功经验证实了一句话：唯冒险者生存。

8. 最懂得人脉的商人

在关系取向的商业社会里，个人拥有的社会关系逐渐演变成了一种十分重要的资源，一种宝贵的资本。有企业家在《英才》杂志的采访中称："花20万元认识一个对自己有利的圈子很值得。"温州商人信奉朋友就是财富，有义就有利。他们和朋友间的利益并不是直接的金钱交往，而是互相帮助。借助政策和政府的公关需求，巩固企业的根基，已经成了温州商人的"共识"，善于利用关系资源的温州人，站在巨人的肩膀上，可以轻松地眺望广阔的商业猎场。

【拓展阅读】

典型温州商人介绍

南存辉，正泰集团股份有限公司董事长兼总裁，浙江柳市上园人。1963年生于温州乐清县；1978年初中毕业后从事修鞋行当；1984年创办乐清县求精开关厂；1991年成立中美合资温州正泰电器有限公司；2000

年在北京完成硕士研究生学业。

南存辉是九届全国人大代表、中国十大杰出青年、世界青年企业家杰出成就奖获得者，第二届"中华十大管理英才"、CCTV2002经济年度人物、2015中国能源年度人物。不凡的经历和业绩，使南存辉成为世人公认的"浙南模式"的积极探索者和杰出代表，被誉为"中国新兴民企代言人"，并被《中国青年》杂志评选为"可能影响中国21世纪中国的100位青年人物"之一。

故事一：小鞋匠办起开关厂

由于家庭原因，13岁的南存辉，早早承担家庭重担，在柳市镇走街串巷，摆摊修鞋。南存辉修的鞋质优价廉，生意很快就红火起来，许多人宁愿舍近求远也要找他修鞋。一个小小的修鞋匠居然能有如此大的魔力，这简直就是个奇迹。

在修鞋时南存辉就发现了一个改变他一生命运的机会。当时由于国家实行计划经济体制，工厂卖出的都是整机，机器的一个零件坏了往往很难买到。具有商业头脑的柳市手工业者抓住市场需求，把坏机器拆掉卖零件，不少先行者开始制造机器零件，慢慢地柳市出现了装配作坊。16岁的南存辉也借钱与朋友在一个破屋子里建起了一个作坊式的"求精开关厂"。虽然他们一个月只赚到40元钱，但南存辉却兴奋异常，他觉得自己终于找到了一条通往财富的路子。

故事二：学千脚蜈蚣走路

20世纪80年代初的温州，低压电器假冒伪劣成风。父亲有一句话"即使蜈蚣有千只脚每次也只能走好一步路，做事要踏踏实实"，这句话深深地影响着南存辉。为了把质量搞上去，他到上海去请工程师。南存辉来到上海，睡地铺，吃方便面，用真情打动了几位上海工程师前来加盟。

1989年，南存辉领取了由国家机电部颁发的低压电器生产许可证，在柳市他们是第一家荣获该许可证的企业。

20世纪90年代初，国内出现一股投资热，柳市的一些电器企业也到海南、北海投资房地产，想一夜"暴富"。南存辉不为潮流所动，始终坚持走专业化发展的道路，把有限的资金集中使用。

他们7年没有分红，全部投入企业建设和再生产，一步一步地把基础打坚实。几年过去了，那些热衷于房地产的同行无精打采地回来了，当他们重操旧业的时候，南存辉的企业已经跨越了一大步。到 2000 年，正泰资产已达 11 亿元，综合实力在全国民营企业 500 强里排名第 7 位。

南存辉在低压电器领域心无杂念，一门心思铆足劲向前冲，他说，其实在经济领域诱惑是很多的，有非常多的行业让你选择，尤其是在你比较成功的时候。这就好比烧开水，你把这壶水烧到 99℃ 只差 1℃ 就开了，突然心血来潮地搁下不烧了而跑到旁边重新开炉，结果那壶水是从 0℃ 开始，要烧开"路漫漫其修远兮"。

南存辉的下属形容他是戴着望远镜看世界的人。在 21 世纪，他已经把目标锁定在西门子、飞利浦等世界级企业上，他要打造中国低压电器的国际品牌。

故事三：变"家族企业"为"企业家族"

"打虎亲兄弟，上阵父子兵"，民营企业最初就是从家庭作坊逐渐发展起来的。然而随着规模的不断扩大，家族企业的发展遇到了"瓶颈"问题，"火不过三年，富不过三代"的事例也屡见不鲜。南存辉却是一个"魔术大师"，经过三次股权裂变，实现了做大做强的目标。

1991 年，南存辉拿出家产，与美商合资创办了柳市镇历史上第一家中外合资企业，并且实行董事会领导下的总经理负责制。把自己的家产交出去与别人一起经营管理的做法，遭到了一些非议。但南存辉说："家庭企业要发展，首先要打破家庭经营。只有走现代企业制度之路，才是家庭企业的出路。"

南存辉决定在掌控股权的同时优化股份结构。正在此时，有人找上门来，要求加盟。南存辉选择了 38 家企业。这些企业的加盟，使正泰迅速实现了扩张，结构发生了变化。到 1994 年 2 月正泰集团公司成立时，总资产已达 5000 万元，南存辉的个人资产翻了 20 倍。

同时南存辉把集团所属的 50 多个企业重新组建为两个股份有限公司和三个有限责任公司，取消成员企业的法人资格，企业老板变成了小股东。他还把核心层的股份让出来，让优秀的科技人员、管理人员、营销人员持股。使公司的股东由最初的 10 个人变成了 107 人。他把一个传统、典型的"家族企业"变成了庞大的"企业家族"。到 1998 年，正泰集团的总资产达 8 亿元，而南存辉的个人资产已超过 2 亿元。

对南氏家族股权的瓦解只是南存辉对家族革命的前奏。接下来,是产权制度改革——企业所有权与经营权的分离:不管你是大股东,还是小股东,如果按制度考核不达标,就要"下课";反之,不管是否是股东,只要有能力就掌权。在产权制度革命之后,集团又进行了股份化改造,建立健全了"董事会、股东会、监事会",形成了三会制衡、三权并立机制,初步形成了以公司总部为投资中心,以专业总公司为利润中心,以基层生产公司为成本中心的"母子公司管理体系"(三维矩阵管理模式),一个现代企业就此诞生,南存辉也通过不断"革自己的命"而成为"温州最具现代企业家气质的老板"。

第二节 企业家精神与温商精神

一 企业家精神

尽管主流企业家精神研究的三个学派,即德国学派(约瑟夫·熊彼特,1934;鲍莫尔,1990)、新古典学派(奈特,1921;舒尔茨,1980)和奥地利学派(科兹纳,1973)对于企业家精神内涵的理解并不完全相同,但以上学派文献都突出强调了发现机会和追逐收益是企业家精神所蕴含的最重要内容。随着研究的深入,越来越多的学者发现,既然企业家精神可以被认为是"善于发现和利用机会以获得可观察的报酬的能力",那么其就不仅可以配置在创新创业的生产性活动中,而且也可以配置在寻租甚至犯罪的非生产性活动方面。通过对本领域文献的梳理,我们将企业家创新创业精神归类为企业家生产性活动或称之为生产性企业家精神,将企业家寻租等不创造财富而仅仅重新分配财富的行为认定为企业家精神配置在非生产性活动方面并称之为企业家非生产性活动(或非生产性企业家精神)。

1. 企业家的内涵

企业家(Entrepreneur)一词是从法语中借来的,其原意是指"冒险事业的经营者或组织者"。在现代企业中企业家大体分为两类,一类是企业所有者企业家,作为所有者他们仍从事企业的经营管理工作;另一类是受雇于所有者的职业企业家。在更多的情况下,企业家只指第一种类型,而把第二种类型称作职业经理人。企业家应该具有以下八种精神,即创新

温商精神与企业家精神

精神、冒险精神、合作精神、敬业精神、学习精神、执着精神、诚信精神。现代企业家首先应该以事业为重，应该有为事业艰苦奋斗、勤俭节约的精神。其次，应具备开放的心态和与时俱进的创新精神。再次，应具备社会责任感和历史责任感，一个现代化的企业应当具有社会责任感。由此可以理解，从企业家的概念及企业家应该具有的精神角度，温州商人的本质就是企业家。

2. 企业家精神的内涵

自熊彼特最早提出企业家精神是一种"创新精神"以来，专家学者们从不同的角度对企业家精神的内涵进行了阐述。其中科尔（Cole，1946）[1]指出，企业家精神是在不确定环境下，通过个人或参与团体活动所表现出来的系列行为，这种行为会受现在经济和社会力量的影响。与科尔从"企业家行为"视角来阐述企业家精神不同，格罗斯顿和穆勒（Glosten & Muller，1993）则关注企业家精神的形成过程，在他们的论述中，将企业家精神定义为在不确定的环境中从新的、独一无二的、有价值的资源组合中攫取利润的过程。与此相似，张玉利（2004）认为企业家精神是将一系列独特的资源集中在一起从事开采机会的过程，研究的焦点是机会而不是目前所掌握资源的情况，是在动态复杂环境下组织谋求竞争优势的重要途径。周其仁教授基于功能和能力视角给企业家精神下定义，指出所谓企业家精神，首先，企业家就是创新，不要做别人已经在做的

---

[1] Cole, A. (1946). An Approach to the Study of Entrepreneurship: A Tribute to Edwin F. Gay, The Journal of Economic History. 6 (S1), 1-15.

事，一定要找到新的市场机会；其次，企业家对潜在的市场机会敏感；最后，企业家对市场"不确定性"能够驾驭。也有学者认为企业家精神是所有经济活动的驱动力，它包括寻找机会、承担风险和推动事物的发生发展，企业家精神是提高生产效率和促进经济增长的重要因素。此外，还有的学者将企业家精神看作是获取竞争优势与较佳财务绩效的重要元素和能帮助企业发展新的产生现金流的事业，等等。

从上述对企业家精神的论述来看，虽然学者们试图从不同的视角诠释企业家精神的内涵，但是对于企业家精神实质的认知却是趋同的，概括这些定义，可以认为企业家精神是指具有企业家素质的人或所属组织机构，基于一定创新意识和持有进取态度基础之上，敢于承担风险和挑战不确定性，以其敏锐的洞察力发现投机机会，发挥个人特性或团队合作精神，为个人或组织机构获取竞争优势和实现效益最大化过程不可欠缺的要素。关于企业家精神理论的论述，我们还将在第六章进一步阐述。

3. 温商精神的内涵

温州商人作为温州模式的一个重要组成部分，有其鲜明的特点。从20世纪80年代中期开始，学者们在总结温州模式的同时，对温州商人的特点也开始回顾、研究。随着"温州模式"在20世纪90年代影响的迅速扩大和有关"温州模式"研究的深化，许多学者开始进一步认识到，温州经济的崛起，除了经济学分析所揭示的种种因素之外，事实上还与温州人具有区域特征的人文精神有着很大的关联。温州世世代代相传的工商业传统，使温州人具有经营工商业的独特优势。同时，温州还有提倡"功利""重商"的区域文化传统。深受"瓯越文化"熏陶的温州人，对"重义轻利""崇本抑末"等因袭包袱较轻，形成了较强的讲究功利、经济进取、善于学习、敢于冒险、务实进取、敢于竞争的思想观念，注重发展工商业，具有吃苦耐劳、勤奋苦干的精神。这种文化传统，与发展商品经济所需要的观念和精神相吻合，成为推动温州农村商品经济蓬勃发展的重要的精神力量，这就是企业家精神所在，有人称之为温州人精神，体现在温州商人身上，即为温商精神。

温商精神是由温州人集聚性群体的思维方式、生产方式、生活方式、交往方式长期积淀而成，是支配温州人的价值取向、行为方式、心理导向的精神力量，是温州历史的深厚沉淀和温州现实的集中表现。温商精神可以概括为四个方面：闯荡天下，四海为家的开拓精神；艰苦奋斗，敢为人先的创业精神；自力更生，抱团合作的自主精神；灵活应变，锐意进取的创新精神。

二 温商精神与温州文化

温州文化很大程度上是一种海洋文化，是海洋文化与乡村文化的结合，而且是对血缘关系高度重视的一种文化。温州商人的经商特性、商业个性、商人个性，或者某个地域的商业个性、商人个性，不妨统称为"商性"，即经商特性。研究"商性"，有利于洞察人性，从而驾驭商业，而对人性的洞察，又有利于深化我们对"商性"的理解，从而更好地经商。温商精神的形成，或多或少都会打上地理地脉、历史文化的烙印。从温商"商性"视角分析，可知温州商人的经商特性集中在如下几个方面。

1. 卓越的战略能力

温州商人具有敏锐的市场洞察力和超前眼光，对潜在市场的发掘，能抓住不为常人所察觉的市场机遇，卓越的战略能力也成为温州人有别于其他人的一个特质。温州"七山二水一分田"，人多地少，且本地资源匮乏，因此只能走发展小商品市场的生产之路。生产这些小商品，耗能省，用料少，花工大，科技含量低，资金要求不高。温州在历史上就以手工业、商业出名。东晋南朝，温州在水稻种植、水利兴修和养蚕技术方面已负盛名，更有在我国制瓷史上占有重要位置的缥瓷。南宋是温州历史上的飞跃期，造船、制纸、酿酒、编织以及瓷器、漆器的制造，都有长足发展。温州人能扬长避短，利用民间能工巧匠、生产经营各类日用工业品。现在全国各地经商的温州人经营的产品大部分以服装、鞋帽、灯具、低压电器、纽扣、打火机、汽摩配、餐饮为主，这些商品投入少，适合家庭小规模生产经营，就地消化劳动力，符合温州发展市场经济的要求。

2. 娴熟的市场营销手段

温州人是天生的生意人，在温州人眼里，职业没有高低贵贱之分，能否赚钱才是最主要的。正因为如此，温州人才四处闯荡，占据了外地人不屑一顾的那些领域，不声不响地富了起来。温州人追求自主、自立，人人都想当老板，且敢冒当老板的风险。温州人做生意，注重从小处着手。温州人务实苦干，只要有一分钱赚，都会不遗余力地去干，从不好高骛远，从不好大喜功。温州人赚钱，从零做起、踏踏实实，一丝不苟。温商不但能准确地进行市场定位，而且能够迅速适应多变的市场环境，及时调整自己的产业方向。温商见到什么市场前景好，认准了立即调转枪口投资。像服装、皮衣、皮件、建材、陶瓷、灯具、印刷、电器等领域，一个温州老板在他的投资生涯中可以涉足数个不同的领域。现在的温州老板没有不敢投资的行业，只要能带来利益，没有不敢去投资的地方。同行集聚是温州人经营的一大特色。不仅农村形成了大量的一村一品、一乡一品的专业市场，而且在市区形成了一条条专业街，在全国各地形成了一个个温州商场和一条条温州街。同时商店聚集在一起所产生的辐射力、吸引力更大，便于顾客购物时货比三家，选择自己最满意的商品。在同行业集聚的同时，又在同一产品的不同品种间实行细分化。同行业的具体商店经营范围各有侧重，尽力办出自己的特色。如服装街可分为男装、女装、童装、中老年装、西装、衬衫等店铺，极大地满足了各层次消费者的需求。

3. 独特的融资方式

温州老板做生意很少从银行贷款，他们有自己的融资渠道。一是朋友互助。温州老板老乡观念很强，极富互助精神。二是赊货变现。温州有一绝：卖人参。全国的参茸市场不在东北，反而在温州，更让人不可思议的是同等级人参，东北供货价是 2000 元/公斤，而在温州却只卖 1900 元/公斤，这样一来，由于价格关系，东北没有形成参茸市场。东北生意人做参茸生意，一般第一次订货，开口 10 吨，一手交钱，一手交货，关系熟后，先付 30%的定金，卖掉货后再交钱；关系再熟识一些后，往往不用交定金，来年再付。温州生意人与东北生意人的看法正好相反，在他们眼中人参不是货而是现金。他们的一般做法是接到人参后，迅速在市场上销售，甚至低于进货价，变现后的一年可以做五六回其他生意。这样到年底，人参生意虽然亏了，其他买卖可赚了不少钱，盈亏相抵，利润颇丰，这样温州老板有了一个货源不断的民间银行。用这种巧妙的融资方式，来增加流动资金，再将其投入最赚钱的地点，来增加流动资金，温州生意人盘活商业资源的手法是值得称赞的。

4. 积极的务实精神

温州人以其言其行展现了温州的精华：各尽所能、适者生存及个体本位。但尚未切中要害，有人认为温州的实质在于"实用"，或者叫"功利"。温州人不空谈，不幻想，也不怨天尤人，国家投资少，就自己建设，没有资源就搞眼镜、打火机、纽扣等小生意；科研教育水平低就开手工、半手工工厂等。总之，要干事业就要改变现状，要挣钱就得面对现实，要实干，温州人甚至不爱炒股。对此，上海人很是不明白。《解放日报》曾把"温州股票不热"当新闻：一向以头脑灵活、精明能干著称的温州人，超前意识强、勤劳而不甘落后，事事都走在国人前头。可是，唯独对股市避而远之。尤其是那些"大款"，投入资金"炒股"的更少。简单的解释是：不熟不做、不实不干。

5. 灵活的生产组织

生产专业化、集群化。在小商品生产领域，温州人则普遍采用社会化分工、专业化生产形式。一般厂家很少从事生产某个产品的全过程，而只是生产全流程中某道工序或工艺环节。这样"小而专"的生产方式，可以大大提高劳动生产率，降低产品成本；同时，加快产品花样品种更新换代的周期，以此来增强市场的竞争力。

温州商人头脑灵活，敢于实践，网络制（虚拟组织）组织结构的广泛应用就是一个明证。网络结构，也称"虚拟企业"，是 20 世纪 80 年代中期出现并逐渐流行的一种新的组织设计形式。这是一种只有很小的中心组织，依靠其他组织以合同为基础进行制造、分销、营销或其他关键业务的经营活动结构。它使管理者对于迅速变化的新技术、时尚，或者低成本竞争，能具有更大的适应性和应变能力。网络组织比较适合于玩具和服装制造企业，它们需要很大的灵活性，以便对时尚变化做出迅速反应。网络组织也适用于那些需要低廉劳动力的制造公司，这些公司可以与劳动力成本低的供应商签订合同，以最好地利用资源。温州商人在国内较早地利用这种组织形式进行生产经营，取得了很好的效果。现在，一大批巧妙利用这种组织结构形式的温州企业已经是蜚声国内外了，如森马集团有限公司等。

多年来流传着一种说法：温州人就是中国的犹太人。这里面有两层意思，一是褒扬温州人的商业头脑和聪明劲，二是非议温州人的钻营能力和无利不逐。事实上，商人逐利天经地义，作为改革开放的先驱者和获益者，我们更应该肯定他们对市场经济做出的卓越贡献。

从这个角度看，电视剧《温州一家人》被当作温州人形象宣传片也就不足为奇。该剧通过周万顺一家四口的坎坷从商经历，集中展现了温州人在改革开放 30 年的经济洪流中坚韧、执着、勤劳、创新的优秀品质。首先说周万顺，有家有口有房有地一个穷苦农民，在"历史的感召"下，卖掉老宅，一方面把女儿送出国门，另一方面带着妻子、儿子背井离乡来到城市，开始了所谓的打拼。他从捡破烂开始，卖过电源插座，做过皮鞋生意，后来跟石油耗上了，倾其所有一根筋地打油井，一度引发子女的恨意以及妻子的心冷，债务缠身，甚至打算跳崖自尽，当然最终获得了石油井喷和合家团圆的美好结局。

第三节　温商精神的特征

温商精神特征可以概括为四个方面：闯荡天下，四海为家的开拓精神；艰苦奋斗，敢为人先的创业精神；自力更生，抱团合作的自主精神；灵活应变，锐意进取的创新精神。在新时期温商精神还包括诚信精神。

一　闯荡天下，四海为家的开拓精神

中国传统的农耕文化使人们足不出户就能过着较为安逸的日子，因而社会流动性差。而温州面向海洋的商业文明是一种开放的文化，具有不断向外拓展空间的韧性。温州人素来有外出经商的传统。早在宋代，温州人的漆器店就已经开到了当时的都城临安（即今杭州）。即使在"文化大革命"期间，温州民间的家庭手工业和副业也有发展，当地人外出劳务经商也是屡禁不止。其中，最有代表性的是永嘉的弹棉郎，因生活极端困苦而不得不身背弹弓走四方讨生活。在永嘉山区流行的民歌《我家丈夫去弹棉》唱道："荒年我夫去弹棉，一年半载又一年。有钱无钱应回转，儿女饥饿等爸来。"凄凉的歌声凸显了温州人在改革开放前生活的艰辛，以及他们不畏艰难险阻，凭借手艺闯天下的艰苦奋斗精神。据统计，1986年以后，1万多温州桥头镇人活跃在全国200多个大中城市，在当地的百货商店租赁和承包了7000余个柜台经营纽扣，成为温州模式中"小商品，大市场"商业形态的典型代表。没有这些来自温州穷乡僻壤的桥头人组成的推销大军的艰苦开拓，桥头镇就没有"天下第一纽扣城"和"东方纽扣市场"的美誉。随着中国改革开放大幕的启动，大批温州人走向全国，从穷乡僻壤到繁华都市，几乎中国大陆的每个角落都有温州商人的身影。哪里有商机，哪里就有温州人。这种四海为家、艰苦创业的温州精神引导温州人把温州的商品行销全国甚至全世界。据统计，温州有170多万人在全国各地经商办企业，约建立了170家温州商会；60万温州人分布

在全球93个国家和地区经商置业，全欧洲约有7000家中餐馆，其中半数由温州人所有。

温商精神的特征

二 艰苦奋斗，敢为人先的创业精神

都说温州人是天生的生意人。在温州人眼里，职业没有高低贵贱之分，能否赚钱才是最主要的。正因为如此，温州人才四处闯荡，占据了外地人不屑一顾的领域，悄然致富。温州人追求自主、自立，人人都想当老板，且敢冒当老板的风险。他们不论干什么，生活中总充满乐趣，敢于生活，洒脱，顽强，从不失望。温州人做生意，注重从小处着手。温州人务实苦干，只要有一分钱赚，温州人都会不遗余力地去干，从不好高骛远，从不好大喜功。温州人赚钱，从零做起，一步一个脚印，踏踏实实，一丝不苟。

在温州人的思维模式中，任何事情必须靠自己艰苦奋斗来达成。温州的"四千"精神，即走尽千山万水、说尽千言万语、吃尽千辛万苦、想尽千方百计，这就是温州精神中的艰苦奋斗。温州人特别吃苦耐劳，他们"白天当老板，晚上睡地板"。当鞋王、包飞机的大事业，温州人干；被人们视为卑贱活的擦鞋、修鞋，温州人也干。鑫昌大市场董事长王兴枢，曾经在俄罗斯亏得一文不剩，与其同往的一个朋友甚至绝望自杀。报喜鸟集团有限公司宜昌总经销蒋王珍，曾走南闯北当过多年的木工。大光明眼镜店总经理吴积勤，高中毕业后就随叔叔学习配镜技艺，离乡背井四处奔波。在艰难的环境中，温州人没有自卑，而是脚踏实地，等待时机。

敢为人先，就是走前人没走过的路，做前人未做过的事，不断进行创造性的实践。这是温州商人最突出的秉性，是温州城市最具特色的文化，是温商精神风貌的真实写照。敢为人先，至少有三方面的内涵：一是敢于冒险，二是善于变通，三是勇于创新。

国人屡屡赞扬温州，给温州以"中国民营之都"等荣誉称号，实际上大家是在赞扬民营经济，赞扬敢为人先的精神，赞扬不断创新的实践行动。

强劲的新知识文化、新精神理念在不断支撑和推进经济活力。活力植根于民间，来自创新。温州曾经成为中国市场经济的创新源头之一，成为中国民营经济的策源地。1987年全国金融利率改革首先在温州实行，2002年12月温州又成为中国唯一的金融改革综合试验区。温州人敢为人先，创造了中国第一座农民城；改革试验，中国第一批股份合作企业在这里诞生；胆大包天，首开中国第一个私人包飞机的先河；走出国门，建立了第一个跨越国界的农业公司。温州还是中国第一份私人工商执照的发放地，全国第一个制定私营企业条例的城市，第一个将国有土地有偿出让给境内公民的地区，全国第一个实行全社会养老保险的城市。2018年温州在全国率先启动了新时代"两个健康"先行区创建行动。

敢为人先，不断创新，是温州人的灵魂，是温州人的生命。过去40年，温州人努力把党中央的路线、方针、政策与温州的具体实际结合起来，创造性地开展工作，创造了许许多多的全国第一。温州在不断创新中赢得了持续的发展。

温州城市精神概括为"敢为人先，民本、和谐"，敢为人先与崇尚民本、共创和谐是紧密相连的，坚持"敢为人先"，是为了达到"民本、和谐"。民本，是新民本，即以人为本。温州经济是民本经济，民有、民营、民享。永嘉学派的事功、重商是民本思想的表现，更重要的是温州要崇尚和追求"以人为本"，要在温州尊重每个公民的权利要求，促进每个人的自由和全面发展，实现各阶层的共赢共荣。和谐，是应当追求的理想，是一种状态、一种理念、一种情调，乃至是一种生活。全体温州人要和谐创业，互利共赢。在"敢为人先、合作创新"中，不断走在前列，实现以人为本，共创和谐家园。

三 自力更生，抱团合作的自主精神

温州商人的抱团文化是受到生存环境和传统文化的影响所形成。温州

濒临东海，受台风和山洪暴发等自然灾害影响较多，在抵御灾害中，需要人们抱团合作。温州区域内资源匮乏，需要到温州以外的地区获取资源。传统的"农本"社会中，商人的社会地位低下，在计划经济时代，商人也经常被当作投机倒把的对象，抱团可以降低弱势地位的负面影响。在外经商，地理认同和文化认同感也促进温州人抱团，通过抱团降低了人格化交易的成本。建立在地缘和血缘基础上的人格化交易，在市场制度不健全的社会中是一种具有效率的交易方式。在改革开放40年中，温州商人在全世界和全国各地建立了大大小小的"温州城""浙江村"，这是明清浙北、皖南、苏南地区"温州厂""平阳棚"的现代版。温州商人的综合素质并没有比中国其他许多地方的人具有更多的特殊性或优势，但有一张巨大的社会网络支配着其自由流动和移民行为，能够在全世界做生意、办企业。这种社会网络的利用、更新和扩充，就是抱团的雪球效应和群体的不断重组。抱团和重组是以严格的地域作为界线，非温州籍人士根本无法融入其中，明确的群体边界形成了强烈的排他性。

温州人的本质就在于温州人的社会关系网，或者说，是温州人的社会关系的总和，是温州人和其他人相区别的内在根据。对许多在北京浙江村和巴黎的温州人来说，个人自身的资源相当有限，不足以支撑他们的生存和发展。他们更多的还是依赖族人和同辈策略，于是就构建起他们的社会网络。或者说，这样的网络为他们的进入和生存提供了支撑，反过来，他们的生存和发展又进一步扩大了他们的社会网络。温州人的人脉是一种潜在的财富。温州人善用他人的社会关系，用活现在的社会资本，巧用未来的社会资源，借助人脉资源成功攀上事业巅峰。人脉是金，却贵甚黄金，因为黄金有价，人脉无价。温州人的人脉是一种潜在的无形资产。

【拓展阅读】

永嘉县花坦乡"超市商帮"

永嘉县花坦乡廊一村的朱清众做梦都没有想到，他于1998年在瑞安梅头开的"上海华联超市连锁店"，会成就今天永嘉县"中国超市第一县"的美誉。

1992年，朱清众与亲戚开始在上海做小百货生意。掘到第一桶金后，他于1998年在瑞安梅头开了永嘉人的第一家超市。原来和他一起开小百货店的花坦老乡得知朱清众的超市生意火爆后，便纷纷关闭了坚守多年的小百货店生意，筹集资金，前赴后继开起了超市。经过多年的发展，目前，永嘉人形成了全国最大的"超市商帮"，永嘉10万多农民在全国各地开办大大小小超市超过1万家，分布相对集中在江苏、浙江、上海、安徽等地。这些超市主要集中在大中城市的城乡接合部和周边乡镇。目前，永嘉人经营的超市在二三线市场份额占全国同行的80%以上，年销售额超过500亿元。

四 灵活应变，锐意进取的创新精神

温州人敢于冒险和富于进取的秉性锻造了温州善于创新的精神品质。温州的市场经济是在自然资源极端缺乏、交通闭塞、政府和海外投资极少的条件下发育的。与温州同时起步的珠三角和苏南地区，前者的特区经济模式是由中央政府以基本国策的形式提出并实施，由于毗邻港澳地区等地理优势而迅速崛起，而苏南模式则是由于地方政府的推动而形成。两者的最大优势是拥有政治上的合法性和经济上的优惠待遇。而温州民营经济的发展则没有优越的客观条件可依赖，基本上是依靠温州人的个人行为起家，除了不利的地理环境和人才的匮乏，最大的不利因素是政治上始终受到质疑，长期为姓"资"姓"社"所困扰。在这种极其不利的环境下，温州人充分发扬敢于冒险、勇于创新的自主精神，在实践中创造出了闻名遐迩的温州模式。温州人的创新精神贯穿以下方面：首先在制度创新上，温州人在旧制度的刚性约束下进行挂户经营，不但冲破了旧制度的束缚。也规避了政治风险和市场风险，同时保持和继续发挥原有的竞争优势。早在20世纪80年代中期，温州就成为全国第一家利率改革试点城市。通过大胆超前的利率改革，既支持了乡镇企业和家庭工商业的发展，又平抑了民间借贷的利率。其次在市场创新上，市场经济的大背景下，农民在工业化的进程中遇到的最大障碍是市场信息的缺乏，以至无法把握市场机遇。温州人发挥自己的创造力，率先在全国建立各种工业品专业贸易市场，以市场为核心辐射全国，把全国各地的客户吸引到温州来。不但解决了产品的销售问题，也降低了商务成本，并拓展了温州经济在全国的影响力。另外在技术创新上，温州人不但善于模仿，也善于进行创新。通过技术创新形成技术上的优势，并增加了企业的利润，还通过技术创新促进产业的兴起和扩散。

温州商人在商业沟通上很少与人发生矛盾。温州人先是跟你交朋友，条件成熟了再谈合作。有一个很有名的笑话，说如果有一个火星人落到地球上来，北京人会问："你的户口是哪里的？"上海人马上就会想到，把这个火星人弄出去搞展览，卖门票，做一个博览会。而有些地方的人喜欢吃生猛野味，说不定搞一个火星人的"靓汤，搞一个天价的拍卖活动"。但是温州人不一样，温州人先是很客气地欢迎他，请他一起喝啤酒、卡拉OK，双方成了很好的朋友，然后跟他聊："火星上有什么商机，我们一起来合作开发。"所以说，温州人在商场里很少有撕破脸的敌人，都是在做朋友。此外，温州商人的政策敏感度非常高。这方面也有一个很有意思的故事：邓小平南方谈话后，一个温州商人看着讲话就在琢磨，邓小平南方谈话不是只有南方才开放吧？像上海这种地方也应该开放啊！而且他还在想，邓小平为什么每年春节都在上海过？上海的领导也不是吃白饭的，一定不会落后。于是他放下手里的事，跑到上海寻找商机。第一时间知道浦东要开发，而且把开发的具体位置都搞清楚了。他就跑到很偏远的地方拿现金租了一个废弃的仓库，而且租期一签就是几十年。然后开始盖铺面了，当地人都很奇怪，温州人在这里盖铺面干什么？几个月一公布后，大家才知道浦东要开发，一条大路将要通过这里，原来的偏僻之地马上变成临街的铺面，温州人因此赚了大把的钱。

【拓展阅读】

王振滔卖米的故事

王振滔是中国的鞋王，20世纪70年代末80年代初，王振滔上中学的时候就是万元户了，他是怎么做到这一点的？因为家穷，才十五六岁的王振滔用家里仅有的一点积蓄开了一家米店。那时候很多老板都在琢磨"怎样才能从100斤稻谷里打出更多的米？"为此，大家挖空心思，打出80斤，还想打出85斤。王振滔却反其道而行之，他始终只打70多斤米。大家都觉得他这样做生意肯定会赔的，事实上王振滔的生意却比别的米店好很多。这其中他有自己的心得：100斤稻谷打出的米少，大米的质量和色泽都好，买米的人都喜欢到他这里来买米。100斤稻谷打出的糠多，意味着里面有更多的小米粒，营养就多，等于说用买糠的钱买到了价值更多的小米粒，买糠的人更愿意到他这里来买糠。虽然从单笔生意来说，王振滔比别人赚得少，但从总量来看，却赢得了更多顾客，最终获得可观利润。王振滔把握住了经商的根本，这个做法可以归结到德鲁克的理念上来："企业存在的目的不是为了赚钱，而是创造有效的顾客。"同时和日本经营之圣稻盛和夫所倡导的理念一致，"利润只是副产品"。

五　一诺千斤，以实待人的诚信精神

朋友是财富，有义才有利，温州人能把生意做到世界各地，靠的是诚信。这种诚信首先表现在温州人能"抱团"。过去，在不懂贷款的情况下，私人之间的借贷，可以说连张白条都没有，靠的就是一种信誉，一种信任。这种诚信运用在筹资方面，能够形成一个"财团"，形成一个打不垮的、无法战胜的团体。

【拓展阅读】

诚信是金，温州商人谢岩斌千里还债

谢岩斌，温州永嘉鹤盛镇人，是一个来自大山深处、地地道道农民的儿子。现在北京做仓储物流，是北京永嘉商会的副会长。

2014年2月13日的央视《新闻联播》报道了一则让人动容的诚信故事：温州商人谢岩斌为偿还17年前欠下的18万元债务，千里南下寻找债主，了却多年的夙愿。多家媒体对谢岩斌"千里还债"一事做了详尽报道，引起时任温州市委书记陈一新的关注。陈一新批示："谢岩斌主动偿还时隔17年的欠款，体现了温商诚实守信的精神和品格。"

20多年前，初中毕业不久就离开家乡去外地打拼。20岁的谢岩斌带着3000元到北京开裁缝店。1995年，听说广东汕头毛衫生意赚钱，就做起了毛衫生意。在广东汕头，陆续认识了辛扬德和林榜雄两位毛衫供货商。每次到汕头进货的时候，都会受两位供货商的热情邀请在他们家做客，时间久了，彼此之间也结下了深厚的友谊。

1997年，谢岩斌从他们那里购入了50多万元的毛衫，准备大干一番。谁知，天有不测风云，因为市场因素以及国际经贸形势的变化，生意出现严重亏损，几千件毛衫积压在仓库，谢岩斌把自己手头上所有的资金付给两位生意伙伴后，还欠林榜雄209921元，欠辛扬德112597元。林榜

雄和辛扬德从汕头到北京讨要货款时，看到谢岩斌的现状，也就没有逼着还债。当时，谢岩斌写了欠条给两人带回去，并承诺无论如何都会将货款还上。此后谢岩斌千方百计地将货物折价卖出去，但凡有一点余钱，就立马付货款，陆续还了林榜雄 86500 元，还了辛扬德 55000 元。直到 1997 年底，谢岩斌还欠 18 万多元。

从 2005 年起，谢岩斌开始做仓促物流生意，渐有起色。至 2009 年，已经具有足够的还债能力了，谢岩斌试着联系林榜雄和辛扬德。可时隔十多年，他们早已换了联系号码，一直没有找到。谢岩斌还试着通过 114 电话查询对方号码，可是无果。又加上创业期间的人就像陀螺一样，每天都有忙不完的事，根本抽不开身。于是，还钱的心愿一直未能达成。

2014 年春节，谢岩斌觉得无论如何要在这个春节找到债主，把所欠的钱还掉，把那份歉意给送上。谢岩斌决定亲自去汕头澄海实地寻找债主。正月初六，回到了他曾经进货的汕头澄海区澄华镇。时隔多年，汕头早已发生了翻天覆地的变化，谢岩斌根本认不出当年的两位供货商的地址，无奈之下，谢岩斌只能向当地派出所求助。经过派出所民警的一番辗转查找，终于找到了林榜雄、辛扬德二人，两位故友一进门，便喊了"阿斌"，谢岩斌非常激动。

辛扬德说："当我接到民警的电话时还不敢相信，觉得是天上掉馅饼。当时觉得，他如果还钱的话，我就收；如果没有还的话，就当没有了。"林榜雄说："我们生意人看中的不是多少钱，而是讲不讲诚信。"这也是一直以来压在谢岩斌心底的一句话。见到他们后，谢岩斌终于还掉了这份迟到的欠款，还找回了一份相隔多年的朋友情意。

【思考与实践】

温商精神在温商身上得到了最生动的体现，请以小组为单位调查您认为最能反应温商精神的 1—2 位温州商人的故事，他们身上体现了温商的哪些精神特征，对我们有什么启示。

1. 探寻典型温州商人创业经商的故事，总结他们身上的共同特性。
2. 说明你所选择的温商作为案例的理由。
3. 温商精神对我们有哪些启示，为什么说温商精神本质就是企业家精神？

参考文献

刘锋：《谈温州商人的特点及经商特性》，《商业时代》2009 年第 17 期。

姜忠辉、徐玉蓉：《企业家精神的内涵与外延探析》，《中国海洋大学学报》（社会科学版）2015 年第 1 期。

周春平：《苏南模式与温州模式的产权比较》，《中国农村经济》2002 年第 8 期。

陈海燕：《民营经济与温商的崛起》，硕士学位论文，湘潭大学，2011 年。

史晋川、朱康对：《温州模式研究：回顾与展望》，《浙江社会科学》2002 年第 3 期。

石铁柱：《温州人群体意识与温州模式的提升》，硕士学位论文，浙江工业大学，2012 年。

杨大楷、曾鹏、缪雪峰：《关于温州模式的深层次思考》，《重庆工商大学学报》2004 年第 4 期。

王丽敏、肖昆、项晶：《企业家精神理论的演化与新进展》，《经济师》2010 年第 7 期。

青年创业网：《解读温州商人成功的创业思维》，http：//event.sj998.com/hangyedongtai/480944.shtml。

商企传媒：《南存辉创业故事：从小鞋匠到大富豪》，http：//wemedia.ifeng.com/35111657/wemedia.shtml。

第三章 温商精神形成的历史文化基因

本章主要内容：

温商精神的形成不是偶然的。一定是受到历史和现实的温州社会经济及人文环境的影响。本章重点是通过对温州历史文化及商业发展历程的分析，探寻温商精神形成的历史文化基因。本章共分为如下四个小节：

一 从古代萌芽期到现代转型期的温州商业发展历程；
二 温州商业文化的历史变迁；
三 近代温商精神的发展历程；
四 温州地域文化的制约因素。

第一节 温州商业发展历程

一个地方经济的发展总是离不开当地的历史行政区划及其历史沿革。温州商业发展也与温州的历史沿革分不开，因此，要分析温商精神的发展历程，有必要了解温州历史沿革的概况，以便以此为线索展开对温州精神发展历程的铺陈。

一 温州工商业发展阶段

1. 萌芽期——春秋秦汉至唐

春秋战国时期，商业比较繁荣，商业意识开始萌芽。此时杰出代表是越国名臣范蠡。公元前489年，范蠡在辅佐越王勾践打败吴王夫差报仇成功之后，明白"飞鸟尽，良弓藏；狡兔死，走狗烹"的残酷无情，知道危险的敌人解决之后，功臣良将就成了最危险的人。而他深知处心积虑、城府极深的越王勾践"为人长颈鸟喙，鹰视狼步，可与共患难而不可与安"，认定这是一个不可共富贵的主子。于是他果断急流勇退，乘舟浮海逍遥而去，因此被后人称为"中国史上官员下海第一人"。范蠡重视商

小城大业

业，越国崛起乃因商而兴。中国民间社会三百六十行，每一行都有一位全行业供奉的"祖师爷"，范蠡就是商人的"祖师爷"。他也是中国商人写入史书第一人，司马迁《史记·货殖列传》列范蠡为第一。古代社会士、农、工、商四民，商列末位。远在商人尚未成形的春秋时代，范蠡就提出农商并重，主张"节事者与地"，又主张"无旷其众"。他认为"谷贱病农，谷贵病末"，"末病则财不出，农病则草不辟"，主张"农末俱利，平粜齐物，关市不乏，治国之道也"。他创造了"平粜法"——国家规定粮食最高最低限价。重商政策促进了商业发展。"夏则资皮，冬则资絺，旱则资舟，水则资车"，越国的国力因为这些大胆前卫的政策而强盛。范蠡发挥善于经商理财的天赋，三次富甲天下，三次散财殆尽周济平民百姓。陶朱公的价值不仅在于他的经商之道，还在于当时普遍轻商的社会环境下，具有商业意识的启蒙意义，温州历来属于越地，多多少少受其影响。

据《山海经》记载，温州在史书中有记载始于战国时期。依温州地理学家朱烈先生考证，此地虽然已经冲积成陆，却卑湿低下，湖沼星罗棋布，先民们只能住在小山坪上，过着狩猎的生活，断发文身，连鞋子都未能穿上。《逸周书·王会解》云："东越海蛤，欧人蝉蛇。……越沤，剪发文身。请令以鱼皮之鞞、乌鲗之酱、鲛瞂利剑为献。"当时的瓯越人多食海产，而且以海货做成各种器具及食物进贡给朝廷，说明当时瓯越人的渔猎水平和生产技术已相当高，同时也可推测出当时的居民主要居住在海边，以海为生。由此可见，欧越先民的生产活动主要是迁徙农业、渔猎和狩猎业，部落居民的活动局限于靠近河流两岸及周围山地。过着"靠山吃山，靠水吃水"的生活。

根据记载，公元前192年，汉惠帝封越王勾践的第七世孙驺摇为东海王，建都东瓯，辖温州、丽水、台州三地，俗称东瓯王。这被看作是温州城市史的起点。东瓯国从建立到取消，前后仅55年时间，在温州历史上有着极其重大的意义。它不仅是温州历史上第一次见诸文献记载的行政建置，而且为此后两千多年温州行政区域的建置奠定了初步的基础。

驺摇作为首任东瓯王，勤政爱民，善于治理，精勤开发，改变了瓯人"断发文身"、以蛇蛙鱼蛤为食的落后状况。同时，他大力发展手工业，让温州在2200年前就形成了一个手工业的商贸城市。一批带着鲜明地方特色的瓯文化地方名产，如瓯塑、瓯绣、瓯窑、瓯剧、瓯菜、瓯酒、瓯茶及众多美食等在这一时期生根发芽，使东瓯的生产、文化得到迅速发展，并在一代代瓯人薪火相传、精益求精中生生不息。

驺摇针对当时贫困落后的局面，锐意进取，克服困难，对温州早期的开发尤其是大力发展手工业、鼓励商业贸易，可以看作是温州商业精神的萌芽。三国时期，中原陷入战争浩劫，温州地处偏僻，比较安定平稳，成为北人避乱之地。大量中原人士纷纷南逃至温州，人口的增加必然导致对土地的需求。永嘉本是地广人稀之处，无主荒地甚多，中原人士的到来，促使土地得到迅速的开拓。加上孙吴对江南的开发政策，温州经济有了很大的发展。西晋末年北方战乱，又一次促使北方大批流民渡江南徙。东晋建都建康后，大批的豪门士族追随晋室南下。温州人口激增，这些外来人口同时带来了北方先进的生产技术，促进了当时农业、手工业、渔业和交通运输业的发展。农业方面，兴修水利，农作物品种增多，如麦稻、甘蔗、襄瓜、花卉种植、药材种植等；家庭手工业如蚕桑业，当时有"八辈蚕"之称，绩麻产量可观，育蚕及绩麻促进了纺织技术大大提高。

瓯瓷是当时另外一个重要的手工业部门。温州产瓷比龙泉青瓷要早，晋代已有缥瓷。晋代温州制瓷是在原始瓷和东汉釉瓷的基础上发展起来的，在全国享有盛名。晋代瓯窑瓷器式样繁多，日常器具都能制作。东晋迅速发展起来的另一手工业是造船技术的提高，也促进了交通运输业的快速发展。

三国两晋南北朝时期自然经济占统治地位，手工业和农业结合一起，没能分离出来，但是，商品生产在当时的意义较大，农产品与手工业品的市场流通虽然大多是在生产者和消费者之间直接进行，商品性农业的发展促进了手工业的发达，从而更进一步促进了商品经济的发展，此时的温州已具有一定程度的商业性质。南朝时期,温州出现了"廛(chán)",即定期的集市,集市上商品众多。如丘迟在他的《永嘉郡教》中说"控山带海,利兼水陆,实东南之沃壤,一都之巨会",可见当时温州经济之繁荣。

隋唐是中国封建社会政治制度鼎盛的时期,也是温州经济、文化及城市发展的转型期。隋唐前期,温州的经济继承了东晋南北朝时自然经济的特点。手工业仍以家庭手工业的形式依附于农业,东晋时温州一些著名的手工业在隋唐前期反而呈萎缩状态,如东晋南朝时的"八辈蚕"、缥瓷等都由于交换的不发达而走下坡路。到了唐朝后期和五代,温州的经济发展开始出现了新的景象,主要表现在两个方面:

一是工商业比前期有较大的发展。唐五代温州农业和手工业生产的发展,特别是温州的瓷器、制盐、卷纸、蔗糖、海产品、柑橘等著名商品的发展,为商业市场提供了大量的商品。在瓷器方面,不仅继承了西晋缥瓷的优良传统,在技术上又有了很大的改进,造型纹饰等方面汲取了越窑的许多优点。唐五代温州窑的造型精巧新颖,纹饰多样,主要瓷器有碗、罐、壶、瓶、杯、钵、盆、盏等,常见的纹饰有莲花、秋菊、牡丹、双蝶、鹦鹉等动植物图案。到了五代,瓷器生产发展从原来永嘉楠溪一带向整个温州扩散,北和南逐步发展到乐成、瑞安、泰顺,向西已发展到今天的丽水,中心也由楠溪江沿岸转移到今西山护国寺岭脚一带,这就是后世所称的西山窑。在制盐方面,温州的盐业在这个时期发展迅速,唐大历年间温州被列为全国十监之一,并设有监盐官。在唐大历九年(774),永嘉盐田已有相当规模,温州许多百姓的生活主要靠制作食盐来维持,"龙在甲寅,永嘉大水损盐田,翌日雨止,盐入复本,泉货充府"。据张剑光先生估计,温州当时的年产盐量大约为40万石。在造纸方面,唐代晚期出现了随着文化发展的需要应运而生的造纸业。温州以盛产蠲(juān)纸而出名,据记载,蠲纸得名是由于吴越时"凡造此纸户,与免本身力役,故以蠲名"。蠲纸的质地洁白紧滑,质量极高,与当时著名的江南澄心堂纸不相上下。蔗糖、海产品、柑橘等还被加工为贡品。

同时,商业较之前更加发达。唐后期,均田制被破坏,土地制度的变革减轻了农民的人身依附关系,农民离开土地进入商人队伍成了改善他们生活条件的一条重要途径。海上贸易带来了不同地区间的经济交流,大量百姓也开始介入海运及规模日益扩大的造船业和手工业。随着水路交通的发展，温州的物资开始外运，并逐渐呈上升趋势，同时部分异地商品流入温州，丰富了温州人民的生活内涵，商品交换条件大大改善，以温州为中心，向周边辐射，如福州、处州、台州等。商品经济形成了前所未有的强劲态势，温州由原来具备一定商业性质的城市，逐渐向商品经济城市发展，如"百贾坊"的出现。

二是温州港独特的地理优势促进了温州对外贸易的发展。唐初，温州的海外贸易逐步兴起。安史之乱以后，河西走廊受阻，西北丝绸之路贸易逐渐衰落，加上我国已掌握季风规律，东南沿海的海上贸易开始转盛。表现如下：

第一，中日之间的海上交通和贸易日益发展。温州充分利用已有条件，积极开辟海上通道进行客货运输，进行远洋贸易活动。唐后期温州已成为中日商船进出、停泊的沿海港口之一。会昌二年（842），日本僧人慧运乘中国商人李处人的商船，由日本航海抵达温州港。大中七年（853）日本僧人圆珍随中国商船来中国，历访温州、台州、越州诸名刹。据日本木宫泰彦《中日交通史》下卷记载，唐中期中国大商人都自建海舶，以船主身份多次来往于日本和浙江的明州、温州、台州之间。中国商船停泊在温州港，来往于中日之间，促进了两国之间商品的贸易、交流。

第二，温州和新罗的航线也已开通。

第三，唐五代中国与印度交通的船只，主要集中在温州和杭州。温州向南的船只经南海可直通印度和阿拉伯。

秦汉之后，随着三国两晋南北朝温州商业的成长，隋唐五代温州商品经济的发展繁荣，温州商业精神也在不断地滋养中表现出来：

其一，东瓯王时期不怕困难，解放思想，大力发展工商业的先进思想继续影响着后来一代代温州人，此时可以看作是温商精神的萌芽。

其二，温州人吃苦耐劳，对于本地各项手工业技术的精益求精精神得以不断发扬。

其三，三国两晋南北朝、唐末五代时期是此阶段两个典型的社会动荡期，温州商业不但没有受阻，反而发展更加强劲，这主要源于温州人的商业敏感性。社会动荡导致了北方移民大量涌入温州，人口剧增，原有的农业手工业已无法满足大量人口的需求，温州人却恰恰适时地转劣势为优势，充分发展工商业，活跃温州经济，进一步推动了温州商业社会的进程。

2. 成熟期——宋元明清

温州的商品经济在宋元时期达到鼎盛，国内贸易一片繁荣，仍像唐朝一样，形成了以温州为中心向周边辐射的态势，跟宁波、台州、泉州、福州等城市的商业贸易频繁。南宋名诗"远自刺桐里，来看孤屿峰"，刺桐即泉州，孤屿则是温州的江心屿，描绘的就是温州与泉州密切的商贸关系。

北宋时，温州已是滨海贸易城市，大小店铺密布，诸行百业齐全。其中造船、造纸、雕版、印刷、陶瓷、漆器、纸伞、皮革等手工业发达，产品远销日本、南洋、朝鲜一带。四时游客，释道信徒，往来不绝；酒楼、茶室、客栈、歌馆日夜喧嚣；风味小吃、挑夫走贩，叫卖声声。时任温州知州的杨蟠把温州市内划分为36条街坊，沿街有河，舟船往来如梭，用其诗作来说，就是："一片繁华海上头，从来唤作小杭州"，可见温州城繁荣无比。

南宋时期温州地区从事商贸活动的人很多，"海濒逐末者众"。瑞安王道士还俗后，也去山东做生意。巩嵘在永嘉时，还"诱海商二十人，人造蒙动舰一艘"。南宋绍兴年间中书舍人程俱，曾提到温州是"其货纤靡，其人多贾"。在商品经济十分活跃和对外贸易不断发展的情况下，宋代温州所属各地还普遍出现了"镇"和"市"，成为繁荣的商业市场。

进入元代之后，温州继承宋代已有的商业基础，国内外商业贸易继续发展。在元人看来，温州绝对是个商业发展极度发达的地区。元至顺二年（1331），柳贯送同乡赵大讷到任永嘉县尹时说："永嘉在浙水东为大县矣，而索言其大，则非谓版籍之蕃庶，有土著而无冗食也；非谓土田之广斥，生物滋而用物饶也；又非谓邑屋之富丽，珍货萃而市贾充也。盖曰大邦维藩，元侯作镇，诸使之轺传所临，宾客之道涂所出，饰次舍而具委积，简卒乘而供劳遗。"在永嘉瓯江边的江岸还专门设置码头，除了方便官员往来外，方便商船往来运输货物，以至在岸边形成了商品的集散市场。黄溍说："温为郡，俯瞰大海……亭之西为市区，百货所萃，廛氓贾竖，咸附趋之。江浒故有大石堤，延袤数千尺，舍舟登陆者，阻泥淖不得前。其俗率于堤之旁为石路，外出以属于舟次，为之马头。凡为马头者二，一以俟官舸，一以达商舶云。"

宋元时期，温州商贸发展最突出的地方就是海外贸易的兴盛。宋元时期，无论政局怎么变化，无论是否有政府的政策支持，温州对外贸易从不受影响，此时对外贸易的主要国家依然是日本。除此之外，还有高丽（今朝鲜、韩国），印度、渤泥（加里曼丹北部）、阇婆（爪哇）、三佛齐（苏门答腊东南部）等东南亚国家地区。据《夷坚志》载："温州巨商张愿，世为海贾，往来数十年。"当时，温州运往国外的货物以龙泉青瓷为主，其他有漆器、丝绸、药材、书籍、文具等。

宋室南渡后，由于陆上丝绸之路阻绝，南宋统治者愈加重视海上贸易，这也是温州海外贸易繁荣的重要因素之一。南宋时罗盘针广泛使用，主要应用于航海事业，温州的海外贸易达到鼎盛。

南宋高宗绍兴元年（1131）设立了市舶务，管理海外贸易。温州市舶务设立后，温州海外贸易日益兴盛，海内外的友好往来也十分频繁。除了国内东南沿海各港口之间的贸易往来之外，日本、朝鲜的商人亦来温州经商。此外，温州还与大食、印度、交趾、占城、渤泥、三佛齐、真腊等国有贸易往来。朝廷还专门设立来远驿，作为各国客商居留之所。同时，市舶务还对外国商人和商船采取了保护措施，"番舶为风飘着沿海州界，若损败及舶主不在，官为拯救，录货物，许其亲属召保认还"。如遇风水不便，船破桅坏者，即可免税。

南宋时，从温州输出的产品主要是青瓷、漆器、书籍、文具等。其中，尤其值得一提的是青瓷和漆器。瓯江上游处州的龙泉窑在当时是全国最大的窑场，所产的青瓷，"胎薄如纸、光润如玉"。这些产品大部分沿瓯江经温州出口，远销东亚、南洋和非洲诸国，再到欧洲，是海上"陶瓷之路"的重要组成内容。温州的漆器在宋代号称第一，工艺精美绝伦。由于当时海外贸易发达，也有许多外籍人士在温州经商或驻足，南宋永嘉著名诗人徐照在他所写的《移家雁池》诗中就有"夜来游岳梦，重见日东人"之句。所谓日东人，即是指日本人。庆元元年（1195），温州市舶务撤销，并"禁贾舶泊江阴及温、秀州，则三郡之务又废"，温州的海外贸易一度陷于停顿。

元初，由于战争的原因，温州人口剧减，商业一时萧条。至元二十一年（1284），温州设立市舶转运司后，温州成为元朝对外开放的七大港口之一，温州的海外贸易恢复了往日的繁盛景象，"百货所萃，廛氓贾竖咸附趋之"。至元三十年（1293），温州市舶司虽并入庆元市舶司，但温州的海外贸易并未完全断绝。

宋元时期，温州的经济文化历经繁荣发展，海内外商业贸易的盛况足以表明商业社会已形成。温州于宋元时期形成商业社会并不是偶然现象，除地理环境、自然环境、政治历史背景和社会经济基础等客观条件外，还离不开温州人主观意识方面的商业精神的滋养与熏陶。

第一，"其货纤靡，其人多贾"一定程度上印证了温州人白手起家、艰苦奋斗的创业精神，如瑞安王道士弃道从商。

第二，敢于创新、善于创新的创业精神。巩嵘（1151—1227）幼时，母授字之形声，就学于明招寺，得吕祖谦教。南宋淳熙二年（1175），中进士。初授建德县尉，赈济灾荒不遗余力，父老赞其"有乃祖遗风"。后调知丽水县，筑括苍寨，计划周全。掌货务都，抑止豪吏勒索，茶盐价平，岁入亦增。办理冶铸钱币之事，置局淘洗遗铜，铸钱十五万缗，使楮（纸币）铜（钱）同值，国库得充实。待升太学博士，为大理寺丞，疏陈时政缺失，触怒丞相，贬知严州。增修城部，整训兵甲，奸贼遏止，一郡服帖。后任礼部侍郎、直秘阁学士，因谏议刚直而免职。赴知温州，利导海商，营造兵舰，加强海防。由此可见巩嵘在当时是理财高手，在温州当知州期间，曾利导海商 20 人，营造兵舰。

第三，闯荡天下、四海为家的开拓精神。北宋真宗咸平元年（998），周伫随商船至高丽经商，才识被高丽相中，之后在高丽从政，官至礼部尚书，虽其后步入仕途，但在温州人看来，他却是温州侨居海外的先驱者，也是温州有文字可考的海外经商第一人。南宋洪迈在《夷坚志》中写道："温州巨商张愿，世为海贾，往来数十年，未尝失。"宋理宗淳祐年间（1241—1252）永嘉王德用，"少请乡荐，累举不利，乃与兄德明谋，尽卖其田庐，伪造禁物为国书，以奉交趾（今越南）。其国王大喜，亲与会，出宫女佐樽，以用材艺而敏，给厚礼留之。遣乃兄回"。从此，王德用侨居交趾，成为温州侨居今越南的华侨先驱。继王德用之后，又有永嘉（今温州市鹿城区）人薛氏随商船赴真腊（今柬埔寨）经商，但薛氏何年随商船到真腊经商不得而知，当时条件下，虽然掌握了季风的规律，有指南针应用于航海，但是海洋气候往往变化万千，海难事件时有发生，他们却大胆闯天下，四海为家，敢于冒险的开拓精神令人折服。

第四，求真务实、锐意进取的创业精神。这一点集中体现在以叶适为集大成者的永嘉学派。南宋时期，薛季宣开创事功之学，继之者陈傅良，集大成者则是叶适。永嘉学派强调功利，重视实用，重视"事功"之学，认识到商品经济对国家、社会的作用，主张发展商业，务实创新。叶适一反传统的"重农抑商"政策，主张士、农、工、商权利平等，提倡"通商惠工，以国家之力扶持商贾，流通货币"，反对政府的盐茶禁榷政策。这种敢于否定"重农轻商"、求真务实的创新精神对后世温州商品经济发展影响深远。

"温州区域文化的一个显著特点是重工商经济发展。工商经济思想自宋代形成，以永嘉事功之学确立。"此处工商经济思想实质就是温商精神的雏形。温州区域文化中的工商经济思想，也因明清海禁等闭关政策而沉寂过，也因近代西方资本主义的入侵、温州重新开埠和西学传播以及国内出现的维新变法思潮而被唤醒。这些思潮与历史积淀的事功文化相呼应，为温州发展奠定了务实重商的文化理念，也构成了温商精神形成的重要的历史文化基因。

第五，兼容并包、融合性强的开放精神。一方面，温州是个移民文化浓厚的地域，宋元时期，北方战乱，移民纷纷涌入，带来了中原先进的技术，温州人善于学习先进的技术，并适时地用于日常的生产与生活当中。另一方面，由于海上贸易的发达，善于学习外来文化，吸纳新生事物。

明前期，政府实行海禁政策，一定程度上抑制了温州商品经济的发展。明中后期，朝廷政府官员思想转变，由重农抑商转而扶持工商。

明朝建立后，为防止沿海居民与反明势力的联系和抗击倭寇进扰，实行了与宋元时期完全不同的"海禁"政策，三令五申要求百姓不得擅自出海与外国互市，温州的海外贸易几乎处于停顿或半停顿状态。温州沿海居民只好违背禁令冒险出海做生意，以走私形式维持宋元以来形成的海上私商贸易。嘉靖年间，温州沿海倭患猖獗，百姓深受其害，人口流散甚众，资财耗竭，四业委顿，海外贸易又陷于低谷。隆庆元年（1567），朝廷面临财政危机，为开辟财源，宣布部分开放"海禁"，默许私人进行海外贸易，但仍加以诸多限制条件，尤其是以往的主要贸易对象日本，更严厉禁止，"贩倭奴者，比于通番接济之例"，因此温州的海外贸易并没有多大起色。

清王朝建立后，以郑成功为首的抗清力量在温、台沿海活动。清政府为隔绝温州沿海人民和郑成功联系，于顺治十三年（1656）宣布"海禁"，严禁商民下海交易，"片板不准入海"，犯禁者治以重罪。顺治十八年（1661）又下"迁界"令，强迫沿海10里居民内迁，"三迁而界始定"，温州所属濒海居民被迫内徙。迁界后，温州沿海为之一空，鱼盐之

实业先声

利尽失，海外贸易处于完全停顿状态。康熙二十二年（1683），清政府平定台湾后，废"迁界"令，开"海禁"，允许百姓海上贸易。康熙二十四年（1685），清政府置浙海关于宁波，下辖温州、瑞安、平阳等15个海关分口。温州海关分口的设立，标志着温州海外贸易的复苏。康熙二十七年（1688），一艘温州商船满载货物前往日本长崎销售，温州与日本的海上交通恢复。但清政府又规定，温州海关只准出口贸易，进口须经宁波等地转口。乾隆二十二年（1757），清政府又颁布禁令，仅限广州粤海关一口对外贸易，封闭江、浙、闽海关，温州、瑞安、平阳三个分口亦随之关闭。同时又设置种种禁令，使温州民间海外贸易陷入困境。三年后，又禁止外国商船来浙。为谋生计，温州沿海居民不得已只有铤而走险，以武装走私对抗朝廷的禁令，并不时与清军在温州海域发生冲突。

明清两朝长期实行的海禁和"重农抑商"政策，温州商品经济的发展几经沉浮，官方贸易基本停滞，虽然整体发展远不如宋元时期，但是也出现了以下两种明显特征：

一是民间贸易始终维持着顽强的生命力。中日民间贸易一直处于走私贸易的状态当中。即便如此，中日私人贸易在严厉的海禁政策下依然显得十分活跃。中日朝贡贸易断绝的同时，私人海外贸易迅速发展起来，最初的走私贸易是小规模的，"各船各认所主，承揽货物，装载而还，各自买卖，未尝为群"，后来由于海上竞争，"强弱相凌，自相劫夺"，他们就"依附一雄强者，以为船头"，形成了"或五只、或十只、或十数只，成群分党，纷泊各港"的海上贸易集团。

二是早期资本主义萌芽的出现。明清时期，政局动荡，政策更改频繁，经济发展很不稳定，诸工百业曲折发展。从整体上来看，工商业虽不及宋元时期长足发展，但农作物的扩大生产也带来了农产品的商品化。同时，当时的手工业部门分官营和私营两大类。明政府对官营的工匠采取纳银代役，政府又用纳来的银两雇用工匠生产，广大工匠的技术和产品投入市场，促进了手工业的进步发展。私营手工业名目繁多，主要有棉纺织业、丝织业、矿冶业、制瓷业、造纸业、制革业和其他传统手工业。纺织业中，以丝纺织业的规模最大，产品质量和工艺水平都很高，其中以缂丝和瓯绸最为著名。温州的丝纺织业在元时曾一度停滞，至明初又获得新的发展。

明弘治年间，随着商品经济的发展，从事纺织业的部门开始兴起了新的手工业生产形式——工场手工业。这时的温州出现了许多以织绸为业的"机户"，机户拥有资金，购置织机，开始建立手工工场，雇用织工进行生产。机户占有生产资料，剥削织工的剩余劳动，是早期的资本家；织工丧失生产资料，靠出卖劳动力为生，是早期的雇用工人。

明代棉纺织业随着市场的扩大，商品需要不断增加，城里的富商开始打入这个生产领域。他们包买原料，把它供应给手工业者，又包买手工业者的产品，贩卖到外地，成为包买商人。永嘉、乐清等地的农村妇女往往为包买商人生产棉布。这些手工业者失去了经营的独立性，受包买商人的支配，实际上成为雇用工人。

明初，政府对矿冶业实行自由开采政策。浙南一带出现了开采银矿的高潮，温州就有三处银矿。这些银矿大都属于私人矿藏，雇工开采，雇工人数多的达到数百人。这些私人矿场雇用贫困者进行生产并以此来剥削他们的劳动价值，属于资本主义性质的手工业矿场。

丝织业的大批机户、棉纺织业中的包买商人以及矿冶业中大量雇用矿工的出现，标志着温州已经出现资本主义生产关系的萌芽。

清朝康熙年间，土地面积的上升，奖励措施的实行，极大地促进了农民生产的积极性，温州农业生产开始回升，城市得以进一步发展。这时期温州的粮食、棉花、油类、柑橘等产量有较大提高。手工业如织布、瓯绸、木器、棕器、漆器、纸伞、草席、榨油、造纸等也比较发达。温州的造船业，在总结传统造船经验的基础上，又有较大的改进和发展。温州官营造船厂于康熙三十三年建立。所造船的种类有水周、赶缯、双篷、快哨等，每年打造战船定额为90艘。中药、南货、绸布、酱酒成为当时温州商业的四大台柱。商业经济有了较大的发展，温州成了"闽浙商贾丛集之地"。

15世纪中期，温州和我国其他东南沿海城市一样，由于封建社会内部商品经济的发展，已经孕育着资本主义生产关系的萌芽。但是，到清朝中后期，这种萌芽反而发展缓慢并萎缩。

由此可见，明清时期温州商业成就远不及宋元卓著，但是温州商业精神仍以断续发扬光大，温州这种敢于挑战权威、勇于打破常规的冒险精神一如既往；吃苦耐劳、艰苦奋斗的创业精神一如既往。

3. 繁荣期——改革开放

在改革开放之前，温州人就已经开始发展个体商户，以小家庭为单位，形成了温州第一代的商人，成为当时国内第一批吃螃蟹的人，但由于中央政策的影响，第一代温州"八大王"均被作为重大经济犯罪分子被捕，对温州商业发展产生了巨大的影响。第二批温商在国家政策的保护下开始发展商业，由于眼光独到，大胆尝试，大力发展股份合作经济，形成了"小区域，大发展"的态势。通过强大的社会关系网，互相借贷，把最初的手工作坊为主的发展模式变成了以家族企业为主的发展模式，追求短期回报，资金实力雄厚。从小纽扣、打火机等小商品入手，逐渐涉及全国小商品行业，占领各地市场。在十四大召开以来，温州商业发展由个体私营向现代化企业制度进军，形成了一批科技型、外向型、集团性企业，建立有限责任公司，形成"小资本，大辐射"的优势。如均瑶集团企业的创始人同时发展乳制品业、房地产业、航空业等多元化的产业。

改革开放以来，温州率先实行市场取向改革，大力发展民营经济，被誉为温州模式。温州模式又被称作"小狗经济"，贴切形容了温州遍地的小企业、小家庭作坊场景。和苏南模式的集体经济，产品主要为大工业配套服务不同，和广东模式注重利用外资发展也不同。政府在经济发展的过程之中，扮演了"无为"者的角色，更多的时候，政府对民间的经济行为采取"睁一只眼，闭一只眼"的态度。在当时的政治经济环境下，让那些不符合主流的事情和现象存在和发展，而非压制和取缔，当地政府及其官员为此冒着极大的政治风险。直到20世纪90年代初，当地政府仍然需要面对外界对温州私营经济比重过高的指责。据统计，1979—2000年温州国内生产总值年均递增15%以上，2000年温州市民营经济在全市国内生产总值中占85%左右，在工商业中占95%左右，税收占全市税收收入约70%左右。一般认为，温州民营经济包括个体工商户和私营企业、股份合作企业和以自然人为主的有限责任公司、股份公司。

纵观温州民营经济的发展从所有制歧视到正统经济的补充，从积极引导管理到重要组成部分，并以中央十五大为标志，温州民营经济已经进入前所未有的越来越广阔的天地。但是，由于缺乏必要的监管和引导，温州模式也导致了假冒伪劣横行。在曾经的一段时间里，温州产品几乎等同于劣质假冒货的代名词。温州经济在飞速发展的同时，也暴露了许多弊端。一些温州人急功近利，大量制造伪劣产品。1985年，南京一位消费者投书《经济日报》，控诉他买的温州鞋穿一天就掉了跟，而所谓真皮也不过是劣质的合成革。有人称温州鞋为"一日鞋""礼拜鞋"。1987年6月，杭州武林广场一把大火将数千双温州鞋付之一炬，继而这把火烧到南京、长沙、株洲。"温州货"成了假货的代名词。北京、上海、天津、哈尔滨、沈阳等一些城市的商家纷纷贴出"本店无温州货"的安民告示，全国不少新闻媒体纷纷曝光，批得温州人"脸上无光，心里发慌"。

欺骗市场，其结果是失去市场。温州的决策者此刻清醒地意识到，如果不引以为戒，温州人的全民创业就有可能转变为"全民待业""全民失业"，必须重塑温州形象。温州市委、市政府积极加强市场调控，规范市场行为，引导市场经济向健康的方向发展。所以，在温商经济蓬勃发展的今天，温州面临着"温州制造"思考。许多城镇和地区都在交易会和招商会等会场拒绝温州商人和温州商品的进入，在全国各地，温州鞋更是遭到了前所未有的围追堵截。究其根源，是温州鞋以"物美价廉"的形象占据了大量的市场份额，对各地区制鞋业的发展产生了直接的威胁。特别是在国外市场，这种现象尤为常见，"反倾销"成为最直接有效的手段。如果温州鞋还想在国外充分的发展市场份额，必须缩小与当地鞋业的差距，实现"有钱大家赚"的理念；同时应该帮助欧洲鞋业制造商开拓中国市场，弥补我国高端市场的空缺，实现强强联手，互惠互利。温州民营企业虽然已经发展得非常壮大了，但是温州企业却迟迟不肯上市。温州企业以家庭企业为主，企业的发展必然涉及家族的利益，温州民企缺乏上市的经济基础、制度基础与积极性。且大多数温州民企都是劳动密集型的企业，对资金需求不大，温企大多都愿意一步步做大，民间金融发达使资金需求可以用更直接的方式得到满足。在温州企业家的眼里，资本市场是一种非常虚的东西，对企业的发展并没有什么好处。民企需要面对家族的压力，建立现代企业制度，使温州企业乃至全国企业都能得到良好的发展。

4. 转型期——现在

纵观改革开放 40 载，温州曾一度辉煌，也曾一度迷茫。1978—2004 年温州 GDP 增速 14.1%，高出全省平均水平 0.6 个百分点，位居全省首位，创造了省内最脍炙人口的增长奇迹。然而，2004—2012 年温州 GDP 增速 10.5%，落后全省同期水平 1 个百分点，居全省末位。GDP、"规上"工业增加值、财政总收入、进出口总额、社会消费品零售总额等多项增幅指标均"垫底"，温州在全省的地位遇到了诸多挑战。长期低层次的路径依赖，导致温州深陷"粗放增长缺资源，集约增长缺激励"困局，产业转型滞后、创新增长弱化、企业空心化严重、社会发展弱化等问题日益凸显，建立在血缘、亲缘、族缘和地缘基础上的领先地位仿佛不再，呈现出"三大失意"：

第一，制造失意。低端低成本劳动力和传统技术结构导致要素结构仍以低层次劳动为主体，温州制造业综合技术水平仅为全省的 60%，2012 年温州塑料制品、皮革皮毛、纺织服装等典型劳动密集型产业占工业比重仍高达 28.8%，10 年间仅下降了 0.5 个百分点左右。

另外，温州本地经济的粗放增长遭遇建设用地的严重制约，然而在全国仍普遍粗放增长状况下，温州企业难以在本地实施具有较高水平的集约经营。企业纷纷出走，本地经济趋于"空心化"。近 10 年来，本地工业企业和外迁企业对外累计投资额已超过 1000 亿元。实体经济不景气已经成为不争的事实。

第二，创新失意。创新乏力是温州多重结构性固化凝滞的本质原因。有数据显示，温州每万人中大学文化程度是浙江的 66.6%，全国的 73.9%。高达 45.5% 比重的外来人口中初中及以下文化水平的占 88.1%，比全省高 3 个多百分点。人才的匮乏使创新成为无水之源，多数中小企业长期深陷转型中的迷茫。治理结构高度凝滞，在全球经理人当道时代，温州的小老板们仍亲力亲为，企业治理结构的现代化水平长期较低。产业结构高度凝滞，长期低工资支撑的企业快速发展，严重扼制了当地及国内消费需求增长，信息经济、金融服务、科技研发等生产性服务业难以较快发展。

第三，精神失意。"温州精神"逐渐背离市场经济体系和现代治理模式，近年已成为制约温州经济社会转型的重大短板。有人慨叹，过去的温州"清贫而坚定",如今的温州"富庶而茫然"。许多温州企业不愿持续做大做强,长期沉迷于传统产业,规模普遍偏小,平均寿命只有4年,淘汰率极高。

2013—2016年,温州GDP年均增长7.9%,高出全省平均水平0.1个百分点,位次前移至全省第5位。从2013年起,温州经济开始触底回升,2016年温州市GDP总量达到5045.4亿元,首次突破5000亿大关,继续名列全省第三,其中与绍兴的差距从2012年的30亿元扩大至335.2亿元。2018年,温州GDP达6006.16亿元,同比增7.8%;此前2017年,全市GDP为5453.17亿元,同比增8.4%。进一步巩固了温州在全省的"铁三角"地位。

工业企业经营状况向好,构成筑牢温州"铁三角"地位的重要基础。2012年投资和出口的断崖式回落,温州规上工业利润增速一度跌至-9.4%,而2013—2016年温州工业企业利润保持较好水平的增长,年均增长5.2%,虽不如前30年的美好时光,但盈利能力不断提升,进入可持续发展阶段。

同时,温州企业资产负债率从2012年的59.6%收缩至49.9%。在较好的利润增长和相对较低的资产负债率支撑下,以及生产者价格上涨激励下,企业预期将有所改变,补库存周期或已开启。温州工业增加值增长回升显现,2016比上年增长7.1%,比2015年回升0.8个百分点。2019年1至2月,温州市工业投资同比增长34.4%,增速居全省第一,比全省高29.9个百分点。

收入和消费增长双双加快,构成筑牢温州"铁三角"地位的基本支撑。得益于市场化改革和经济高速发展,温州民间资本搭着商业生产迅速扩张的顺风车,完成了最初的原始积累和财富增长。

经测算,2013—2016年温州居民人均收入实际增长比GDP增长快0.3个百分点,比人均GDP增长更快一些。由此导致2013—2016年,温州社会消费持续两位数实际增长。2016年温州社会消费品零售总额占GDP比重59.6%,居全省首位,高出全省平均17个百分点。

由此进一步导致服务业增长加快,吸收了制造业减少的就业人群,有效促进经济发展回复到内需主导和消费主导上来,构成经济向好基本支撑。

重点领域改革全面深化,构成筑牢温州"铁三角"地位的动力再筑。

如凯恩斯所说："是理念，而非既得利益，是成功的关键。"在相当长时期内，温州模式是中国改革的一大典型，是市场化改革的草根力量，创造了40年中国改革最脍炙人口的制度变迁奇迹。

尽管目前改革已进入攻坚期和深水区，但温州仍在许多方面先行先试、敢于创新。温州依然是中国改革舞台上令人瞩目的焦点之一。

无论是倒逼机制下的被动应对，还是创新创业下的积极应对，随着资本积累、主体提升及环境改变，温州在集约发展、消费升级、创新增长等领域形成了较为明显的机遇，未来亟须优化本身经济行为，深化区域性改革，继续走在发展的前列、勇立时代的潮头，扮演好温州在"铁三角"中的重要角色。

在中国经济整体紧运行下，温州长期的企业生产经营与财富累积模式带来集约内涵机遇。当前中国经济步入新常态，劳动力总量、土地资源等要素供给口子收紧，依赖大量土地、资本投入的粗放外延式增长难以维系。

而温州有着长期集聚集约发展的传统，从温州土地集约利用来看，就远远走在全省前列，数据也显示温州规模以上工业企业亩均增加值等指标均在全省前列。温州产业结构也在发生积极变化，第三产业近几年持续增长较快，2016年与2011年相比，温州第三产业比重上升10.8个百分点，达到55.4%，居全省第二。2018年第三产业增加值3484.9亿元，增长8.2%，高于全省增长均值7.8%。

在新的发展时期，温州必将率先推进市场化改革，形成粗放外延向集约内涵发展的巨大转变。

消费经济主导下，温州工业产品结构和民间财富优势带来了市场优势。一方面，温州轻工产业发达契合中低需求相对增长这一状况。当前主要是蓝领短缺，农民工尤甚，城镇劳动力大多就业于白领岗位，蓝领薪酬增长远快于白领，物美价廉的温州制造仍有较大市场。

另一方面，温州民间财富雄厚，为消费品质化奠定了基础。2016年温州城乡居民人均可支配收入分别达4.8万元和2.3万元，略高于全省平均水平。雄厚的民间资本为温州消费由模仿排浪式向个性品质化过渡提供了重要机遇和潜在可能。

知识型企业家的兴起与成长，温州有望加快实现创新增长的市场化。

一是草根到精英的转变将大量涌现。受宏观经济形势影响，2011年后皮革、服装、汽摩配等温州传统行业日子艰难。其间，出身草根的温州企业家们以及越来越多的温商"创二代",在历经市场锤炼中,逐渐从浮躁回归平和,从盲目扩张走向稳健经营,在低调探索中悄然转型。

二是职业经理人的脱颖而出。以正泰等一批龙头企业为先导,更加重视职业经理人的引进和培育,通过"双培计划"等方案建立了现代企业制度,初步实现了所有权与经营权的分离,从根本上摆脱"家族制""家长式"管理,实现了从"人治"向"法治"的根本转变。

三是引入高素质人才和企业来温州投资创业。充分利用长三角经济带和海西经济区交汇的人才和资本优势,持续完善浙南科技城、乐清经济开发区、温州空港新区等产业平台基础设施配置,着重吸引威马汽车、中电通讯等一批附加价值和长期增长弹性较高、环境资源影响较小的外来企业入驻,在产权保护、税费减免、行业准入等方面予以优先,外来经营者日益融入温州主流社会。

二 温州商业文化的历史变迁

1. 范蠡经商思想:商道哲学

薄利多销,不敢居贵 "薄利"是手段,"多销"是目的,以"薄利"促"多销"是商人的目的。范蠡主张"不敢居贵",仅"逐什一之利"。他与投机奸商的不同之处是出不抬价、进不压价,不在扩大商品的加价率上费心机,而是当买即买,当卖即卖。他提出的"无息币""财币欲其行如流水",就是力求加速商品的周转次数,使同量的资本在一定时间内能做更多的生意,从而在扩大购销中去增加利润的总额。范蠡是不敢居贵、薄利多销型的古代经商者之典范。

贵贱复反,贱买贵卖 范蠡认为,货物的时贱时贵是有一定规律的,五谷贱贵在一定条件下会向相反方向转化,物极必反,物之多少,价之贵贱,会向其反面转化。他运用计然"论其有余不足,则知贵贱"的观点经商,看到市场上某种货物上涨,就会刺激人们生产出更多的这种货物,生产这种货物过多了,卖不出去,价格就会跌落下来,反之亦然。货物价格的贵贱与货物的"有余"和"不足"是有着密切关系的。因此,他认为具体从事经商的人应该在某种货物价格昂贵时,就要像对待粪土那样,赶快卖出去,从贱买贵卖的经营中获利。

完物上种,质高货真 商品是具有使用价值和价值二重性的。商品的质量是指商品效用的好坏,即使用价值的高低。效用好,使用价值高的,质量就佳，反之就是劣。商品的质量关系生产者、商人本身的信誉和在市场上的竞争力，也关系消费者的切身利益。当时在私营个体手工业者大量兴起以后，范蠡就引用计然之策，提出"务完物"的口号，要求质高货真，他强调贮藏货物要完好，并提出"腐败而食之货勿留"，以免浪费或损害消费者的利益。

预测行情，窥其先机 春秋末期，自由经营的私商兴起，他们独立经营，自负盈亏，在复杂多变的市场形势下，要获利赚钱，就必须重视市场行情的变化，揣度商品供求和价格的变化，以便采取有针对性的对策。范蠡是那时善于预测行情、敏于掌握时机、在经营上取得极大成功的代表。

旱则资舟，水则资车 范蠡经商之术广泛地利用了计然"旱则资舟，水则资车"之策，大获其利。天旱预先进船只，天涝预先进车辆。大水年预做车子的生意，因为这时用船，车子没人买，价贱，水灾过后，车子将成为市场上特别需要的抢手货而涨价，可以赚钱。在天旱时预做舟船的生意，其理相同。

加速周转，行如流水 范蠡主张在增加储备的同时，应力求加速周转，要求"无息币"。他信奉计然"财币欲其行如流水"的观点，认为商品、货币在市场经营中应该像流水似的畅顺，快速周转。所以，他主张"不敢居贵"，薄利多销、快销，加速商品、货币在流通领域的周转。主张"贵出如粪土，贱取如珠玉"，做到快销、快购，加速商品流通中货币—商品—货币的进程，切勿保守惜售，观望吝购而阻碍"货币—商品—货币"在流通中顺畅进行。

2. 越人善贾

越王勾践之所以灭吴，光凭卧薪尝胆还是不够使越国复兴的。历史学家们似乎忽略了一点，那就是使越国重新强盛起来的一个主要原因，是勾践采用了范蠡、计然所拟的"经商富国"的谋略。

《史记·货殖列传》中记载道："昔者越王勾践困于会稽之上，乃用范蠡、计然。计然曰：'知斗则修备，时用则知物，二者形则万货之情可得而观已。故岁在金，穰；水，毁；木，饥；火，旱。旱则资舟，水则资车，物之理也，六岁穰，六岁旱，十二岁一大饥。夫粜，二十病农，九十病末。末病则财不出，农病则草不辟矣。上不过八十，下不减三十，则农末俱利，平粜齐物，关市不乏，治国之道也。积著之理，务完物，无息币。以物相贸易，腐败而食之货勿留，无敢居贵。论其有余不足，则知贵贱。贵上极则反贱，贱下极则反贵。贵出如粪土，贱取如珠玉。财币欲其行如流水。'修之十年，国富，厚赂战士，士赴矢石，如渴得饮，遂报强吴，观兵中国，称号'五霸'。"

计然（生卒年不详），这个几千年前的温州人（曾游历到温州），姓辛氏，名文子、字钘，号称渔父。春秋时期著名谋士、经济学家，春秋时期宋国葵丘濮上（今河南商丘民权县）人。博学无所不通，尤善计算。经常遨游于山海湖泽，南游越国时，收越国大夫范蠡为徒，授范蠡七计。范蠡辅佐越王勾践，用其五计而灭吴国。可谓是一个卓尔不群的经济学大师。计然的富国之策实则是经商之道，至今许多原则仍屡试不爽，可算是"商业圣经"了。譬如"贵上极则反贱，贱下极则反贵"，"贵出如粪土，贱取如珠玉"，"财币欲其行如流水"等，成为后世经商的"格言"。

"货币在流通中方能产生利润。"所以，"财币欲其行如流水"，这即使放在今天，也符合资本运营学。今天的温州商人，深谙此道。

计然是春秋时代的经济学专家，重在理论，而范蠡则是实践其理论的经商大师。《史记·货殖列传》上又载："范蠡既雪会稽之耻，乃喟然而叹曰：'计然之策七，越用其五而得意。既已施于国，吾欲施用之家。'乃乘扁舟浮于江湖，变名易姓，适齐为鸱夷子皮，之陶为朱公。朱公以为陶天下之中，诸侯四通，货物所交易也。乃治产积居，与时逐而不责于人。故善治生者，能择人而任时。十九年之中三致千金，再分散与贫交疏昆弟。此所谓富好行其德也。后来衰老而听子孙，子孙修业而息之，递至巨万。故言富者皆称陶朱公。"

范蠡功成身退，乘舟浮海以行，用计然之计而致富，真算得是中国官员"下海经商第一人"了。由上所记可以看到，范蠡经商"耕于海畔"，表明当时有一条海上商道，或之齐，或之陶，范蠡起初并不是坐商，而是逐利而往的"行商"。"天下熙熙，皆为利来；天下攘攘，皆为利往。"范蠡这样的大商人，都是"耕于海畔"，逐利而行，可知当时越地的商人也是如此。古语云："行商坐贾。"温州人善于在外地经商，为生计所迫是一原因，更可能是出其商人本性。范蠡也是在浮海以行，几经迁徙，最后"之陶"，发现"陶"这个地方是经商宝地，方才"治产积居"，从行商变为坐贾。

范蠡弃官从商的选择对后世温州人影响深远，"越人善贾"，并非虚言，有着天然的文化禀赋。

3. 东瓯时期挑战"重农抑商"

汉王朝在瓯地建立了一个"东瓯国",东瓯王即为该国家的国王。驺摇作为第一任勤政爱民的瓯王,他改变了瓯人"断发文身"、以蛇蛙鱼蛤为食的原始生活。同时他大力发展手工业,让温州在2200年前就形成了一个手工业的商贸城市。

4. 宋朝颠覆"重农抑商"大力发展工商业

北宋结束了五代十国的长期战乱和分裂割据局面,国家的统一和社会安定为商业的发展提供了前提,古代中国传统的农业和手工业经历了千余年的发展,为商业的发展提供了原料、商品和市场基础。

两宋政府为了增加财政收入,实行相对宽松的商业政策,促进了商业的繁荣。宋太宗曾下诏"令两制议政丰之术以闻",令官员们研究理财求富之道。宋神宗则认为"尤先理财",发过"政事之先,理财为急"的诏令。这些政策导向促使商业兴旺,高速发展。同时商人的社会地位有所提高,宋朝开始允许商人参加科举考试,是一个很大的转变。

由于商业的空前繁荣,促进宋代的货币形式与种类丰富发展。宋代的钱币无论是在种类、数量还是质量上,都是中国古代历史上造诣最多最好的钱币。商业的繁荣发展,引起货币形式的变化,在公元998年(咸平元年)前后,四川地区民间出现最早的纸币"交子"。这是我国也是世界上最早的纸币。宋朝政府先后印刷发行的纸币种类有交子、钱引、关子、会子等几种类型形式。

宋代的市已经突破了原先时间与空间上的限制,商业活动不再受到官吏的直接监视,商业管理较为宽松。商业的发展,促使古典市制的瓦解与近代市制的确立。宋朝以前,县治以上的城市,一般都在特定的位置设市,用于货物聚集和商品交易。市四周有围墙,与居民严格分开。官府设立市令或市长,对市场交易进行严格的管理,按时开市、闭市,闭市后不许交易。宋朝时,城市中坊和市的界限被打破,市分散在城中,城市由坊、市分离转变为坊、市合一的格局。旧时日中为市的经营时间限制也被打破,草市、夜市、晓市更加普遍,交易活动也不再受官府的直接监管。北宋《东京梦华录》中记载:"夜市直至三更尽,才五更又复开张。要闹去处,通宵不绝。"反映了宋朝夜市的繁荣。这些宽松的商业限制,促进了商业的发展与繁荣。

5. 改革开放后,抱团合作,搞活经济

温州改革开放40年,领导和群众的思想总是处于一种解放的状态,

认识事物、考虑问题、指导实践，一切从实际出发，怎么符合客观实际就怎么干，怎么有利于发展就怎么干。翻阅历史，温州曾被作为全国"资本主义"复辟的典范，在全国许多地方出现民企偃旗息鼓、思想倒退之际，温州的党政领导者主张改革、鼓励民企发展的脚步却从未停止。以致温州当地有句话说："温州领导姓什么在变，解放思想的共性不变。"温州人始终认为，改革开放、发展经济，其本身就充满了探索和实践，没有什么现成的模式可循，只要认真贯彻落实党的方针政策，踏踏实实搞改革，一心一意谋发展，积极解放生产力，努力提高人民群众的生活水平，对于具体的思路和方法，就没有争论的必要，这也是一切从实际出发的态度。

始终坚持民营化、市场化的改革道路。改革开放以来，温州最富有特色、与众不同的成功经验，可以概括为始终坚持"民营化、市场化"的改革道路。民营化关系社会所有制结构、企业产权制度、利益分配关系、经济决策和动力结构等；市场化，涉及市场主体培育、经济决策信息结构改变、经济运行调节机制乃至整个社会资源配置方式的转变等。从温州改革开放40年的实践看，正是通过不断深化民营化改革，大力发展了以个体私营为主的各种民营经济，有效地调整了社会所有制结构、企业产权结构和利益分配结构，从而为温州的经济发展提供了强大的内在动力和活力；正是通过不断深化市场化改革，促进了经济运行方式和调节机制的转变，从而提高了社会资源的配置效率。

始终弘扬"敢为人先、特别能创业"的温州人精神。温州人传统上就具有恋乡不守土、敢冒知进退、自信不自满、重利不守财、吃苦不叫苦的禀性。正是基于这些优良的传统，在改革开放的伟大实践中，温州人"敢为人先、特别能创业"的精神得到了更好的培育和弘扬。首先，温州人创新意识特别强。具有"吃螃蟹"的冒险精神，具有"争喝头口水"的超前意识，敢闯敢冒，敢为天下先，曾经涌现了"胆大包天""胆大包地""胆大包海""胆大包江"等一批典型。其次，温州人创业欲望特别强。"人人想当老板、个个争当老板"的愿望，使他们能够义无反顾地打拼天下。哪里有市场，哪里就有温州人，哪里有温州人，哪里就有市场。再次，温州人吃苦精神特别强。在很穷时能吃苦，富裕起来还能吃苦；当小老板时能吃苦，当大老板时还能吃苦。"白天当老板，晚上睡地板"，"宁当鸡头，不做凤尾"，是温州人艰苦创业的真实写照。

改革开放的生动实践中所培育和铸就的"敢为人先、特别能创业"的温州人精神,不仅为温州的进一步发展提供了不竭的动力,也为全国的改革开放和现代化建设提供了新鲜经验,成为全国人民倍感珍惜的一笔宝贵的财富。

大道行思

第二节 温商精神的成因

一 温商精神的自然成因

1. 由"瓯"字说起

要了解温州的地理环境,得先从"瓯"字说起。温州地形似"瓯",温州的北面是台州,西面是丽水,南面与闽北的福鼎、寿宁等地接壤。这三面都有高山阻隔,西南边是洞宫山脉,最高处是泰顺县境内的白云尖,海拔1611米,比山东泰山的玉皇顶还高;西北边是括苍山脉,最高处在永嘉县境内的大青岗。"高山岭头,水分两边流"。只有中部的小部分地方以及濒临东海的东部是平地。形似"瓯",形成了温州三面环山、一面环海,导致了温州的地理特征"七山二水一分田"的地形格局。这种地理格局,在三千多年前,居住在这个"瓯"地的人民,生活远比中原落后,中原人在"城中好高髻,四方高一尺"时瓯民还是剪短头发、身上刺着花纹,赤足,吃蛇、蛙和鱼、蛤为生。在交通极其落后的古代,中原的先进文化和生产力无法透过重重的山峦惠及这"瓯"中之民。《温州府志》载:"土薄难艺,民以力胜,故地不宜桑,而织纤工,不产漆而器用备。"由此,浙南山区,尽为奇峰险堑,土瘠田薄,非坚韧刻苦不能在此居住。温州人所依之山，一方面可谓"穷山恶水"，足以培植坚韧、刻苦的本性，土地稀少，无法满足发展农业多土地的要求，如果要求得生存和发展，就必须克服困难，另辟蹊径，发展商业，这就培养了温州人吃苦耐劳的品格。另一方面却亦为"奇山丽水"，钟灵毓秀，养成其机巧、灵慧的个性。雁荡山之奇、之壮美、之险、之神秘可谓惊艳天下，如此奇丽景观，天天眼观目接，岂能不触开心机，虽愚鲁也能变聪慧，化生灵巧。纵观如今商海，温州商人群起辈出，真如"锐峰叠崎，左右环向，奇巧百出，真天下奇观"！

2. 温州港独特的地理位置

"瓯"之地也表现了温州是个临海城市。温州有句俗语"出了门'死'路一条"。这里的"'死'路一条"并不是真的无法生存，而是温州话读"水"的音就是"死"的音，因此，实则温州"出了门水路一条"，城内塘河纵横星布，城东南温州港地理位置独特。大海的潮起潮落，台风肆虐前的征兆，通商航行中艰险的航程，大海的平静中所蕴藏的无比力量（以巨浪排空来体现），海风的借势和其破坏力，等等，对古代东瓯人来说，是生死攸关之事。

因此，一方面"水（死）路一条"的濒临东海，水上交通便利，靠海的地理环境不仅有利于发展工商实业、海外贸易和运输业，也有助于形成开放性、创新性思维方式，激励人们去竞争去冒险，开拓进取。另一方面，临海温州人对大海的变幻不定、喜怒无常的"脾性"必须摸透，日积月累，养成其善于观察、预测大势，对"风险"的把握更胜人一等，所以，温州人敢于冒险，又善于把握风险。现代温州商人对市场行情变化的敏感性极强，这种特质是由于大海培养了他们的品格。同时，海洋作业的各种风险和远洋航运捕捞的需要，培育出了温州人敢冒风险、开拓进取的海洋文化性格和见风使舵、随机应变的能力以及团队合作的传统。

3. 温州气候

唐高宗上元元年（674），以"其地恒燠（yù）少寒"，故名"温州"，从此至今，一直名为温州，通俗地讲就是"温暖之州"，是一座宜商宜居的城市。温州天气属于中亚热带季风气候。最突出的特点是气候多样，灾害频繁。温州自然灾害时常发生，百姓深受瘟疫、台风、暴雨等灾异之苦。关于温州地区的自然灾害，诸多文献多有记载。本来"七山二水一分田"的困境又因此气候更加窘迫。《瓯海轶闻》记林应翔于万历年间到永嘉县，当时"岁苦役，春夏尤甚，骨肉故亲相异"，又"嘉靖岁乙己，浙大饥，瓯尤甚"。温州发展农业难以满足人民的生存需要，他们必须具备敢想敢干、不等不靠、自力更生的自主精神。

4. 农耕资源

温州土地资源十分匮乏，人均耕地不足三分，史书记载说："温居涂泥之卤，土薄难植，民勤于力而以力胜。"在传统的"农本"社会中，这里的土地养活不了这一方人，需要到温州以外的地方去获取资源。因此，温州人自古就有强烈的市场意识，善于捕捉各种商业机会，勇于外出经营谋生。

二 温商精神的人文成因

1. 文脉与商脉——永嘉文化对温商"义利观"的影响

"永嘉学派"是南宋时期能够与当时占主导地位的理学相对峙的思想流派。出生于温州永嘉县的学者和思想家叶适，集中了"永康学派""金华学派"和之前已有的"永嘉学派"倡导的"事功之学"，加以丰富和提高，形成了一种务求实效的思想体系，在当时和后代都产生了重大影响。永嘉是当时温州的州治所在地。"永嘉学派"的精髓是反对空谈性理，讲究实效，主张义利并举，"既无功利，则道义乃无用之虚语耳"，表示应"以利和义"，而不是"以义抑利"。从这种现实主义的思想出发，"永嘉学派"批判了传统的"重本抑末"观念，"夫四民（士农工商）交致其用而后治化兴，抑末厚本非正论也"。认为应该"通商惠工，以国家之力扶持商贾，流通货币"，大力发展工商业。只有这样，才能富国强民、收复中原，实现国家大一统的远大理想。应该说，"永嘉学派"和"事功之学"，是以温州的社会经济土壤为根基的。但反过来，"永嘉学派"讲究实效、注重功利的思想及其价值取向和逐利追求，又有力地塑造和强化了温州这一地方的民间心理和区域文化传统，构成了温州经济社会发展中不可或缺的"遗传因子"。文化传统决定人们的价值选择。"永嘉学派"虽是封建知识分子的学术流派，但表现的却是当地根深蒂固的"文化基因"。这种渗透在温州人骨髓里的"文化遗传"，在不同的历史时期都会得到承传和表现。

19世纪末，被称为"东瓯三杰"的陈虬、宋恕、陈黻宸，就继承了"永嘉学派"的"事功之学"，批判"汉宋儒者，名修孔教，乃不能深求富教之策，立达之方……空谈心性，坐视国家之穷拙"，在民族危亡的严峻时刻，勇敢地站在时代前头，传播西学，宣传维新，提出变法纲领，主张"齐商力，捷商径，固商人，明商法"，发展现代商业，促进商品经济发育。

因此，"永嘉学派"不仅奠定了特质鲜明的瓯越文化精神，同时又为当代温州经济社会发展提供了重要的思想资源。改革开放40年来，温州经济的发展演进轨迹和制度创新模式，无一不深深地打上了重视工商的传统文化烙印。

2. 家族亲缘文化、山地与海洋文化——"抱团思想"

家族亲缘文化　在诸多关于温州区域文化的研究中，几乎无一例外地都强调温州人善于抱团合作。良好的内部协作，是温州人最突出的品格，远甚于温州人自己概括的"敢为天下先"精神。温州人内部协作，往往借助于亲戚、好友、同乡等渠道形成的"强连带"的社会关系网络。利用这种强关系，温州人开办家族企业、家庭手工业，或者抱团外出务工、经商。北京的"浙江村"和国外的"温州城"，大多就是这样形成的。温州人每到一地经商，都会建立温州商会，即使买房也形成"炒房团"。在此过程中，社会关系网络既是传递流动信息的媒介，又是他们流动得以持续的机制。

温州的宗族势力盛于其他地方。与随处可见的教堂、佛堂相映成趣的，还有数量众多的祠堂。与此同时，温州人形成强连带关系的另一种途径是结盟。在青少年时期，情投意合的好友结成"盟兄弟、盟姊妹"，超越血缘关系的同龄人结成强连带关系，互相帮衬。温州人这种社会关系网络，是基于个人之间的感情纽带，出于互助互利的愿望，因此是一种"目标培养"式的关系。即人们有意识地去培植与另外一些可以为自己带来好处的人的关系，这种关系只有在很长的时间后才能起作用。

以家文化为基础的我国家族企业内部的信任关系是建立在血缘亲属关系之上的，它弱化了"家"与外界联系的纽带，信任度是随着家族关系而逐次递减的。在"家族主义"文化支配下的家族企业，管理者往往会把企业的员工划分为"自己人"和"外人"两个圈子，只信任内部亲近的家人而疏远外人，从而使企业对外部人力资源难以形成真正的信任，弱化了外来人才对企业的凝聚力。有学者在对欧美和我国台湾的企业比较研究后指出：中国式的企业经营形态相对于西方的"契约关系"与"市场规范"的经营方式而言，总不能免除传统家族观念和人际关系的束缚。

家族企业文化具有浓重的关系色彩，"任人唯亲"是家族企业的通病。以家族为本位的传统伦理使人们在处理人际关系问题时，常常从所在家庭、家族的利益出发，认为血浓于水，把亲情放在一个十分重要的位置。在任用人才时，觉得父子、兄弟、亲戚最为可靠，亲属凭血缘关系而不是凭专业才能占据重要的领导职位，重要的管理部门多数由具有血缘、亲缘关系的人员主控，企业内部往往出现人际关系复杂、制度形同虚设的局面。同时对所谓的"圈内人"与"圈外人"采取不同的管理方式，对前者采取随机的"人治"进行管理，对后者则制定规章制度实行"法治"，这种"内外有别"的双重化价值认同标准，背离了基本的公平原则。

精神命脉

山地与海洋文化　温州位于浙东南偏僻处，东濒东海，北、西、南三面均为大山高地与外域隔离。这种地理区位无论相距吴越还是中原，都使其处在政治、经济、文化中心的外围，而社会经济水平的低下、科学技术的不发达以及人力手工为主的交通状况，使其在客观上无法与外部进行密切的和规模化的交往。

不仅如此，温州所处的空间差序格局还阻滞了主流的中原文化和吴越文化的进入与传播。这样，瓯越境内的非强势文化获得了相对自由的扩展空间，呈现各行其道"舞东风"的情势。即使在中原、吴越等地区称大独尊的儒家，在随诸子百家流入瓯地后，也只不过是诸子百家之平等一家。所以，温州长期以来就是一个意识形态和哲学文化自由、多元化的地区，受此熏陶的海内外温州人则表现出不落俗套和灵活变通的性格特征。

在面向海洋的地理条件、造船业日益发展和港口开放度不断提高等因素的共同推动下，温州人具备了显著的海洋性。他们不断地走向海洋、闯荡世界，从中累积起重商趋利和敢于冒险、向外拓展的海派品质并受到双重的影响。而同样濒海的福建人尤其是具有"海商基因"的闽南人的迁入，增强了温州文化的冒险性和商业味，促进了温州人开拓海洋的精神和善于漂洋过海到国外谋生的能力。

正是在这内外两种"形异质同"的"商"力作用下，温州人被哺育、打造成浑身是商业细胞的国际级商人。他们意志坚定、执着强势，不达目的不罢休，敢冒敢闯又机敏灵活，不断变化招数，既拿得起也放得下，成为搏击商海的能手。

自然地理环境是人类社会环境和人文气质的主要源头，温州多样的地形地貌构成了温州文化的丰富源泉，其中对温州人性格和意识影响最突出的当属大山和大海。一方面，"七山二水一分田"的不均衡土地资源既因"穷山恶水"而培植了人们坚韧刻苦的潜质，又因"奇山秀水"而造就了乡民"习于机巧"的灵慧个性；另一方面，"瓯居海中"的海洋地貌既因狂风恶浪和变幻莫测的恶劣环境而锤炼了人们顽强拼搏的精神，又因海洋的可利用条件差而锻造了海民们娴熟驾驭的能力和协作抱团的意识。

这种"控山带海，利兼水陆"的复合地形使温州的草根文化成为"原产"温州的极具地方性的文化品牌。这种特有的地理空间直接而强烈地影响着当地民众的精神生活和价值取向，并使海内外温州人的积极进取、奋力向上、自我把握命运和自己创造未来的精神得以充实和提升。历史表明，具有移民特质的温州文化集传统性与开放性、地域性与民族性于一体，是活态的、迁移性的多元文化形态，也是具有全球化趋向的区域文化。而温州改革开放40年的实践证明，这种文化是温州走到中国发展前列的首要"资本"，也是行走世界的温州人在外闯荡、生存创业的最大财富。

3. 移民文化——温州人闯荡天下、四海为家的开拓精神

传说中的地质变迁 2002年发掘老鼠山文化堆积层时，考古专家们惊奇地发现山顶的熟土层距今3000—4000年，比山脚的遗址晚千年。这就是说，温州先民先是住在山脚下，后逐渐往山顶上迁移。而一般人类的居住习惯，总是随着文明程度的提高，人们很自然地往适合居住的山下迁徙。温州先民为何上山？有关专家认为：当时温州的水域面积比较大，有

段时间有水位上涨的现象，把先民赶上了山。

温州至今还流传着一句民谚："沉下七星洋，浮起上河乡。"七星洋即温州东向沿海的永强等地的古称，而上河乡是今温州西向的三溪（瞿溪、雄溪、郭溪）地方。东向濒海的大罗山原来是高地，而西向三溪地方原来是一片汪洋泽国，在历史上，曾发生过温州东向地势沉陷而西向地面抬升的地质事件。迄今，西向三溪的地名中还保留着"屿儿山""后屿"等反映濒海特色的地名，且在地层挖掘中还发现了贝壳等海洋生物的遗骸。在大罗山的一些村庄中，至今流传着"大洪水"的传说。

历史上的人口迁移　东瓯王时期，从先秦到西汉，先后有徐人、越人、楚人、闽人相继入瓯。

三国时期，中原陷入战争浩劫，温州地处偏僻，比较安定平稳，成为北人避乱之地。大量中原人士纷纷南逃至温州，人口的增加必然导致对土地的需求。永嘉本是地广人稀之处，无主荒地甚多，中原人士的到来，促使土地得到迅速的开拓。

西晋末年的北方战乱，又一次促使北方大批流民渡江南徙。东晋建都建康后，大批的豪门士族追随晋室南下。温州人口激增，这些外来人口的到来同时带来了北方先进的生产技术，永嘉郡此时因人口增加和土地开发需要而建立。

中唐至五代末年，北方人口大量迁移江南。安史之乱时"天下衣冠士庶，避地东吴，永嘉南迁，未盛于此"。温州的人口在隋大业五年（609）仅10542户（辖括苍南、松阳、永嘉、临海四县，每县平均有2336户），到唐天宝元年（742）达到户42814，人口241694。当时州辖永嘉、乐成、安固、横阳四县，平均每县达10703户，每平方公里人数达20.56人。唐时的温州城区包括现在的永嘉县和现在的温州城区，面积达4100多平方公里，人口应有近10万。

除了北人南迁至温州外，闽北的长溪由于战乱，也纷纷迁移到温州市内。温州市现在的一些大姓就是当时从外地迁徙定居下来的，详见表2-1。流入人口的增加必然会使当地的农业、手工业和商业有所发展。

表2-1　　　　唐五代时期部分温州姓氏流入情况

姓名	迁徙时间	迁出地	姓名	迁徙时间	迁出地
李集	五代	长安	崔道融	乾宁年间（894—898）	荆南

续表

姓名	迁徙时间	迁出地	姓名	迁徙时间	迁出地
陈昭远	唐大中三年（849）	福建长溪	李超	五代后周显德二年（955）	福建长溪
潘兆玑	唐天宝年间（742—756）	青田	金永远	唐（具体实间未见记载）	金华
金惠	唐（具体时间未见记载）	福建长溪	刘宝	五代后唐清泰元年（934）	福建长溪
周纯	五代时	宁波	徐雷	五代时避闽主王曦乱	福州
胡行	唐中和元年（881）	福建长溪	郑镒	唐乾符四年（877）	福建长溪
王蔺	五代时	福建	朱永	唐元和年间（806—820）	绍兴
朱兴	五代时	福建长溪	吴缘	五代时	泰顺
林成初	唐至德元年（756）	福建莆田	林清之	五代后梁开平年间（907—911）	福建莆田
张天彬	五代后晋天福年间（936—944）	福建长溪	刘乾	唐大中十三年（859）	金华
邵宏明	唐大中年间（847—860）	福建闽清	麻垣	唐时	福建长溪

资料来源：永嘉县地方志编纂委员会编《永嘉县志》，2003年版。

前几次移民潮基本上以迁入温州为主，而20世纪80年代的移民潮则有两个明显的特点：一是这次移民潮以世界范围为其背景。在世界移民潮下，温州人外出不仅是在国内的区域性大流动，更是全球性大流动；在中国，没有哪个地方像温州一样，有那么多人分布在中国乃至世界的每一个角落。二是这次移民潮以中国的改革开放为背景。随着我国工业化、城市化、市场化和改革开放进程的不断加快，温州人正在走向全国、走向世界，外来务工人员涌入温州。温州这股大进大出的移民潮仍将长期延续，这是在全国来说属于罕见的社会经济现象。

五次移民潮对温州人性格特质的影响 首先，移民带来的直接问题是：大规模的外来人口或族群迁入温州，人口大量增加，再加上温州的地理特点，农业种植业已无法满足他们的生存需要。百姓要想生存，就必须利用从中原带来的先进生产技术及观念，谋求农业种植业之外的行业，也就自然激发起他们白手起家、艰苦奋斗的品格。

温州的移民社会是充满信息活力的社会。移民社会人才荟萃，移民绝大多数具有拼搏、奋斗、创造精神，这是移民社会的活力之源。在温州移民社会中，人员大进大出，移出地与移入地关系必然密切，四面八方的信息汇集温州，温州很自然地与全国乃至全世界各地建立起了密切联系，造成了温州移民城市信息量大而多的特点，百姓头脑特别活络，对于经济信息尤为敏感。

温州的移民社会是具有多元文化的社会。温州自古具有特有的"功利主义"商业文化传统和"敢为天下先"的精神，移出的温州人继承和发扬了优秀文化传统。而移入的外来人员在温州这个充满活力的城市务工创业，培养了吃苦耐劳、务实进取的精神，不断强化主体、权利、自治、利益保护、政治参与意识，使温州移民社会成为富有活力的具备多元文化、开放性及包容性强的社会。

无论是中原地区的人民大量逃亡南迁，历经周折迁徙到温州还是后来温州人外移。这种居无定所的动荡生活，加上地理位置又处于沿海，自然资源贫乏，向大海索取生活资本、发展海外贸易成为他们的不二选择，形成了无拘无束、独立思考、敢冒风险和不满足现状的性格。也形成温州民间社会少有的根深蒂固的乡土观念，有着四海为家的勇气和魄力。

第三节　近代温商精神的发展

清道光年间，鸦片走私开始盛行，温州也不免波及。鸦片战争爆发后，中国进入近代社会，温州的商业及海外贸易步入一个新的阶段。

一　近代温州商业及海外贸易的发展状况

根据近代重大历史事件，可把近代温州商业及海外贸易发展分为以下三个阶段：

第一阶段：1840—1910 年

鸦片战争以后，中英《南京条约》的签订尤其是 1876 年中英《烟台条约》的签订，规定温州辟为通商口岸，1877 年 4 月 1 日温州海关建立及温州正式对外开放，温州的民族工商业及海外贸易发生了结构性的变化。开埠以前，温州产业以农业为主体，手工业的生产方式仍然停滞在家庭手工业和手工作坊阶段。开埠后，受到外国资本的猛烈冲击。一方面破坏了温州城内原有手工业和农村农民家庭手工业，如洋纱、洋布的输入，排斥了本地土纱、土布，使家庭的手纺、手织业破产；洋油的输入，打击了手工榨油业，因为洋油价仅值本地菜油一半，且又光亮；洋伞的输入冲击了纸伞业，使温州纸伞"不能与日本便利适用之布伞并驾争衡……利权逐为外埠攘夺矣"。以上都加速了温州封建经济基础的解体。另一方面则促进了城乡商品经济的发展和商品市场的扩大，给温州资本主义工商业的产生和发展造成了某些有利的条件与可能。就在外国经济侵略势力的刺激下，其一，温州一部分商人、店员开始经营洋纱、洋布、西药和洋广杂货等商业，如当时开设的锦彰、萃爬和、严升记等洋货店，施怡兴纱号，中英、普益西药房等，便属此类型。其二，出现了一些替外国洋行、公司办理贸易业务的买办化商人。如当时五味和蜜饯南货店店东宁波人杨直钦，既替英国洋行经销英美烟、英瑞炼乳、双狮牌肥田粉，又代办外国轮船进出口业务。其三，也有部分商人、店员、手工业者开始投资兴办实业，从而出现了近代民族工业。

此阶段温州的海外贸易得到较快发展。通过温州港进出口货物（包括国内转口货物和直接外销货物）不断增加，进出口贸易得到了相应的发展。进口洋货主要有棉纱、毛织品、金属、煤油、糖类、颜料、染料、卷烟、西药、海产品、火柴、玻璃、布伞、肥皂等，其中洋布价值居首位，其次为煤油、糖类。进口的土货有棉花、土布、麻类、大豆、金针菜、木耳、干果、红糖、药材、海产品等，出口的土货主要有茶叶、木材、木炭、柑橘、茄叶、屏纸（俗称草纸）、猪油、药材、生牛皮、纸伞、海产品、滑石雕刻品、明矾等，其中茶叶最为重要，价值居首位，其次为纸伞、木材、烟叶等。

第二阶段：1920—1937 年

1919 年的"五四"运动和 1925 年的"五卅"惨案，温州同全国一样，群情激愤，民气沸腾，一些先进知识分子大声疾呼：振兴实业，抵制外货。因此在此阶段，温州民族工业有了初步发展。针织业得到较大发展，机械工业工厂大量开办，化学工业主要是肥皂和火柴工业也得以发展，罐头、乳品、茶叶工厂不断增多，制革工业兴盛。

手工业品和农副业产品商品化程度的提高，城乡商品经济的进一步发展，促进了海运事业的发展，国内外销售市场得到了进一步扩大。只不过由于"抵制外货"等政策，进出口贸易产品结构发生了变化，进口货物大大减少，出口的土货反而大大增加。因此，进出口贸易实质比之前更加兴盛。

第三阶段：1938—1949 年

抗战爆发后，我国沿海、沿江重要港口城市先后沦于敌手。温州却因陆上交通不便，并无战略作用，在 1941 年前基本未遭日寇践踏，且与上海等口岸的海上运输通道仍然畅通。当时内地各省，由于原来的商品流通渠道被战火切断，大量物资被迫集中到温州销散，而大批工业品也被迫从温州输入。温州迅即成为大后方沟通沦陷区的重要口岸，出现了万商云集、市场兴旺、工商繁荣的局面，工业发展速度大大超过战前。

同时，日本海军对我国沿海实行全面封锁，严格禁止华籍船舶行驶。由于 50 个国家在中国具有航海权，日本还不敢公然侵犯，因而抗战初期仍有许多外国商船（包括悬挂外国旗号的华籍船舶在内）在温州港航行，使大批工业品源源不断从敌占区和香港运来，之后再通过各种渠道运往抗战后方，同时后方的农副业产品、手工业品也纷纷通过温州港出口，使它从原来的地区性港口，一跃成为我国东南沿海重要的中转港口。

二　近代温州工商业及进出口贸易的发展对温商精神的影响

近代温州民族工商业及进出口贸易的新发展表现了温州的商业经济思想及温州商业精神不同的特点。一方面继承了一直以来的温州商业精神传统并将之发扬光大；另一方面又凸显出了同古代不一样的近代特色。其中比较突出的是以下三点：

一是求真务实、锐意进取的创业精神得到进一步的发扬。

二是敢闯敢拼的冒险精神。近代经商环境如此恶劣的情况下，民族工商业及进出口贸易出现了历史上罕见的畸形繁荣局面。

三是兼容并包、融合性强的开放精神。一如既往地好学精神，尤其是向西方发达资本主义国家学习先进的科学技术，善于模仿，积极创新。

由于此阶段中国特殊的历史环境，尤其是"五四"运动以来，温州掀起了以瑞安为中心的变法维新思潮，教育救国、实业救国、变法图存、维新图强的呼声响彻温州大地，于是一批具有先进思想的留学回温的青年知识分子、商人、手工业主成为温州近代工业的中坚力量，温州涌现出了大量的民族工业实业家及思想家。1904 年，瑞安孙诒让集股万元成立富强矿务公司，试图开采永嘉孙坑等铅锌矿，后因储量不丰、交通不便而中辍。1905 年，留日归国的李墨西兄弟在瑞安城郊，创办太久保罐头厂和务本石印公司，采用日本制造工艺生产牛肉、枇杷等罐头和彩色招纸，后务本石印公司迁往永嘉城区。1909 年，温州市区东门外江西栈创立蓁康玻璃厂。同年，温处道郭则沄创办贫民习艺所，内设竹工、机织两科，生产竹席、绸光布。1912 年，永嘉商人伍卓夫开设翰墨林印刷厂，次年，先进的铅印技术传入温州，务本印刷局（务本石印公司）率先增设铅印。木材业方面，1912 年平阳张小泉、永嘉吴翼延等集资 3 万银圆，向德商禅臣洋行购买闸锯 2 台，于温州市区西郊江边五仑头首创森丰机器锯板厂。1912 年，清末举人王毓英接办永嘉第一习艺所，改名平民习艺所，购置织机 40 台，从事织布染色生产。1913 年，青田杜师预在温州市区县学前魁星阁创办西门泰布厂，织机从 10 多台增至 30 多台，工人 70 多人，使用日本进口 42 支纱，制作花色女料线呢。1917 年，商人汪介初在温州市区东城下创办振业布厂，专织丝光伞面料，后改名兴业布厂，添置提花机、铁轮机、手拉机等 80 多台，工人 140 多人。1913 年广东商人杨庭史于温州市区东城下创办广仁昌肥皂厂，以本地牛羊油及购自英商洋行的苛性碱为原料，年产肥皂 3000 箱，每箱 400 对。1916 年李毓蒙发明我国第一台铁木结构的脚踏弹棉机，并于瑞安东山车头，创办毓蒙制造絮棉机器厂，弹棉机功效比手工提高 10 多倍。

以孙希旦、孙锵鸣、孙依言、宋恕、陈虬、陈黻宸等人为代表的近代永嘉学派的复兴，更是将这种求真务实、锐意进取的创业精神进一步升华，尤其是后来出现了一大批像孙诒让这样的实业家。

孙诒让的经济主张几乎都总汇于《周礼政要》一书中，也有散见于朋友书牍札记文稿中的。例如，他与两广总督陶之模"常通书论时务"，论议"开矿、筑路、兴学、制器诸端"，他赞赏镇海巨商叶澄衷的"慨然有振揽商务之志"，为他编写家传，并阐发自己振兴商务的见解，他手撰的东成通利公司章程序，曾论及水陆交通对促进物质文明的作用，等等。

孙诒让也是当时著名的"经济学家"，提出诸多高见：

（1）主张从设立商部改善经营、筹集资本、保护商人诸项入手，振兴商务，并主张积极参与国际商业竞争。

设立商部。孙氏认为，"欲振中国之商务"，必须"首立商部，以执商务之总。凡商之教治禁令，咸掌于商部"。涉及重要商务，"由公司商会集议，达于商部，以国家之力为之保护"。这样，"其蓄力也厚而其赴事也勇，斯可握奇底之柄而自立于不败"。

改善经营。孙氏认为，改善商业经营关键在于培养人才和学习西方经营方式。他建议"于各行省及商埠户开商务学堂。学成者以为商部属官，功效积著得升为部长"。并"广开商务报馆，译西国商务有用之书，究西国商人习用之语言文字，以开其智，而精其术。择商家子弟开敏有才略者，游历各国，察访百货之盛衰及异域之性情嗜好，以握其奇赢之柄。精察各国货物销售、水陆转运、银行保险、出入税则，权衡轻重，互相比较，析及毫秒"。

筹集资本。孙氏认为，"当此环球商战之秋，固宜急筹合群之策""凡是资本巨，端绪繁，一人不能独举的行业，应合群力而为公司，通力合资，相辅而成"。

保护商人。孙氏极度重视商贾对"阜通货贿"的作用，主张对商人必须"立保护之章程，设激励之牌照"。

参与竞争。孙氏还认为世界各国相互通商，"寰海五洲，逐为商战之天下。凡觇（chān）国之强弱者，必于商权之广狭"。他主张参与国际商业竞争，并建议"妥酌通商条约，精练护商兵船，使出洋华商不为异族所凌侮"。孙氏充满信心地说，以上措施付诸实施，"行之十年，则西商之利夺而势绌，可以制胜于无形"。

（2）主张精究工艺，仿制洋货，设立专利，裁革在官工匠，以发展工业。

精究工艺。孙氏建议"广译西国工艺之书，颁行天下"，供工匠学习，并"在各行省及商埠广开工学学堂及工艺院"，延聘工艺名师担任教习。

仿制洋货。孙氏主张对外国先进技术（如造船、铸炮、缫丝、织布、纺纱等工艺），畅销商品（如洋火、洋纸、卷烟、罐货等），"一一精究而仿制之"。

设立专利。孙氏主张发明新工艺、新技术，"便利胜旧，则给照专利，以劝励之"，"凡昔时旧拙伪恶之物，一切禁绝"。

裁革官匠。孙氏认为，"工部内务府在官工匠数千人，岁支匠米数十万石，为京仓漏卮之一"。建议"尽行裁革，而以其费为开工艺学堂报馆之用"。孙氏曾乐观地估计，我国物产充殷，工价低廉，西方各国难以相比。如能充分利用这些条件，所制产品必然工本甚轻，足以抵制洋货。"凡洋货之夺我利权者，不禁而自绝矣。"

（3）主张允许民间筹资勘矿、开矿，调遣勇营采矿，考究冶金技术，收回西人开矿权。

我国曾严禁民间采矿。即使有开采者，亦采法不精，运载维艰，多以亏折而中辍。孙氏对"中国五金及煤矿之富甲于五洲，徒以封禁锢塞坐失大利，而制炮铸钱转仰给洋铁洋铜分，深以为憾。并且，户部工部之铸钱，兵部及各省军械局之制枪炮，皆委之粗疏工匠，最有监督亦不通冶金学，铸成之器粗恶窳脆（yǔ cuì）。机器铸银圆及快枪巨炮，又专恃洋匠"。孙氏对此也唏嘘不已，为此，他提出四项建议。其一，各省设矿务局，允许士民"筹集资本考察矿苗，由局给以文凭，准其开采。官吏之不保护，士民之阻挠者，罪之不贷"。其二，"各省勇营星罗棋布，坐食徒糜粮饷，遣散又恐为盗贼"。不如"调就有矿之处，令之开采，所得半以归公，半以充赏"。其三，广开矿学学堂，并在化学矿学等学堂中设冶金课程。广译西国专门书籍，使士民精研博试。其四，对列强觊觎我国矿产资源，索要开矿之权，须深思长虑，以"保利权"。

（4）主张自筹资金，广开铁路，发展交通。

孙氏曾手撰东瓯通利公司章程序，并致书温州知府王雪庐，强调"振兴地方，输注文明，以开通道路便利行旅为第一要义"。薛福成上疏言铁路有百利而无一害，传诵一时。孙氏读后大为赞赏，认为"开矿山、采煤铁、冶金、炼钢诸新政，皆与路务密切相关"，应该"兼营并进"。并认为"兴办铁路，以开发大陆交通，增进国家文明，最为当今重大而切要之新政"，"由官绅商合筹大宗的款，厚集全国资力，以备供需，乃克有济"。举借洋债，借用异域人才只应为"暂局"，"将来总须有财自办，且必有人自为，免贻丧失国家利权之无穷弊害"。他还在湖广总督张之洞面前"力言筑路为救国急务"。

另一方面是实业家，身体力行，热心创办地方实业，特别是兴办新式的工商企业，并想方设法开启民智，希望用科学技术促进经济发展。

第四节 温州地域文化的制约

随着改革开放的深入和市场经济的发展，温州在观念上、体制机制上的优势正在慢慢弱化。近年来温州经济进入转型期，更是面临着诸多挑战，"外迁""外流"的企业不断增加。以传统产业为主、以量的扩张为主的温州企业绝大多数处于产业链低端；以劳动密集型为主导、靠价格优势取胜的"温州制造"产品频频遭遇国际贸易壁垒。技术密集型企业很少，科研、技术开发能力差及重工业严重缺乏，导致温州经济发展动力不足。尽管温州文化在改革开放前期经济发展中功不可没，但是在当前温州经济发展和经济全球化加快的过程中，温州地域文化的一些不良影响也日益凸显。

一 重商轻文的传统思想制约着经济可持续发展

义利并举、重商文化在经济发展初期为温州积累了大量的原始资金。人们追求的是功利、讲求的是利润，对经济快速增长的饥渴，决定了政策导向上的近视与短见。注重的是眼前的经济利益，而对文化教育的投入相对不足，对人才培养相对落后。据2006年1%抽样调查显示，温州市大专以上文化程度的仅有31.08万人，占全市总人口的比例为4%。温州市科协对温州公众科学素养调查结果显示，2006年温州市公众具备公共科学素养的比例仅为3.16%。由于温州文化发展相对滞后，专业人才、技术工人紧缺，严重影响了企业的生产和经营，阻碍了提升经济增长的质量和层次，阻碍了产业结构的优化，制约了温州经济发展。十几年过去了，高端人才缺乏的窘境依然没有得到解决。

寻危图强

二 "老板意识"影响了温州产业组织优化

温州人普遍存在的"宁做鸡头，不做凤尾"的思想，企业的强强联合难以实现。多数温州人的目标是自己开店办厂。从替人做皮鞋或在市场上摆个摊位，到投资数百万甚至上亿元兴办市场或企业，基本上都是独立经营的。温州柳市镇，专门生产低压电器的企业集团就有20多家，这20

多家企业不但产品种类相同，而且档次也大体相同，可就是不能联合。这就是温州人"宁做鸡头，不做凤尾"的传统文化所致，宁当50万元的董事长，不当500万元的副总经理。其他生产纽扣、皮鞋、服装、阀门、打火机的集群也是如此，从而阻碍了产业组织优化与产业结构调整。

三 "重人情、轻契约"有违社会契约精神

在经济发展的同时，人们对新的文化理念培育不到位，人的思想观念和社会的价值判断没有跟上经济发展的步伐，从而使经济建设成为纯经济的一种畸形行为，缺少了文化内涵的支撑，促使人们不择手段地追逐经济利益，规则意识缺失，致使一些人干起了假冒伪劣坑蒙拐骗的勾当，结果严重损害了温州的城市形象。为了追逐功利，企业的市场取向大都是短平快，办事就托熟人、找关系、走后门，搞曲线生财，不计后果地寻找发财的捷径，如"回扣"就是早期温州购销员队伍攻破计划经济堡垒的一个手段。这种处处讲人情，不尊重规则，不讲原则，重眼前得利、忽视长远发展和长远利益，使温州长期处在一个十足的小农意识氛围里。在市场经济日益发展和进入WTO后，产生了冲突，外贸出口频繁遭遇反倾销调查和惩罚，海外经营受到东道国的歧视、抵制和打击。"禁入令""灰色清关""火烧温州鞋"等事件的发生，影响了经济的持续发展。

四 "重血缘、地缘"不利于开放管理

外出谋生的温州人，通常很难与当地社会和文化融为一体，往往会在当地营造出一个相对独立的"温州文化园"，如法国巴黎的"温州街"、北京的"温州村"。温州人虽然可以走向全国、走向世界，却难以走出"温州文化圈"。结果，形成了所谓的"路径依赖"。对外合作文化的缺失，加上温州民间资本的富有，以及产业结构和地理条件等缺陷，温州近10年来引进外资仍处于徘徊不前的境况。数据显示，2004年实际利用外资才2亿美元，居全省各市倒数第2位。近年来，温州引进外资有所增加，但与其他外向型经济城市相比，仍然有很大差距。这使温州失去了产业升级的外力推动，使温州产业仍处于传统领域，造成温州缺少吸引高级人才的平台，这是温州近年来经济发展增长速度落后的重要原因。事实上，只有交流合作，才能引进和吸收其他文化中的优秀成果，温州地域文化才能够确保自己的特色并不断革新发展。

【思考与实践】

1. 简述温州从古代萌芽期到现代转型期的商业发展历程。
2. 概述温州商业文化的历史变迁。
3. 阐述近代温商精神的发展历程。
4. 温州地域文化有哪些制约因素？
5. 参观东瓯国博物馆、温州市博物馆、永嘉书院等景点，感受温州历史文化、探求对温商精神形成的历史文化基因。写成 3000 字左右的调研报告。

参考文献

方立明、项洁、奚从清：《移民社会与经济发展——以浙江温州为例》，《浙江社会科学》2007 年第 6 期。

丁骋骋：《温州人抱团合作的历史文化基因》，《上海证券报》2015 年 4 月 17 日。

徐华炳：《区域文化与温州海外移民》，《华侨华人历史研究》2012 年第 2 期。

孙晓丹：《历史时期温州城市的形成与发展》，浙江大学 2006 年。

易元芝、蔡建娜：《区域经济发展的文化底蕴——以温州为例》，《上海经济研究》2008 年第 9 期。

中共中央党校经济学部与温州市委宣传部联合课题组：《温州改革开放的经验与启示》，县域经济在线（http://www.onlinece.com.cn/ShowArticle.asp?ArticleID=1279.），2009 年 2 月 18 日。

徐华炳：《温州商人的五大基因密码穷山恶水塑造抱团性格》，温州网（http://news.66wz.com/system/2014/09/02/104206196.shtml.），2014 年 9 月 2 日。

吕淼：《为什么说"温州危机"正说明"温州模式"生命力?》，浙江新闻（https://zj.zjol.com.cn/news/743648.html.），2017 年 9 月 4 日。

第四章　温商精神的文化传承

本章主要内容：

通过对温商精神的文化载体探讨，去体会温州风水之城特色与建筑特征，深刻理解具有温州地域特色的文学艺术中所体现出的商业精神传承，手工艺术的商业化发展，温商精神的品牌传承等；温商精神的传承载体具体有以血缘为纽带的家族传承，以宗教为载体的文化传承，以地域为区隔的特色传承，以多元团体为媒介的思想传承等。本章内容分为三个小节，包括：

一　温商精神的文化载体。
二　温商精神的品牌传承
三　温商精神的传承载体。

第一节　温商精神的文化载体

温州典型东南沿海城市的特点，多山多水的地域形态决定了其与传统的中原城市不同的发展特色。在温州逐步崛起为中国商业城市代表的过程中，温州人意识上的功利思想，行为上的敢为人先都充分得以体现，这一切其实在温州的地域文化中多有呈现，如郡城建制的风水特征和建筑特色，文学艺术中的市民精神，民俗中的重利团体意识等，这些地域性的文化表达形式，构成了温州商业精神的物质载体，也是温州商业精神在现当代崛起的历史前提和基础。

一　温州的风水之城特色与建筑特征

古代温州的城市建设有两个重要时期。一是在西晋末年，彼时中原大乱，大批中原士族南渡，其中很多人到达了温州（时称永嘉）。这次士族南迁，为温州的发展带来了巨大的资源，温州的人文建筑自此而兴。温州古城由当时的风水大师亲自选址并设计，形成了温州风水之城的特色。

　　第二个发展高峰是宋室南渡时期，在当时，温州已经是实际上的繁华之地，一方面先进的中原文化和经济资源在此处汇集，另一方面其自身的进步也比较快，产生了注重功能和效果的永嘉学派。这种思想也影响了温州的乡土建筑营造业，在温州的乡土建筑中，注重实用效果的特点屡见不鲜。

温州古建筑中的温商精神

　　1. 郡城建制的风水特色

　　东晋明帝太宁元年（323）规划修建温州郡城时，恰巧郭璞客寓温州，由于他精通风水，所以郡守请他堪舆卜城。据《温州府志》（明弘治版）载，郭璞为永嘉郡城选址时，登上西北的小山峰（即今郭公山）察看地形，发现九座峰像北斗星错立。于是绕山筑城，并凿了二十八口井，以对应天上"二十八星宿"的位置。因此温州素有斗城之名，并形成"山形如斗城似锁"的郡城建制特征。温州的风水之城并非仅有风水之名，深度考究，我们可以看到温州的古城设计理念里蕴含了实用性、重福祸、趋功利，这些特征与温州的商业精神可谓遥相应和。

　　实用性特征　温州郡的最初选址在瓯江北岸，但郭璞经过实地堪舆，对南北两岸的土壤取样比较，发现同等体积的土壤，北岸的土轻，南岸的土重，遂决定建在南岸。

　　郭璞当时登上南岸的"西郭山"（今郭公山），"见数峰错立，状如北斗，华盖山锁斗口，谓父老曰：若城绕山外，当骤富盛。但不免兵戈水火。城于山，则寇不入斗，可长保安逸。因城于山，号斗城"。其中华盖、松台、海坛、西郭四山是北斗的"斗魁"，积谷、翠微、仁王三山似

"斗构"。另外的黄土、灵官二山则是"辅弼"。

"二十八宿井"表达了"取象于天"、天长地久、水源不断的寓意。此"二十八宿井"分别为：八角井、白鹿庵井、横井（天宿井）、积谷山洌泉、积谷山义井、炼丹井、三牌坊古井、铁栏井、屯前街井、仙人井、永宁坊井、奎壁井、解井、双墙井、简讼井、天宁寺古井、海坛山山下井、桂井、三港殿古井、八轮井、府署古井、县前头古井、金沙井、甜井、道署古井、郭公山下岩石井、应仙井、施水寮古井。温州古城除上述二十八井之外，大街小巷院落中到处是饮用的水井。温州市城建档案馆收藏的一张"1934年永嘉县城区公井分布图"，公井多达140口。

这象征天上的二十八星宿，不是仅仅为了征象之说，更是为了解决城内人民的用水这一现实问题。郭璞同时还考虑到如果发生战争，城池被包围，断了饮水，更在城内开五个水潭，各潭与河通，最后注入瓯江，"城内五水配于五行，遇潦不溢"。

后来北宋的方腊起义，曾围困温州四十多天，始终不能破城，只得撤军。到明朝嘉靖年间，倭寇屡屡侵犯我沿海各地，攻陷城池无数，温州六次遭受倭寇侵犯，但都始终未能攻入城内，只好在乡间到处抢劫掳掠。除了守城军民顽强抵抗，郭璞斗城的设计，具有科学的预见性，恐怕也有很大功劳。郭璞的风水设计构思巧妙，通过北斗七星、二十八宿和五行等的安排，体现了天人合一的思想，保证人民安居乐业，可谓人居与生态环境协调的堪舆佳作。

重祸福特征 温州的风水之城特色重点还体现为对趋吉避凶的目的性。比如温州地处东南沿海，常见有台风灾害和洪水灾害。赵帆《谒海神庙记》上载温州每年夏秋之交，常有风痴（台风）大起，"其色如烟，其声如潮，振动天地，拔木飘瓦"，"风稍息则雨大倾，雨稍霁则风复作，一日之间，或晴或雨者无虑百数"。渔业作为温州地方的重要营生，受自然条件约束，风险较大，温州地区祀海神等地方庇护神为普遍现象，温州在郡城建制中产生了很多这方面的特色。

重祀海神为温州郡城建制的一大特色。海坛山被认为是温州九山之首，位于郡城东北端，北临瓯江，东濒东海，南接华盖山。海拔32.5米，面积6.75公顷。为斗口之首，斗城天象为天枢，（又名破军星）。对照北京的天坛、地坛，取名海坛，顾名思义，即指祭奠大海的法坛。唐咸通二年（861）建。温州每年"数有台风，民苦之"。于是"建庙山巅，祠海神以镇之"。北宋温州知州杨蟠（约 1017—1106）有《海神显相庙》诗云："州守一区宅，四山为四邻。二年知我者，惟有此山神。"宋崇宁元年（1102），赐庙额"善济"。清代改建为杨府庙。据明《万历温州府志》载："临海神杨氏，失其名。相传兄弟七人，入山修炼后每著灵异。"据《乾隆永嘉县志》载："神姓杨，名精义，唐太宗时人，生十子，俱入山修道。一夕拔宅飞升，同登仙籍。由此著灵。海溢祷祈辄应。"每当起风时，地方长官或亲往、或派僚属去海神庙，焚香顶礼膜拜，诚心祈求"神灵"保佑温州风调雨顺，海不扬波。

除此之外，人们还相信，海神不仅能镇海不扬波，还能保一方太平。清咸丰四年（1854）冬，乐清瞿振汉起事，便认为是海神之功。"赖神力转危为安。浙巡抚何桂清奏请，敕加封号"。清同治六年（1867），巡抚马新贻复请，奉旨加封"福佑"二字。海坛山这一重要地理特征，使大量寺庙云集于此，以保地方平安。大禹也被作为海神供奉。宋雍熙三年（986），知州姚克明在海坛山下建大禹王庙。"后海晏民宁"，明叶承遇《祀大禹王碑记》还提及明嘉靖二十年（1541），温州府同知彭师有"葺新树字，建亭思碑，后毁圮"。海坛山麓有五灵庙，明万历十四年（1586）建。是当时温州知县林应翔为了驱除温州当时的瘟疫而特意修建。据孙同元《永嘉闻见解》："林应翔，同安人，万历进士，知县事时，屡患瘟疫，思所以之，乃择海坛山麓地建五灵庙，为民驱疫祈福，捐俸为倡，又扦涂田若干亩，备春秋二祀，至今咸颂其德。"

温州古城建制中另有很多为趋福避祸而做的设计。如松台山东南角城墙有"来福门"域门，过去称"三角城头"因位古城池三角地带。据说筑城时，三条溪水汇聚会昌一带，煞气未消，筑城门时，此处特建为三角形状，寓意抵挡不良的信息，这一片区就是历史上有名的"三角城头"。海坛山东南麓有镇海门（东门），为凿断山脉而建。据《弘治温州府志》卷一云："旧传华盖、积谷与海坛山相连，望气者以为太盛，凿断之，其门隘，俗称石窟门，今东门。"也就是说古代的堪舆家认为华盖山、积谷山、海坛山一带山脉相连，过于气盛，容易招致灾祸，所以将其凿断，并在上方建了一座塔以镇其气。

重名利特征 除了趋吉避凶的基本特点，温州民间和学术中体现的功利主义，和温州作为以商业为特色的城市，自然而然导致了对名利的追逐，也产生了在风水格局中的趋利性质。

在温州的郡城建制中，明显体现对社会地位的追求。古代星相家认为海坛山是温州的龙脉所在，《光绪永嘉县志》载："海坛山，在县治东北，亦名东山，城跨其上，坐镇海门内外，最关郡治来龙。"认为这个地方的地理改变，将带来地方人物社会地位的巨大变化。据明《万历温州志》载：南宋咸淳（1265—1274）初，海坛岭下江沙忽涨，人皆异之。时有童谣曰："海坛沙涨，温州拜相。未几，陈宜中大拜。"说的是海坛山下江沙上涨，当时温州人陈宜中官拜南宋丞相的事情。这件事情后来又发生了多次。明代宣德（1426—1435）年间"海坛沙复涨，邑人黄淮大拜"。世宗嘉靖（1522—1566）初，"海坛沙涨，永嘉张孚敬大拜"。清末，举人池仲霖撰写在山上的楹联："入门便是登云路，出相争传涨海沙。"海坛沙涨这一地理现象的民间传说充分说明了温州人对海坛山地理位置的推崇，同时也可以看到温州人对功名和社会地位的追逐。另有巽吉山位于郡城东南瑞安门外，旧名宸暨山，因处古城"巽"位得名。高度43.3米，合1.35公顷。斗城天象开阳之位，又名巨门星。在巽山山顶建塔，又名雁塔。始建于宋代。塔整体造型如倒立着的笔，塔顶如古代文官帽似的巽山塔，期望获取功名。这一风水建制源于《相宅经》："凡文人不利……可于甲、巽、丙、丁四字方位上，择其吉，立一文笔尖峰，只要高过别山，即发科甲。"

同时，在温州郡城建制中，亦充分体现对财货的追求。在温州山形如北斗的整体规划中，郭公山和松台山处于斗底，意味着蓄财之义。典型体现这一特色的是松台山，位于郡城西南，宋时又名西岩山，简称西山，斗城天象天玑之位（又名廉贞星）。海拔39米，面积4.23公顷。松台山山形如三脚蟾蜍，头朝巽山，巽山塔又名雁塔。《神仙列传》中有位刘海，是八仙吕洞宾的入门弟子，他云游四海时，收伏了一只会变钱的三只脚的蟾蜍，刘道长喜欢布施，这只会变钱的三只脚金蟾蜍刚好帮他变出钱来布施贫民，作为斗底的松台山有生财地形气象。

对积谷山的命名和重视则体现了粮食的重要地位。积谷山在古城东南端巽位。山形圆如正锥、形如高廪而得名，又名飞霞山，斗城天象天权之位（又名文曲星）。海拔38.7米，面积0.92公顷。古时粮食为民之本，是财富的象征。山顶有"留云亭"，"留""亭"都为停意，"云"是风和水的象征，风调雨顺了才能五谷丰登。温州知府文林登山并作《积谷亭记》中有"山以积谷名，惟肖也；亭以山名，重民食也……积谷山屹然当城隅，据万山中，虽小，而视众山若独尊"。

2. 民居建筑特色

温州大部分地区都是山地和丘陵，总体地形为西北高、东南低，地势由西北向东南倾斜。山脉呈东北方向发展，且与海岸线略微斜交，并在东北端深入东海，形成"里亚斯"式海岸，有优良的天然渔港。其西北部为中低山区，东南部为丘陵或滨海型河流三角洲平原区。其山地或丘陵大多有火山沉积岩构成，部分丘陵为花岗岩，最高山峰往往为流纹岩；而河流流向又常常与山脉的走向垂直或近似垂直的大角度斜交，在流水的作用下，地形常常被切割得支离破碎，形成著名的"雁荡地貌"，因此温州适用于建筑的土地较少，在建筑上往往因地制宜，以实用为先，同时体现出与自然环境相协调的较为开放的整体气质。

与自然相和谐　温州地区的民居讲究实用，方法是采用与地形相适应的原则，形成了一种开放的格局形制。所以人们的居舍大都随山就势，使住宅与山势和地形结合。温州部分民居并没有遵从严格的坐北朝南的建筑朝向，沿着山脉地形或分散或聚集，或零星或组团，仿佛是与山脉已融为一体，在外部环境装点着建筑的同时，建筑也成为山峰谷壑的装饰物。如温州村落布局的重要特征之一为坐实向虚，枕山、傍水、面屏，像苍南碗窑的村屋依山而列，层层外挑，当地人称之"占天不占地"。

建筑平面布局特点　温州乡土建筑中，小户人家采取"一""凹"或者"曲尺形"，大户人家的房屋布局一般来说较为严谨、封闭，多表现为"口""日""目"等方形布局。大多数建筑都是采用院落相套、横向发展（长屋式）、或者纵深发展的模式，一般都是两到三进的院落，整个家族聚族而居，后代要增加房屋，也多在原有房屋的基础上加建，很少单独择地而居的。

通透开放的建筑主体　对处于乡土环境中的乡土建筑来说，在相对严谨的风格基础上，其更体现出了一种开阔畅透的气质，并形成了温州民居独有的特点。虽然建筑在平面布局上呈现一种封闭的特点，但是中间不设置阑额，显得开阔通透。通过增大面宽、取消阑额的手段，可以使主体建筑相当于院落，能够形成一种开敞之势。并灵活运用长檐廊、大天井的建筑形式，利于采光通风纳水，扩展了生活生产空间，适应了温州气候炎热的特点，反映出温州人适应环境的能力和实用品格。

多样深远的屋檐　温州传统民居从造型上讲，屋顶的特色则主要表现在深远的出檐以及出面的披檐上。温州地区建筑的出檐一般较为深远，皆是出于实用性需求。一是防雨的需要，落水快，二是屋顶荷载较小。

檐门类众多，楼房分层处设腰檐，局部屋面升高形成重檐，为保护山面不遭雨淋，产生山檐即披檐，室外走廊多以披屋方式处理，产生廊檐，在山面或没有腰檐的墙面上开窗、开门加上雨披，成为窗檐、门檐，这些屋檐不仅为建筑的一部分，同时与生产生活密切相关，廊檐下可堆放杂物、晾衣、纺纱、置磨、搁风车；檐上正如当今的窗台，可置放蚕床，晾晒食物。

二 文学艺术的商业精神传承

宋元之后，温州文风始盛，尤其是在戏曲方面，发展出了与北方的元曲相抗衡的南戏这一艺术形式。此外，温州的民间艺术形式也蓬勃发展。在这些文艺形式中，或多或少都体现出与经典文艺不同的市民化气质和实用性特征。这类民间文艺的诞生，往往是在市民经济高度发展的前提下产生的，因此，它的内容和形式，都有较为明显的迎合观众的倾向，同时，为了获利，某些民间文艺会主动尝试使用市场化商业化的运作，形成鲜明的地域性文艺特征。

1. 民间文艺的商业背景

温州本地丰富多样的民间文艺形式的直接成因，正是宋元之后温州商业的繁荣。温州地处东南沿海，是宋代对外贸易的重要口岸，朝廷在温州设有市舶司，对外贸易的发达，促进了工商业的繁荣，如《梦粱录》载："若商贾，止到台、温、泉、福买卖。"当时温州的造船业已具相当的规模，据《宋会要辑稿·食货》载："至道末（997），温州岁造船百二十五"，"政和四年（1114）8月19日，两浙路转运司奏明州合打额船，并就温州年合打六百只。"工商业的发达，带来了城市的繁荣，如北宋诗人杨蟠的《咏永嘉》诗十分形象地描绘了当时温州的繁荣景象："一片繁华海上头，从来唤作小杭州。水如棋局分街陌，山似屏帷绕画楼。是处有花迎我笑，何时无月逐人游。西湖宴赏争标日，多少珠帘不下钩。"清郭钟岳词中也有"繁华依旧小杭州"。

以南戏为例，城市经济的繁荣，一是为戏曲的形成提供了必要的经济基础。南戏又称"温州杂剧"或"永嘉杂剧"，钱南扬的《戏文概论》指出南戏诞生的背景："自然商业发达，经济繁荣，市民阶层壮大，由于

百戏之祖、南戏故乡

他们对文化的需要，当地的村坊小戏即被吸收到城市中来。这种新鲜又有生气的剧种——戏文大为市民所欢迎，便在城市中迅速地成长起来。"二是商人和手工业者的聚集，形成了以工商业者为主体的市民阶层，造就了大量的观众群，出现了包括戏曲在内的各种表演艺术的买方市场，也吸引了各地的民间艺人带着自己所专长的技艺会集到温州。三则由于温州远离政治中心，相对于大城市来说，在温州上层文人的势力较弱。戏曲的形成有赖于城市经济的繁荣与市民阶层的兴起，故在农村及一些小城镇，由于城市经济的不繁荣，不可能形成戏曲。反之，光有繁荣的商品经济也不能形成戏曲，在大城市，虽然城市经济繁荣，但由于上层文人、官僚士大夫会集于此，而这些上层文人必然会排斥来自民间的戏曲，故也不可能在大城市中形成。温州远离大都市，受上层文化影响较弱，更有助于这种符合市民阶层的艺术兴起。

南戏等诸多文学艺术形式便是在各种表演技艺的盛行和交流中、在自由的商业文化氛围条件下，逐渐成熟并昌盛的。

2. 民间文艺形式的商业意识

温州的民间文艺形式具有较强的商业形式特色，即以实现利益的最大化作为目的。尤其是早期的民间文艺形式体现得更为明显。因此无论在南戏还是在其他的艺术形式中，它们的表现形式多以贴近民众的表达方式呈现，并与当地的节日祭祀等民俗实现最大程度结合，形成了形式灵活丰富的特点。一些也采用了市场化、商业化的运作方式存在，力求低成本、高收益。

形式的民间性　南戏初期兴起时，吸收了温州本地的多种民间技艺杂糅而成，因此在形式上十分贴近民众生活，对民众有天然的吸引力。徐渭的《南词叙录》说："永嘉杂剧兴，则有即村坊小曲而为之，本无宫调，亦罕节奏。徒取其畸农市女，顺口可歌而已。谚所谓随心令者，即其技欤？"从中可以看到南戏是从村坊小曲发展来的，村坊小曲就是民间歌舞小戏，这种民间歌舞小戏又吸收了其他民间技艺如傀儡戏、影戏、杂技等才逐渐形成南戏。

南戏中吸收了傀儡戏的表演形式和内容。傀儡戏到宋代时进入了全盛时期，宋代的傀儡戏有很多种类，如：肉傀儡、水傀儡、悬丝等，傀儡戏的舞台表演技艺对南戏有影响，胡雪冈、徐顺平《试论南戏与民间文艺》中提道：早期南戏曾吸收了傀儡戏中之舞蹈技艺，用来丰富舞台的表演艺术，如《张协状元》第五十三出有末拖幢头、丑抬伞的一段舞蹈表演，在"斗双鸡"曲中末唱："好似傀儡棚前，一个鲍老。"很明显是以傀儡戏中鲍老的舞蹈表演来做比拟，以示演出舞蹈之精彩。傀儡戏在取材方面与南戏也相互影响，徐宏图的《南宋戏曲史》中说："元代傀儡戏有《太平钱》……宋元南戏也有《朱文太平钱》一本，傀儡戏与南戏搬演太平钱故事谁先谁后，难以确定，但彼此互相交流是完全有可能的。"从以上两点可见傀儡戏对南戏的影响。

南戏也受到影戏的影响。宋代的影戏也是民间技艺中的重要种类，胡雪冈和徐顺平曾谈到："影子戏的叙说和'影戏词'的唱词曾被早期南戏所吸收。《张协状元》有'大影戏'调，词云：'今日设个儿案……有猪头，看猪面看狗面。'这种'大影戏'的声调除《张协状元》外，在《杀狗记》和《吴舜英》的佚曲中均有保留。"可见影戏对南戏的影响。

杂技也是民间技艺的一种，对南戏也有影响，杂技被直接用在作品中，如《张协状元》的第八出有："（净使棒介）这个山上棒，这个山下棒，这个船上棒，这个水底棒，这个你吃底。（末）甚棒？（净）地，地头棒……"这部分展现的就是角色的耍棒杂技形式。

这些地方曲艺的形式杂糅化入南戏之中，使南戏呈现与传统戏剧不一样的丰富性和趣味性，而这些，都是为了迎合观众的审美趣味而做的市场化努力。

形式的灵活性　温州的民间文艺中，往往精简道具人员，甚至一人兼职多角色，以达到利益最大化的目的。如在早期南戏中，经常采用虚拟手法，即用虚拟的手法来表现剧中人物活动的时间与空间，常常以人物在场上扮演景物，既节约了演出成本，又具有较好的舞台效果。如《张协状元》第十出中，当张协被强盗打伤后，来到山神庙，这时净扮山神，末扮判官，丑扮小鬼出场，三人之间表演了一段插科打诨的情节，净叫末、丑化作两扇庙门，当张协上场用棍子将丑演的门柱上后，丑便对末云："你倒无事，我倒祸从天上来。"净云："低声，门也会说话？"丑云："神也会唱曲？"末也云："两个都合着口。"丑云："两个和你，莫是三人？"末打诨云："必有我师。"又如第十六出，末（扮大公）、末（扮大婆）与丑（扮小二）来到庙中向贫女与张协庆贺，要喝庆暖酒，没有桌子，便让丑做桌子，趴在地上，将酒、果、肉放在丑的背上，丑则偷吃背上的食物。这些表演，既以十分简约的手法，将人物活动的空间表现出来了，演出成本低廉，又产生了较好的舞台效果。除了以演员在场上扮演景物外，与剧情有关的一些声响也通过演员的模仿来表现，如第四十五出：（末）相公下马来。（丑）帮帮八帮帮。（叫）具报！（末）具报甚人？（丑）下官下马多时，马后乐只管八帮帮。

采用演员兼职形式。像在南戏《张协状元》中，演这本戏的演员只有七个，生、旦、净、末、丑、贴、外，但扮演了40多个人物，除了生、旦，其他的演员都担当了两个以上的角色，尤其是里面的净角，竟然担当了14个角色的扮演，李大婆、张协母、学子、客商、山神、士子、店主婆、卖《登科记》者、门子、脚夫、柳永、谭节使、喜郎、养娘，这些角色里既有男性也有女性，年龄个性也不一。显然，这样的角色体制，既能适应扮演较多的人物与较复杂的故事情节，同时又十分紧凑，节约了演出成本。

如温州花鼓，甚至采用了业余人员进行表演。且大都是妇女演唱。唱时伴以小鼓和小锣。每句七字，四句成一小段。唱完四句，敲锣鼓一回，曲调流畅、悠扬。唱本有《高机别》《周六争工》等。这些妇女大都为业余，只有少数专业从事表演。她们除从事农村劳动外，兼操此业，赚钱糊口。旧时都是在农村挨户走唱，酬劳的形式也十分自由，唱后以米、茹丝、蚕豆或钱作为酬谢；地点也往往因地制宜，常常在外港和内河轮船上演唱。有诗云："清水十分花鼓娘，花腔巧调出凤阳。"

在温州鼓词这一艺术形式中，人员和乐器几乎简洁到了极致，但对表演者的能力有着极高的要求。据学者考证，温州鼓词成型于明代，由横阳（现今浙江平阳）里巷之曲与词合并而成，后承受古乐衣钵、吸收民间曲调逐渐发展而成。演唱时，艺人的右前安放扁鼓，其下的凳脚上系一抱月

（梆），前围幔，正中平摆牛筋琴。新中国成立后，一些艺人又在右前凳脚上挂堂锣或钗，以增加表演气氛。表演时，艺人端坐椅上，左手执拍，右手持鼓签（竹签），敲奏琴、鼓、梆、锣。温州鼓词有其鲜明的说唱特点，它完全依赖于嘴上快慢得当、轻重有序的"口劲"，要求表演者兼生、旦、净、末、丑于一身，做到交代情节要分明，神态表情要逼真，讲究抑扬、顿、挫，辅之以动作、手势，从而在嘴上幻化出千姿百态的人物形象，营造出纷繁复杂的各种氛围。

3. 民间文艺内容的市民文化特色

南戏作家将编撰剧作作为谋生营利的手段，在剧作的情节内容上，为迎合下层观众的观赏情趣，反映他们的愿望，依据下层市民的爱憎与关注的兴趣来选择题材和设置情节。

对于下层民众来说，改变自己的社会地位，跻身上层社会是最强烈的现实欲望。同时，在消息较为封闭的封建时代，地方性社会事件也是民众关注的焦点。而南戏正是将自己的内容设计重点放在了这两点上，因而能在地方受到广泛欢迎，后来甚至能够产生全国性影响，这正是南戏对观众心理的精准把握的结果。

反映民众社会地位上升后精神需求　对当时的民众而言，最有效的途径是两条：一是科举，即通过读书，参加国家选拔人才的考试，从而改变命运。正如《张协状元》第五出外张协父亲对张协所说的："欲改门闾，须教孩儿，除非是攻着诗书。"贫穷书生通过应试及第后，发迹而进入上流社会，如《荆钗记》中的王十朋。一是立功，即投军打仗，建立功勋，从而得到皇帝的封赠，光宗耀祖，如《白兔记》中的刘知远投军立功，成功地进入了上层社会。因此这两种剧情，在南戏等剧本中多次出现。南戏艺人们便是根据下层市民这种对上层社会的向往以及当时的社会实际，来设置故事情节，塑造人物形象。

在这些戏曲中，男女双方的婚姻，虽然主线颂扬的是感情，但同时也带有浓厚的功利目的，体现了金钱（和美貌）与才华的交易。在一部剧作中，以生、旦为主角，男女双方往往皆属下层市民，然而代表了市民阶层的两个方面，其中男主角必定是有才华但贫穷的书生，而女主角通常是富家小姐，这些小姐家里虽有钱财，但无政治地位，即富而不贵。也有的是妓女，积攒了一些钱财，但地位低贱。

某种程度上也可以说，双方具有借贷与投资的关系，而两者的目的是相同的，即跻身上流社会。对于富家小姐及其父母来说，能将自己的女儿许配给贫穷书生，是因为看到了贫穷书生的升值空间，可以凭借贫穷书生的应试及第，改换门庭，既富且贵，因此才敢于冒险"投资"，不惜财力物力，为贫穷书生创造最好的读书条件，帮助他们尽快进入上层社会。如《荆钗记·受钗》一出中，当钱玉莲继母嫌贫爱富，提出要将玉莲嫁给富而不贵、又无才学的孙汝权（无升值空间）时，玉莲父亲钱流行说道："这财礼虽是轻微，你为何将是说非？婆子，你不晓得，那王秀才是个读书人，一朝显达，名登高第，那其间夫荣妻贵。"（[奈子花]曲）又如《白兔记》中的李大公，发现刘知远有帝王之相后，便不嫌其贫穷落魄，将女儿李三娘嫁给他，如《白兔记·牧牛》出外（李大公）的一段念白云："自古道：草庐隐帝王，白屋出公卿。蛇穿五窍，五霸诸侯；蛇穿七窍，大贵人也。我家一洼之水，怎隐得真龙在家？眉头一皱，计上心来。我小女三娘，未曾婚配他人，趁此函汉未发达之时，将女儿配为夫妇，后来光耀李家庄。"这类功利性极强剧情的设置，在市场中的大受欢迎，也说明了功利思想在民间的盛行。

地方特色明显，反映社会现实，关注热门事件 温州的民间文艺多与当地节日、民间信仰有着相当紧密的联系，因为在节日和祭祀中，能够最大程度地聚集人气，而演出与此相关的节目能够吸引观众，更易获得共鸣。

像温州鼓词演唱开始曾和民间迷信习俗结合，常到娘娘庙唱大词，俗称"娘娘词"，唱陈十四捉妖事，可以连续唱七八个晚上。唱时高燃香烛，庙柱上缠有纸制大白蛇，当唱到最后时，要挥刀斩断并焚烧之。有诗云："唱大词，唱大词，九月菊花开几枝，广应宫里香事盛，十四娘娘闪灵旗。一台二瞽踞高座，互讲事迹成天神，旁列一鼓响叮咚，盲词俚语座生风。"郭钟岳《瓯江竹枝词》也写道："呼邻结伴去烧香，迎庙高台对夕阳。锦绣一丛齐坐听，盲词村鼓唱娘娘。"平时都在城乡街巷流动演班，尤其在夏夜乘凉时，人们多集资邀艺人演唱，其热烈和追捧程度极高，有些甚至到通宵达旦表演的程度。该曲艺形式说唱俱全，以唱为主，长于抒情，善于叙事，曲文易懂，并夹有丰富的群众语汇，反映生活真实，题材大都为家庭婚姻、爱情故事和描写忠奸斗争的历史小说。

温州民间曲艺形式灵活，内容上更是直接以现实生活作为题材。打吵儿，即打快板，正是其艺人手持两块竹板，互相敲击作为节拍，口讲"顺口溜"，能随意编词，见景生情，脱口而出。讲究押韵，上口流利，语言都比较精练，有三字、五字、七字句。讲的内容一种是本地新闻，现编现讲；一种是讲笑话、故事。有《咏打吵儿诗》云："谁家丑事出闺房，钻穴踰墙荐枕忙。却被遭冤打吵去，咬文嚼舌满街坊。"

南戏之所以能产生巨大的社会影响力，与其关注社会热点、反映真实民众需求和愿望的出发点是分不开的。南戏中有《祖杰》一剧，为民间创作的南戏剧目。根据周密《癸辛杂志别集》卷上《祖杰》条的叙述，《祖杰》戏文写的是元代初年，温州乐清县僧人祖杰勾结官府仗势欺人的故事。祖杰私蓄美妾，藏于俞生家中，俞生不堪邻人嘲诮，携家逃避，祖杰以弓刀藏其家，诬俞私藏军器，以致俞生全家惨遭杀害。乡人不平，申告官府，未得受理。于是有人编撰了这个戏文，广事宣传，官府最后以众言难掩，乃将祖杰处死。这是发生在温州的一个惊心动魄的真实故事。它反映了元朝吏治黑暗、僧侣们无恶不作的社会现实。从这个戏的演出效果来看，竟能造成一种舆论的压力，使这个有血债的恶僧终遭极刑，说明了戏文的战斗精神和社会影响力。再如温州人所作的两部抨击书生负心的《王魁》与《赵贞女蔡二郎》，流传到杭州后遭到赵闳夫的榜禁，而在温州并没有遭到禁演，反而大受欢迎，这也反映了南戏在剧情写作上的开放性和市民化特征。

4. 民谣俗语中的商业特色

温州的民间艺术形式十分发达，同时具有地方性特色极强的生动语言形式，因此发展出了与民众生活相关度很高的民谣俗语等民间文学形式。在这些民谣俗语中，我们同样可以找到商业发展对地方性的影响。俗语民谣往往产生于民众的生活工作中，因此非常生动地反映民众对商业的认知，形象地呈现商业生活的过程，很多俗语民谣在现在的温州人口中依然鲜活地生存着，是具有生命力的一个领域。

重农抑商的传统思想 温州历史上远离政治中心，但古代中国作为一个以农业为本的国家，其重农抑商的思维依然在温州的地方文化中有着非常重要的影响力。这种思想在俗语中表现为对农业的高度推崇。比如俗语中有"三百六十行，种田为王"，"一日无粮天下乱"。还表现在将农业与经商、手工业等其他营生的比较上，以此说明农业的基础价值和重要性。如将农业与商业相对比，以农业的稳定性与经商的风险性进行比较，"春天种一把，胜过货郎转一夏"，"生意买卖眼前花，狂风吹不倒犁尾巴"，"衙门人一缕烟，生意人一百年，种田人万万年"，以此来证明从事农业的优越性，"百样生意不如铲草皮"。

我们可以看到，主流的思维还是认为从事农业是一种付出便有回报的稳定营生，"仰面求人，不如低头求土"。而商业则更要靠机遇、运气帮忙。"生意命，种田定。"这一比较最终得出的结论便是"坐贾行商，不如开荒"。

根植底层的商业文化　温州虽然也受到重农抑商传统理念的影响，但是由于其不在政治中心，同时由于自身地理环境较为恶劣，农业发展受到自然条件的严重制约。在地域文化的自由选择中，温州发展了根植于底层民众生产生活的商业文化。在俗语中，体现了以下这些特征。

（1）灵活变通的商业精神。由于温州的商业大多为小商贩和手工业，以小商店和零售业为主要手段，在经营中更考验个人经商技巧和能力。俗语对这方面有很多反映。比如对经商者态度的要求，要求笑脸迎人，态度和气，"人无笑脸莫开店"；要注重技巧，灵活多变，"生意生意，生出主意"，"死店活人开"，"一门生意两门做"；也要注重宣传，"门上不挂牌，谁知你卖酒"。经营者的个人素质如口才等能力也十分重要，"你勿会吹螺，就勿卖肉"。要找准目标客户，"百货中百客，蹩脚牛娘有卖牛客"。可以以价格来吸引顾客，"一个便宜九个爱"；或者以送货到家作为经营卖点，"买柴送柴仓，担水送水缸，卖米送米缸"，这里的送不是赠送之意，是运送的意思。

（2）重诺重利的商业思维。温州商业思维中两种理念非常明显，一种是重利，强调商业对财富积累的快速性。如"发财快，做买卖"，"乌乌店，胜过百亩田"。这里的"乌乌店"，指的是生意冷落的店铺，即使如此，还是比种田更好，说明商业在物质积累上拥有种田所难以比拟的短期回报性。在近现代，温州中药业十分繁荣，俗语中有"畚斗侨来，钱秤秤去。"这一俗语反映了中药业获利颇高的情况。俗语中经常出现"算账"一词，这一词汇的频繁出现，表现了对金钱利益的重视和精细管理。在这种重利思维影响下，经营者将感情和利益加以严格区分，显示出对私人财产的维护。"亲兄弟，明账目。""相好朋友勤算账。""要想共得长，一日三番账。"另一种商业思维就是重诺。这反映了温州商人在经营运作管理中，看到信誉的重要价值，看到经营者的诚信行为和与客户建立起来的互相信任给自身带来的长期利益。"金字招牌落地","刻薄难赚钱,忠厚不蚀本","买卖不成仁义在",这些关于商业活动中的细节在俗语中的生动体现,让我们看到了商业行为在温州民间的广泛性。

（3）金融思想的初步产生。温州民间在工商业发展的基础上,在重财重利民间思维的影响下,对钱财的金融价值也有了一定的意识。如对资本积累的认知。他们意识到资本是所有商业的基础,他们发现,金钱积累到一定程度,就具备了自我增值的能力。"人赚钱难,钱赚钱容易。""大铜钱会生小铜钱。""有本涨的利,无本空叹气。"由于商业的发展,民间借贷十分盛行,因此产生了有关高利贷的一些俗语。"你贪三角三,我贪不用还。"这里的"三角三"就是指高利贷的利息。还有如投资意识的产生,具体表现为对投入和产出的认知。"如小钱不出,大钱不归。""舍不得金弹,打不到凤凰。"认为在商业的具体行为里,要有一定量的资本投入,才能有丰厚的回报。这与小农经济的小体量短时间的经济特征产生了一定的背离。还有俗语中对借贷这一行为,也就是债和还的关系,有着非常多的表述,总体而言有以下几个特点。第一是肯定信用型借贷。"受恩要报,欠债要还。""相托勿疑,账要短结。""有借有还,再借勿难。"第二是批评讽刺举债和到期借贷不还的行为。"多借债,穷得快。""六月债,还得快。""虱多不痒,债多不愁。""关门躲债,爬窗送人情。"三是从借贷者的角度来看,对其表示同情。由于借债的人往往信用欠佳,而且日期长久往往对借贷者在物质精神产生恶劣影响。"讨饭怕狗,欠债怕决。""只怕真唔有,不怕真会具。""十赔九不足。"这些对于资本、借贷、利息等行为的基本认知,反映了温州商业经济行为的复杂性和初具规模的特征。

商业影响下的工艺行业　温州历史上的手工业十分兴盛,民间工艺和文艺形式众多,因此温州人把一技傍身作为值得骄傲的事情,对手工业者也予以极大的尊重,同时在俗语中也表现了手工业者勤劳艰辛的同时又精益求精的工作态度。第一,对手工艺者的尊重。首先体现在对手工艺者地位和身份的重视,没有因为士农工商的地位差异而歧视手工业者。"三十六行,行行出状元。"在俗语中我们看到,各种职业都有值得热爱的理由。"在一行,乐一行;干一行,爱一行。""做阿尼,学阿尼;卖阿尼,叫阿尼。"然后是对手工业者技艺的高度肯定。认为技艺的价值在于它是一个人安身立命的根本能力,"手艺在身,比娘还亲"。"不怕有人情,只怕艺不精。"同时技艺能成为一个人物质的稳定可靠的来源，并肯定以技艺换取钱财的这一价值取向。"家有良田千亩，不如薄技在身。""千田万地，当不得一身手艺。""买田买地，买不了手艺。""扁担一条龙，一世吃不穷。""手艺功，吃不空。""养身百计，不如随身一艺。一分本事一分钱。"第二，对手工艺者技艺的赞美和工作的艰辛。俗语中毫不吝啬地赞美高超的技艺。"一个好舵手，能驶八面风。""艺多不压人。"俗语中对手工业者从业的艰辛也有生动表述。"万事三样苦：撑船，打铁，磨豆腐。""捣也难，磨也难，讨饭生意赶狗难。"还有对某些手工业如木工行业手艺的具体操作手法也有精确的描述，"三年凿，四年刨，斧头学到老。"这些对于手工业形式和内容上的具体表述，展现了温州当时手工业的精巧程度，这种匠人精益求精的精神也造就了温州手工艺的发达。第三，各种手工艺的差异。俗语中体现出行业内部的差距是很大的，如"隔行如隔山。""打锣卖糖，各干一行。"不同行业的能力需求和要求不一样。"少年木匠老郎中。"不同手工业的时间需求也有所不同。"六月茶童，腊月裁缝。"不同行业中，难点也不一样。"裁缝怕皱，木工怕斗，医药怕嗽。""有本事创扁担，只会礼翘坏。"各行业的基础工作也有差异。"木匠先凿孔，打铁先打钉。"同时还体现各种行业的效益差异。"打铁老司红一红，比得木匠二三工。"另还体现了手工业的内部关系。既有明显的同行竞争的关系，"当行厌当行，同行是冤家"。同时又体现对同行的理解。"同行如同命。"从这些对于手工业差异化的描述中，我们可以看到温州人对各种行业的特征的准确把握，对各种行业的时间、民众需求、从业者特征、效益、竞争情况的具体深入的体会，这点也侧面反映了手工业的发展程度和高度市场化特色。

三 手工艺术的商业化发展

李弥逊《筠溪集》载：温州一带"铸造铜器尤盛"，东瓯窑的青瓷"精密坚致"，漆器也是"全国第一"。由于温州的地理特征，农业不能规模化发展，也无法成为支柱型产业。弘治《温州府志》卷一"风俗"据《永宁编》记载："温居涂泥斥卤，土薄艰艺，民勤于力而以力胜，故地不宜桑而织纴工，不宜粟麦而粳稻足，不宜漆而器用备。"这段文字充分肯定了温州劳动人民克服地理劣势，通过自己的辛勤劳动创造富足生活的努力。温州手工业和工艺产业的发展，是温州商业繁荣的重要组成部分。

像瓯绣、瓯瓷、造纸、印刷业等产业的繁荣与温州的商业发展息息相关。

技艺精湛、独具匠心

1. 手工业商业化发展简况

先秦到秦汉，温州的经济文化比较落后，人口较少，手工业亦不足。魏晋南北朝时期，温州民间工艺的发展主要体现为瓯瓷制瓷技术的成熟。西晋诞生的瓯窑缥瓷，由于它"类玉似玉"的品质与秀雅造型，符合晋人审美，深得文人喜爱，常见于当时的诗歌词赋中。《中国陶瓷史》对瓯窑的缥瓷做如此论述：瓯越在浙江温州，即今永嘉县，所造之青瓷，精美坚致，为后世天青色釉之初祖。晋时永嘉、乐清等地饲养八辈蚕，始有"鸡鸣布"出现。

唐时，由于中原人口进一步南迁，北方纺织技术传入温州，使传统的缂丝技艺及纺织品工艺有了较大提高，并以上乘质量向朝廷贡赋。唐李吉甫《元和郡县志》卷二十六《江南道·温州》篇有"开元贡绵，赋纻布"的表述，《乐清县志》有"民之役，岁不过二十日，不役者，日为绢三尺"。五代时，永嘉生产的蠲纸，可与江南名纸澄心堂纸媲美。

宋代是温州手工业发展的黄金时期。宋太祖建隆元年（960）宋朝建立，当时的温州属于吴越王的领地。太宗太平兴国三年（978），吴越王"纳土归宋"，至宋祥兴二年（1279），共300多年。其间经历宋室南迁战乱和接连不断的自然灾害，由于经济和文化重心的南移，中国平民文化新风的兴起，温州的文化经济得到了长足发展。宋熙宁十年（1077），永嘉县税场的商税有二万五千三百九十一贯六文，是全国各县平均商税的七倍。宋绍兴年间程俱谈到对温州印象："其货纤靡，其人多贾。"宋祝穆撰、祝洙增订《方舆胜览》卷九也有温州"民生多务于贸迁"之说。温州是宋代 11 个造船中心之一，每年打造的船只数量，居全国前列。温州漆器最负盛名，出土文物中，温州漆器工艺精致，宋代号称全国第一。淮安北宋墓中出土有温州开元寺东黄家、温州九三叔家的漆器，1968 年江苏武进南宋墓中出土的温州新河金念五郎家、钟念二郎家和温州丁字桥巷廨叔家的戗金漆器，三件均为当时温州人制作，尤为精致，代表了宋代戗金漆器的高超水平。装饰纹样具有浓郁的风俗画意趣。南宋都城杭州城里有彭家温州漆器铺、黄草铺温州漆器等。宋代温州雕版印刷业兴盛，刻印书籍数量多、质量高、流传广。1965 年在温州市郊白象塔中发现的《佛说观无量寿佛经》残页，经鉴定为北宋活字印刷本，为毕昇活字印刷技术的最早历史见证。2008 年，国务院批准、文化部确定的第一批国家珍贵古籍中的《大唐六典》，现存最古刊刻残本，是南宋绍兴六年（1134）在温州州学刊刻的。温州蠲纸是宋代名产，"士大夫喜其有发越翰墨之功，争捐善价取之"（周晖《清波别志》卷上）。当时温州漆器、雕版印刷品、陶瓷、纸、刺绣等工艺美术品还远销南洋、日本、朝鲜一带。

　　元代，温州工艺美术品生产仍以漆器为大宗，并远销海外。据《真腊风土记》记载，中国运往真腊（今柬埔寨）的货物有金银器、五色绵帛、温州漆器等。当时除了漆器之外，纺织工艺也比较发达。温州产的缂丝为当时驰名的纺织工艺品，并已经出现官营织染局、专事宫廷、官府纺织用品。温州剪纸艺术在民间十分流行，尤其是乐清民间剪纸更是盛极一时。温州瓯江、飞云江两岸开始仿制生产龙泉窑系，以供外销。

　　明清时期，温州民间艺术繁荣昌盛，艺人创作思维灵活，工艺技法和品种得到不断创新和丰富。明朝廷采取激励和发展生产的措施，实行减轻赋税政策，民间丝绸生产得以发展并趋向兴盛。明代弘治年间（1488—1505），"温州绸"（瓯绸）质量已属上乘，敢与杭纺、湖绸等名品媲美。传统刺绣、十字花吸收姐妹艺术创作方法，技法日益丰富。民间灯彩活动热闹非凡，珠灯、龙船灯、竹丝灯、走马灯等各具特色。乐清"龙船花"在民间剪纸中脱颖而出。"康乾盛世"时期，温州社会稳定，市场经济发展很快，随着口岸的开通，对外贸易活跃，更促进了温州工艺美术的繁荣与发展。一些以手工制作为业的民间艺人，为适应民俗生活和市井文化的需要，注重对工艺技法和造型艺术的追求，创作了许多具有瓯越文化特色的工艺品种。夹纻、油坭塑、黄杨木雕、木偶雕刻、石雕、彩石镶嵌、竹丝镶嵌、绸塑、矾塑、米塑等艺种先后成熟或创新。

民国期间,温州工艺美术创作题材仍以民间传统吉祥图案为主。在继承清代风格的基础上,也借鉴西方雕塑、绘画艺术技巧。朱子常(黄杨木雕)、蔡墨笑、金静芝(刺绣)等艺人创作的许多优秀作品,先后出国展览及获奖。温州刺绣、十字花、麻编草帽等产品还打入欧美及南洋市场。1929年6月,在首届西湖博览会上,温州锡器、漆盘、堆花屏、龙须席等工艺品荣获多种奖项。抗日战争爆发后,温州三次沦陷,社会经济由繁荣走向萧条,大批手工业者破产失业。抗日战争期间,在温州抗日战争阵亡将士纪念碑前,曾三次出现大汉奸汪精卫夫妇认罪泥塑跪像,其按真人大小塑造,在社会上影响很大。

百工百艺、世代传承

2. 温州代表手工艺及历史发展简况

以下三种手工艺形式作为温州手工艺的代表,都已存续数百年,甚至有千余年历史。从这些手工艺发展兴盛的历史轨迹中,亦可以看到,手工业的发展离不开市场的需求,其手工艺的精进不仅与手工艺人的自我要求相关联,更反映了商业化对手工技艺的促进作用和巨大影响力。

瓯绣 始于唐代锦衣,兴盛于明清。温州有发达的蚕桑和丝绸业,历来文事蔚盛,戏文流行就有戏服,佛寺大兴就需要幛幡、莲座,还有能为瓯绣画样本的画家汪香禅、蔡笑秋、苏昧朔、马孟容等,这为刺绣业发展提供了良好条件。宋、元年间,温州民间就盛行在鞋、帽、衣服上刺绣,北宋景祐元年至庆历三年(1034—1043)建造的仙岩寺慧光塔中,曾出土一件包裹经卷用的经袱,以杏红单绮索罗为底料,黄白等色线刺绣,花纹两面一样,针脚整齐,技巧熟练。

明末清初，温州民间刺绣已从"古绣"的简单平针、套针，改用多种针法。清咸丰三年（1853），温州有了第一家专业绣铺麟凤楼，雇用男女绣工，绣制锦袍、戏装、旗袍，还有庙宇用的幡帐、桌围、椅披、寿屏，悬市招徕，刺绣从家庭副业开始走向专业商品生产。清宣统二年（1910），温州刺绣艺人林森友开办美艳刺绣工场，开始有瓯绣画片，一种艺术欣赏品。

民国五年（1916），温州商人在上海见湘绣、苏绣出口甚盛，回温州创设刺绣局，雇男工专做出口产品，从此瓯绣进入欧洲及南洋市场，城区府前街、五马街、打锣桥等处均设有刺绣社。民国十年（1921），城区绣铺达20余家，从业650人，年产值约银圆4万元，外销市场称为瓯绣，曾与湘绣、苏绣齐名，为国内三大刺绣之一。1926年，港台客商来温州订货，瓯绣空前大盛，林玉笙开设的绣庄质量花色皆臻上乘，有绣稿设计学徒和刺绣学徒。

1952年成立温州刺绣合作社，通过艺人带徒、集体培训，技艺得到较好传承。20世纪60年代，瓯绣承接制作国家礼品和出国展品，产品远销海外50多个国家和地区，在制作一批瓯绣艺术品的同时，培养了一批瓯绣人才。瑞安有陶山刺绣厂，租用花园底村临河的民房做厂房，从温州刺绣合作社接业务来料加工，绣工最多时有240多人。20世纪80年代，瓯绣农村有江北、朔门、梅头（现瓯海海城）、鲍田、陶山多个加工点。

20世纪90年代，随着计划经济转向市场经济，瓯绣厂与上海原料厂家中断了贸易关系，后来由于市场需求减少，从而逐渐衰落。温州瓯绣厂采取了一分为三的改革政策，集生产经营研发为一体，继续探索这一工艺的出路。

瓯窑 在浙江南部温州一带，迄今为止已发现瓯窑古窑址200余处，是我国古代又一个规模很大的瓷窑体系。瓯窑是浙江主要瓷窑之一，唐代窑址分布于浙江的有温州、永嘉、瑞安、苍南、瓯海等地。瓯窑的瓷色为青瓷色系，时人称之为缥瓷。晋人潘岳在《笙赋》中说："披黄苞以授甘，倾缥瓷以酌酃。"《说文》云："缥，帛青白色也。"说的是用青白色瓷器喝美酒。同时代的杜育在《荈（chuǎn）赋》中说："器泽陶简，出自东隅。"唐人陆羽所著的《茶经》里转引《荈赋》时为："晋杜毓《荈赋》所谓'器择陶拣，出自东瓯'。"明、清沿袭此说，并进一步发挥。如《景德镇陶录》："瓯，越也，昔属闽地，今为浙江温州府，自晋已陶。"《陶说》:"器择陶拣,出自东瓯……瓯亦越地,'后来翠峰''天青'于此开其发矣","是先越州窑而知名者也。"

瓯窑200多处窑址,广泛分布在永嘉、乐清、瑞安、文成、泰顺诸县和温州市。它们多数聚集在瓯江、飞云江和楠溪江两熊这些制瓷自然条件很好的地方。产品可通过船筏运到温州等城市销售,水上交通非常方便。在瑞安县岱石山、金坪山、凤凰山,永嘉县梅岙,乐清县白鹭屿等商周时期的墓葬和遗址中都发现了原始瓷器,如施青釉或黑釉。这说明早在商周时期这里就已生产原始瓷器。在永嘉县小坟山、察桥和殿岭山一带发现了汉代的原始瓷窑,产品有罐、罍(léi)、钵、盆等,胎骨坚韧,外施黄褐色和青灰色釉。在永嘉县东岸乡芦湾小坟山、箸隆后背山发现了东汉瓷窑址,出土有罍、罐、钵、壶、盆、洗之类瓷器,这些瓷窑址距离汉代原始瓷窑不远,造型装饰也与原始瓷相类,无疑,瓯瓷也是由汉代的原始瓷手工业发展提高而来的。

六朝时期的瓯窑窑址主要分布在永嘉朱涂乡水井湾、罗溪乡夏甓山、东岸乡赤头山等地,制瓷技术和瓷器的质量都有显著的提高。瓷胎坚硬,白中微带灰,釉色以淡青为主,亦有青黄色,与"缥瓷"接近,与西晋后的越瓷灰胎深青釉有明显的不同。器物种类丰富,计有壶、罐、钵、碗、碟、笔筒、砚、水盂、桶、洗、烛台、灯盏、熏炉、唾壶、虎子等,可以与同时期的越窑媲美。

以苍南的碗窑为例,旧称蕉滩碗窑,福建移民迁于此后,改称碗窑。碗窑位于苍南县桥墩镇玉龙湖河中上游,是一座山地型村落,距县城灵溪镇30公里,一条大溪从村前淌过,直通向横阳支江进入鳌江。据当地《巫氏宗谱》记载:"巫氏第十五世志益公,始于清代康熙年间,由闽汀连邑(福建汀州连城县)迁居我浙瓯昆(平阳)蕉滩之东,素业陶瓷传家。"福建连城县的巫氏等宗族为避战乱,向北迁徙,至浙江省玉苍山南麓蕉滩时,被此地的资源条件吸引,定居下来重操原籍旧业——手工烧制陶瓷器皿,尤以青花陶瓷闻名。此后不久,"实业瓷矿,屋宇连亘,人繁若市"。陶瓷业代代相传,在清乾隆年间达到极盛,产品远销大江南北。有了这么一个"龙头企业",如此一个地势逼仄、房子只能依山而建的小小村落,在极盛之时,有四十余姓聚居,人口多达四五千人;有龙窑18条,大小水碓500多座,作坊700多间,年产值8万银圆。村里客商云集,但手工出品慢,商人们为了囤足货,有的在村里一住半年。善于经营的乡民集资兴建戏台,而且是一次性在半岭、下窑各建一座,引得各地戏班几乎常年在此驻扎。瓷器烧造对温州商业发展的影响,可见一斑。

瓯海泽雅屏纸　屏纸,又称为南屏纸,早在唐代、泽雅一带就有生产蠲纸的记载。唐代官府对纸户免除徭役,故以蠲名。宋代时,温州成为全国五个造纸业中心之一,年贡蠲纸500张。据传,这是福建南屏人为避宋末元初之乱,迁徙温州,以其家乡带来的造纸技术在温州泽雅镇一带,生产成纸,故名泽雅屏纸。制纸业历来为当地农民的重要经济支柱。地处瓯海西部山区的泽雅屏纸手工艺几百年来一直沿用中国古代四大发明之一的东汉时期蔡伦造纸术。所不同的是改原用树皮、破布等造纸原料为竹子。宋末元初以至明、清和民国时期,造纸业一直延续发展,至20世纪30年代,纸农近10万人。其制作流程有20多道工序,其中一些生产环节比古籍《天工开物》记载的更原始更详尽,被专家称为"中国造纸术的活化石"。

几百年来,由于泽雅地处偏僻山区的特殊地理条件,不少村庄至今完整地保存了传统的造纸工艺以及造纸的水碓、纸槽等作坊,其中始建于明代的泽雅镇石桥村四连碓造纸作坊成为中国四大发明的遗址之一,2001年被国务院列为第五批全国重点文物保护单位,2007年列入第二批浙江省非物质文化遗产名录;2009年,泽雅水碓坑村入选第二届中国景观村落;2010年,"中国传统造纸技术传承与展示示范基地"试点项目也落户泽雅纸山。瓯海区也启动建设以"中国传统造纸技术传承与展示示范基地"为核心的"中国古法造纸文化园"。

四　民间习俗中的商业特色

1. 商业习俗

温州以商为特色的城市特征由来已久。清时较大的商业有南货、广货、中药、酱园、当铺、钱庄、银楼等。店家牌号多以恒、裕、源、泰、丰、昌、宁等吉祥字命名。温州人善于经商的传统,一直继承至今。在经商习俗中,可以看到许多重利、重诺、组织性等与商业相关的特征。

会市　会市即集市是进行贸易活动的场所,在农村城镇居多,一般都有规定日期,如每月的"三、六、九"或"一、四、七"或是逢五、逢十,因地而异,各有集期,俗称"市日"。过去,在规定的集市那天,附近各地农民将自产的农副产品、土特产和各种手工业品,拿到集市交易。

有的地方还和庙会相结合，雇戏班演戏；各种小吃摊子遍地皆是，故又称"会市"。

乐清白石三月初十大会市，是由街会形成的集市，有着悠久历史，集市地点在白石马道滩。白石山盛产竹木，资源丰富；附近有中雁胜景，每逢阳春三月，清明前后，游客纷至踏青、游玩。此时又恰在春耕大忙前，附近山区农民挑来各类农具，沿场叫卖；手工业艺人、小贩也赶来凑热闹，逐渐形成一年一度的节会。新中国成立后，每逢三月初九至十一，也有当地供销部门为主体，举办物资交流大会。

商帮 商帮即旧时商业活动中有帮派的组织。清末到民国时期，在温州市场上较占势力的是宁波帮和福建帮，人称宁波帮为财神，有"无宁不成市"的说法，并且有同乡会和会馆的组织。温州很早就有福建、四明、汀州等会馆。商旅云集，会馆成了客栈。如温州东门外有福建新宫，是道光三十年（1850）造的。这些商业帮派，是为了加强本帮势力以操纵行情，垄断市场。另外，大家若有困难，则互相帮助，如有同乡人流落他乡，会馆会帮助解决一宿二餐，有时还帮助解决路费。有的鳏寡孤独，病死温州的，也由会馆收尸埋葬。

拜师和辞退 一般店铺学徒学习期为三年，没有工钱。剃头、洗衣（皂钱）由店里包下，到年底才有几元钱，学徒进店要先拜财神，再拜经理为先生，然后住宿都在店内，除日夜劳作外，每天清早还要帮先生倒夜壶。

商店雇用店员，一般以一年为期。每年除夕，吃完"分岁酒"。店员们提心吊胆，因为这是决定店员来年去留的关键时刻。有的老板已把新的一年录用人员名单贴出，如单子没有名字，就得离店去另找职业。过去有些商店采用传统习俗，即老板在吃分岁酒时，亲自端来一碗鱼，鱼头朝哪个，哪个店员就是被解雇者；如鱼头朝老板自己，那就全部店员照旧录用，众人就皆大欢喜了。

柜台 经商店铺，都有一个柜台，如南货店、酒店、酱园等。一般是店堂三分之二作为柜台内，三分之一作为柜台外。柜台外既放门板，又可站顾客。店铺因营业货物不同，在匾（或牌）上写一斗大的"酒"字，或"酱"字。有的酒店还写上"太白遗风""刘伶停车"等文雅句子，以招徕顾客。店员站柜台，必须脸朝外，热情接待顾客，有大生意的还要给顾客设座奉茶。

钱庄和银号 钱庄的设立很早。因当时做买卖多以制钱计算,故称钱庄。后来以银两计价,因又改名银号。清银号和钱庄并存。大的银号有裕通、春生两家,系宁帮。本帮有祥记。后来银号钱庄增多,高达数十家。因为旧时银行仅司收发钞票,不设汇兑存放。当时的钱庄操纵各业资金流通、汇兑存放以及利息等方面的业务。这些钱庄除了一般收存银钱外,主要还仰赖官绅的造孽钱存入,如怡记钱庄存款达十万多两银子。

南货店 南北货业,曾是温州旧时最大的行业,其中在南门最为集中,有"南门九间"之称。凡逢年过节、红白喜事、民间信仰以及交际礼仪等,都得与南北货业打交道。南北货业,温州人叫果子店,就是南货店。它专营南北果品、土特产。凡时鲜果品、瓶装酱酒、糖果饼干、虾子鱼生等都经销。

南货店设有店堂、账房间、糕间、蜡烛间、栈房等处。人事组织有老大(读驮)、先生(经理)、账房(财务)、出关(采购)、伙计(店员)、出栈(总务、食堂)、学徒以及季节性雇用的蜡烛老司、糕间老司等约十五六人。老板一般兼经理,也有的全权交经理负责。南货店的柜台内,除橱柜箱缸设商品外,引人注目的是当中高悬的蜡烛架。木架四周黑板金字,雕刻人物禽兽,装潢美观,架中遍挂各种红烛,有在烛上堆龙凤的,有堆花卉的,有写金字的。蜡烛架下面是账桌,桌上除摆设笔墨砚和账簿、算盘外,还有一个铅盒子。盒子铁皮划格,格上贴着店员的姓或名,谁做下的生意,收入钱币就放在谁的格子里。桌旁设有铜钱柜,若是收入铜板就往柜内丢,打烊后取出结账。经理高坐账桌首座,眼观四方,观察顾客,监督店员。每天开门盼的是第一个顾客上门买的是红枣(和"红得早"谐音),忌的是买茶叶(和"坐蚀"谐音)。学徒打扫店堂,一般中午一次,晚上打烊前打扫店堂内外与街道。扫地要往里扫,切忌往外扫,认为这样才能把钱财扫进来。客商有货物运到或捎客来兜货,都把货样取来送给出关先生看样,如金针、红枣、红白糖等,每次都有斤把商品,不论你卖或不卖,样品都归出关先生所有。南货的标价都用码子,即是一二三四五六七八九。

供财神爷 按照传统习俗,商店一般都供财神,称"招财爷"。其神为赵公明,亦叫赵玄坛,其特征为黑脸、骑虎、手拿钢鞭。有的还手捧元宝。要请木工用上等木料制作招财爷阁(即木龛),外面雕花涂金,内设神像、香烛、烛台。逢年过节，要大开祭，仪式为：先摆好香案品（三牲、酒、菜），敞开大门，店主长袍马褂，先拜天地，再拜财神，然后烧香、洒酒，最后和店员吃一顿饭，以示开业吉祥。平时每月初二、十六，按例祭拜。俗话说，"初二、十六，招财爷吃肉"。店员们平时吃不到肉，这两天托招财爷的福，将祭过的一斤猪肉，分切成两盆，外加老酒，给店员做午餐。

摊贩行贩 旧时温州有摆摊位营业的传统习俗。在熙熙攘攘的街巷两旁设固定或流动摊位，出售各种货物，如水产品、海鲜、蔬菜、水果等。因摊位位置有优劣之分，旧时每年官府让摊贩抽签决定摊位，并征摊税。其货多从商行按批价购进或农户手中成批收购。有的专营批发，也有专营零售。新中国成立后随着生产和商品经济的发展，尤其是对外开放以来，摆摊经营越来越多，并且有几十万人到全国各商品流通活动，各种不同内容的摊位，遍布全国。同时农村中也有一支十多万人的购销大军，分布在全国。

2. 行业习俗

温州的手工业发达，除商业之外，在很多手工业领域也存在着诸多习俗。这些行业，以技艺传承为手段，但也是以谋生为目的。因此在这些行业里我们可以看到鲜明的两大特征：一是在行业内较为严格的组织关系，如师生的尊卑、行业内各种身份先后的等级；二是对利益的追求，体现在供奉祖师爷、诸多禁忌、行业传统等方面。这些习俗中，与温州的商业精神有颇多吻合，甚至也是相互影响的。

信奉祖师爷 温州各行各业都有自己信奉的祖师爷，作为本行业的保护者。每年都要定期进行祭祀，祈求保佑行业兴旺，财源茂盛。如药业、理发业信奉吕祖师（纯阳）；水木石业信奉巧圣先师（鲁班），雕刻业信奉邱弥陀，商界信奉财神爷（赵玄坛），裁缝业信奉轩辕氏，织布业信奉黄道婆，酿酒业信奉杜康，茶叶行业信奉陆羽，造纸行业信奉蔡伦，戏班信奉唐明皇，农业信奉土地爷，渔业供奉"天上圣母""水仙尊王"，读书人则信奉"文昌帝君"等。其祭祀方式，有立庙春秋两祭，也有在店堂、住家中设神位拜祭。

拜师 各行业都有拜师习俗，如雕刻行业的学徒必须拜师，拜师时要挑着红烛和礼物，去师傅家磕头。师徒双方要订合同，合同上要写明师徒关系、学习年限等，然后承认正式师徒关系。学艺期间，第一、二年，要每年付给师傅一担谷或若干钱,作为伙食费。第三年劳动所得归师傅,吃师傅的饭。一般是学习三年期满,但也有到第四年,还要为师傅白干一年,俗叫"赠工"。四年后,能独立生产,就可出师。出师时,徒弟还要挑着肉、鸡、鱼、面等礼物谢师,师傅收下全部礼物,并以凿刻刀、锯等石雕工具做回礼。在做工期间,每月初二、十六都要燃烛祭拜祖师爷,祈求保佑工作顺利。每年除夕夜,艺人们要在一把雕刀上贴张红纸和两个铜板,一起放在工作台上,插香点烛,叫"照岁"。

剃头担 过去城乡均有,一头是一个木制架子,上面为一面镜子,下面放着铜面盆,盆下为火炉;另一头为长方坐凳,凳下放各种理发工具。剃头匠挑担在市街小巷串门,兜揽生意,有时则在街旁将挑担放到地上,为行人理发,刮脸,十分方便。理发业信奉"吕祖"(即吕纯阳),每年八月间举行祭祀,摆上供品,全城理发匠要去点香烛,磕头祈愿。后来,大多转为小店,设点进行固定服务。但在农村仍有流动剃头担。

戏班 尊小丑。小丑,即小花,按温州地方戏班的传统习俗,小花是"三小"(即小花、小旦、小生)之首,每年四月十六日,是戏班祖师爷寿诞。戏班照例摆酒庆寿,小花则坐首位。班友都要向他敬酒,就是鼓板师傅也得要尊重他几分。因为小花在台上可以随意插科打诨,会使鼓司无法捉摸,下不了台。另外,因为地方戏中的小丑戏路很广,上至皇帝,下至乞丐,三教九流无一不饰;文丑、武丑、女丑、一身兼演;唱、做、打,样样吃重。

买脸壳。过去民间还有"买脸壳"的风俗。用白布在演员脸上印下所画的关公脸谱,给小孩挂胸前或者帐上,据说可使鬼邪不敢近。一次能印七个之多,还要事前预约。有的地方连周仓的脸谱也印去壮胆,一个脸壳卖一角钱,归饰演关羽或周仓的演员收入。

五 其他社会习俗

温州的社会习俗中,呈现较强的组织化和区域性抱团的特点,也体现出较为明显的社会责任感和地方主义特色。温州在世界范围享有盛誉,与温州人的地方团体特性有很大关联,其保暖取暖、诚信互惠、乡土情结的特性也正是温州人以团体化的方式在异国他乡得以发展的重要原因。

1. 呈会

即请会。旧时城市、农村皆有呈会风俗。有些人家因遭天灾人祸，或建造房屋，或筹办喜庆丧葬，因经济拮据，就进行呈会。在左邻右舍和至亲好友中间串连，办酒席，遍请会友，俗叫"吃会酒"。商量确定会份（多少）、会金（每份多少元）、会利（每月利息多少元）。然后集中会金，交给会头（即发起者）。从第二会起，则按程序行会，以摇骰子得点最多者得会，除集中会金外，会利由会头付结二会。依次类推，尾会者免付会利。现在温州盛行的民间借贷的前身即为此。

2. 互助金会

新中国成立后新兴的民间互助风俗。各机关、工厂、学校中，为了"零钱聚整钱，利国又利民"的原则，普遍设立了"互助储金会"，每人每月储三五元，年终整取，可做年关开支，平时如有困难，可申请暂借调剂使用，这是对旧时"呈会"习俗的继承和改革。

3. 施茶会

社会上的一种群众性组织。旧时由地方上一些有名望的热心公益人士相约组成。时间一般自入夏始，借用行人必经之地的茶亭、路亭或结棚为舍，雇人烧水泡茶，盛之于缸钵，旁边配上竹管或杯碗，行人经此或者农民在劳动时口渴、都可自行倒茶饮用，不必花钱，直至秋后天气转凉为止。

施茶会成员均为义务劳动，经费由募捐集资解决，收付茶资数目，均张榜公布，请众监督。此俗曾长期相沿成习。现城乡仍有此俗，有的由居委会或者老人会自愿组成。另外，也有个人施茶做好事的。

4. 桥会

一种民间社会公益组织。一般管理附近溪上木桥的架设或渡筏的维修工作，也有管理大石桥的。置有一定的产业。其组织的大小视桥之大小及受利范围的大小和桥的重要性来决定。有一村或两岸数村，甚至全乡或数乡联合组成。有的还筑有渡船屋，雇有专职的撑渡管桥人，其任务是及时架设和修缮桥面、桥墩、桥桩以及对渡筏的维护。在山区和溪边地带，多木板桥、竹桥及石板桥，往往被水冲断或破损，需经常维修故组织此会。

5. 义龙

又称"水龙会"，俗称"救火会"。旧时民间一种群众自发性的防火组织。以城镇的庙宇或街巷为单位，在农村以村为单位，置有水龙、水桶、水枪等消防工具，俗称"太平龙""太平桶"。水乡还备有水龙船。

由力壮的中青年担任义务消防人员，组成一支支消防队，俗称"水龙众"。

每只水龙众都以庙名，或巷、村名命名。辛亥革命后，温州又有了公益团体，出现了不附属庙社的义龙。水龙为一种木制喷水器，中间贮水，用杠子上下拉压，促进出水。平时，水龙等救火器具整齐地放置在庙里，一旦发生火警，值班人员便在社下水龙会区域内鸣锣击鼓。锣声规定为：敲急锣、乱锣为火警，敲长锣称"太平锣"。全城四十多个水龙众也会从四处赶来救火。打着各自旗幡、头戴尖顶竹编安全帽、身穿粗布、背后写着"勇"字背褂的救火队，抬着水龙，扛着竹梯、挑着水桶、背着横扎、拿着急鋷头。如在夜里还执着火篾、煤灯、火炬，前去救火。水龙一出，若火已灭，也要赶到起火地点，禁忌半途而归。救火时，如火势凶猛难灭，有的就登高用横扎钩曳屋顶，有的就用鋷头拆墙，以断火道，然后再用水龙灭之。其经费由村中公户出资，购置产业生息，以供全年维修及添办工具之需。管理人由村民公选，俗定夏历二月二或五月二十日为"分龙会"，要组织水龙当众演习，相互比武。现在各地均有消防队组织，有的水会已经撤销，但也有不少地方仍然保持。

6. 红白喜事理事会

20世纪末流行的一种社会组织，由居民中有威望、有经验、有能力而又热心为群众办事的本地居民担任理事。理事会的任务是：移风易俗，倡导精神文明。会里订有婚事丧事管理细则以及理事会章程。理事会坚持以教育为主，启发和引导群众破除旧习，树立新风。在婚丧事务方面倡导自我教育，自我服务和自我管理。有些理事会除了通过广播、召开大会、编写资料及家访活动展开广泛的舆论宣传外，还组成了一支红白喜事服务队，为婚事新办、丧事简办服务，取得较好的效果。

第二节　温商精神的品牌传承

温州在长期的商业发展中，在一些行业内逐渐形成了世代相承的品牌字号。这些走过半个世纪或传承百年的老字号，拥有世代传承的产品、技艺或服务，具有鲜明的中华传统文化背景和深厚的文化底蕴，赢得社会广泛认同，形成良好的品牌信誉，具有不可估量的品牌价值、经济价值和文化价值。

浙江每两年进行一次老字号认定，2008年开始认定"浙江老字号"，第一批认定了168家，2010年认定了64家，2011年认定了66家，2013年又认定了115家，这样四批共认定了413家。表4-1是第一批认证的温州老字号品牌。这些字号的存在，正是温商精神活的载体和见证，在它们身上，我们可以看到温州商业精神的最生动的体现。

表4-1　　　　　　　　　　温州第一批省级老字号

序号	企业名称	品牌	创立时期	商标	所属行业
109	瑞安市百好乳业有限公司	擒雕牌	1926	擒雕牌	食品加工
110	瑞安市李大同（老五房）茶食品店	李大同	1889	李大同	食品加工
111	温州市第一百货商店	温一百	1950	温一百	服务业
112	温州市五味和副食品商场	五味和	1882	五味和	服务业
113	温州市金三益商店	金三益	1859	金三益·名龙	服务业
114	浙江温州医药商业集团老香山连锁有限公司老香山连锁总店	老香山	1868	老香山	医药
115	瑞安市潘瑞源食品有限公司	潘瑞源	1911	潘瑞源	食品加工
116	温州叶同仁医药连锁有限公司	叶同仁	1670	叶同仁	医药
117	温州市县前汤圆店	县前	1901	县前	餐饮
118	浙江同春酿造有限责任公司	同春	1919	同春	食品加工

资料来源：《浙江第一批老字号名录》（温州地区）。

温州老字号——温商精神的品牌传承

一　瑞安市百好乳业有限公司

中国最早的乳制品加工企业。拥有中国乳品工业最古老的"擒雕牌"

商标。是目前中国甜炼乳产品生产规模最大的企业，日产量可达100吨成品甜炼乳。"擒雕牌"甜炼乳，曾蝉联中国甜炼乳行业最高品质奖——国家银质奖。

在20世纪20年代的中国市场上，国产炼乳加工业还是个空白，而号称王牌的英帝国纳司尔英瑞公司生产的飞鹰牌炼乳却随处可见。在兴办国货、创立实业的"五四"爱国精神鼓舞下，1926年秋，浙江温州的民族资本家、著名实业家吴百亨先生独资创办了中国第一家炼乳厂——百好乳品厂。为了使自己的产品尽快打入市场，针对当时英瑞公司的飞鹰牌炼乳独霸市场的局面，吴百亨先生为自己的产品精心设计了"白日擒雕"商标。雕、鹰同属猛禽类，商标中有了擒雕腿的图案，含有不让这只外来苍鹰在中国市场上恣意横飞之意。

在吴百亨先生的努力下，擒雕牌炼乳很快取得了顾客的信任。1929年擒雕牌炼乳在工商部主办的中华国货展览会上获得一等奖，翌年又在西湖博览会上获特等奖。英瑞公司发现市场上出现擒雕牌炼乳后，不禁大为光火，马上提出申诉。由此，一场长达十年的争夺商标权斗争开始了。

英瑞公司提出：白日擒雕商标系仿冒飞鹰牌商标的产物，两种商标虽有差别，但主要部分均以飞鹰为标识，易引起误会。并蛮横提出：凡用类似老鹰之鸟类的商标的，均有误认为飞鹰牌的可能，故要求撤销擒雕商标权。面对英瑞公司的无理指责，吴百亨先生据理力争。他指出：日本人曾发行"鹫鸟"牌炼乳，也是以类似老鹰之鸟为商标，未闻不准并行于世之说。他以利害关系人身份提出反诉，指出应依法撤销商标的恰恰是英瑞公司本身。

原来，1926年底，国民党政府商标注册局成立后曾发出通告，要求所有曾在北洋政府注册的外国商标，必须在6个月内重新向南京政府登记，否则无效，百好厂正是值此时机登记注册的，并将商标图案在商标公报上做了公布。按国民政府商标法规定，6个月内如无提出异议，即发给商标注册证。当时的英瑞公司根本没有把新成立的国民政府的法令放在眼里，所以直到6个月过后，也没有提出异议。百好厂因而依法获得了商标权。当英瑞公司看到百好厂对自己的潜在威胁提出申诉时，为时已晚。法庭仅判两个商标同时并行。1930年，英瑞公司再次上诉，但结果还是以败诉告终。

英瑞公司在商标权案败诉之后，更加恼羞成怒，便接二连三地向百好厂发难。先是用卑劣的手法破坏"白日擒雕"炼乳的声誉，接着又提出用10万元收买"白日擒雕"商标权。然而，面对实力雄厚的英瑞公司，吴百亨先生的回答是："我办百好厂，是为兴办国货，'白日擒雕'商标权我绝不出卖。"

为了兴办"白日擒雕"牌炼乳，抵制洋货，吴百亨决心进一步扩大生产，认定取得稳定而丰富的乳源是第一要着。他从一个贩卖乳酪饼的农民那里获得一条重要信息：离温州市百余里的瑞安县（现改为市）马屿区，养水牛的很多，这种优良水牛既能役用，又能挤奶，奶质也好。他亲往实地调查，果然如此。他大喜过望，于1930年把厂子迁到马屿区沙羊那里租屋生产，并购地建造新厂房。厂房是按照美国出版的《炼乳和乳粉制造法》一书的要求设计的，并预留日后发展的余地，于1932年建成。同时，又陆续向国外订购真空蒸发锅、鲜奶预热器、炼乳冷却器、奶油搅拌机和冷冻设备等，于1934年安装就绪，使百好厂实现从秤量槽、脂肪分离、砂糖混合、真空蒸煮、强制析晶到机械装罐等16道工序的系统化和半机械化，成为初具现代化规模的乳品工厂。由于经营得当，同时聘请了毕业于美国康尼尔大学乳品专业的许康祖来厂工作，百好厂得到迅速发展，质量得到保证，"白日擒雕"牌炼乳销量与日俱增，年营业额80余万元。1941年，温州被日寇占领，百好厂被迫停工。吴百亨在《回忆》中曾说过，30年代是百好厂的"黄金时代"。新中国成立以后，为重图发展"白日擒雕"炼乳，在各方的共同努力下，百好厂在1950年重新复工，百好厂的产品开始正式出口。生意便越做越兴隆，生产规模也逐渐扩大，1953年总产值累计32.9万元，1954年工业总产值累计为176.37万元。

1958年开始，百好厂受浙江省粮油进出口公司委托组织生产出口"熊猫"牌甜炼乳，远销东南亚十几个国家和地区，出口量占全国甜炼乳出口量的50%以上。而"擒雕牌"甜炼乳，由于其悠久历史，已深深地扎根在人们的心中，并荣获多项荣誉：如1979年获省优质产品奖，1983年分别荣获外经贸部荣誉证书、轻工业部优质产品、国家银质奖（最高质量奖），1990年首届全国轻工业博览会金奖，1991年第二届国际博览会金奖。

二 温州叶同仁

清康熙九年（1670），宁波慈溪郎中叶心培在温州行医卖药，以二千贯铜钱将邑人王某在西门外创办于康熙四年（1665）的王同仁中草药铺顶收过来，更名为叶同仁堂国药店，纵观创办历史已有334年之久。叶同仁经过叶氏家族子孙世代苦心经营，售药行医，诚信待人，生意兴旺，积累渐多后，逐渐扩大业务，制售丸散膏丹，因选料地道，精心炮制，加工考究，质量上乘，经营得法，到雍正二年（1724）成为温州规模最大的一家药店。原来的叶同仁五间砖墙店面，青石门台，门楣上高悬"真不二价"大金字横额，两边挂黑底金字楹联，上联，"修合虽无人见"，下联"存心自有天知"。店堂陈设古朴典雅，庄严规整。300多年来，叶同仁特色经营，生意红火，闻名遐迩，为扩大业务，特在温州丈新街（今公安路）设药栈，深购远销，兼营批零，在温州、处州（丽水）十六县颇享盛誉。叶同仁从创办到温州解放，历经康熙、雍正、乾隆、嘉庆、道光、咸丰、同治、光绪、宣统和民国诸时期，为时284年，比北京同仁堂迟一年，比杭州胡庆余堂早209年。1956年，温州国药业实行社会主义改造，三余堂、叶三宝堂、乾宁斋等著名国药号并入叶同仁药栈，公私合营成立温州国药联合制药厂，1965年又改立为温州中药厂，1995年，为适应改革放，温州中药厂发展为海鹤集团。

三 老香山

老香山药店创始于清同治七年（1868）。老香山创始人是明州宁海县香山（今宁海县西店镇香山村）药商李氏（名字、生卒不详），他于同治年间，携家族资本，随宁帮商人一道来温寻觅商机。旋即在五马街西头四顾桥上岸（今大同巷口）开设中药店，并以家乡世居地取店名"香山"。此后，大同巷逐渐成为"药行街"，"香山"居南首第一间药店，故扮演了"头家"角色。凡进大同巷的药材客人或病家，自然成了老香山的客人，于是提供茶水，看堂把脉，照顾细致，热情周到，一时名声鹊起，生意一直红红火火，产业日益壮大，雇员达十余人。

时至清光绪年间（1875—1908），宁海李氏房族一分支又在城区北大街（今解放路）七枫巷口开设一家香山分店（俗称新香山），其规模与老香山相当，乃独立经营，因而形成互相竞争之势。而"老香山"经营有方，名声在外，故久盛不衰。辛亥革命之后，老香山第二代传人李厚康于20世纪20年代，花巨资盘下相邻的本邑著名绅士包兰儒的宅邸，兴建一座三层中西合璧的楼房（即现经营场所），建筑面积达580平方米。落成后，即邀请本邑著名书法家曾耕西，挥毫题写"老香山"三个方斗大字，制成镀金横匾悬挂店堂门庭上额，香山药店正式定名"老香山"，一直延续至今。

第三节 温商精神的传承载体

社会组织是指中国传统社会中民间形成稳定互动关系的共同体。主要指血亲组织、地缘组织、行会组织、钱会组织、帮会组织，等等。温州民间的社会组织非常丰富，在近40年的温州经济腾飞中发挥了不可替代的作用，可以说，温州的民营经济制度是在民间社会组织的基础上发展起来的，这些组织对温商精神的传承有着重要作用。

一 以血缘为纽带的家族传承

血亲组织是指以血缘、亲缘为纽带，而将胞亲和姻亲为对象组织起来的社会团体。温州传统社会中的共同迁徙、合作围垦、集资商贩、并力矿冶，大都先建立在血亲组织的基础上。血缘、亲缘、乡缘、学缘等人际关系在中国人生活中占有很重的比重。在亲戚、朋友、同乡、同学、同事这种圈子里，一切话都好说，一切事情都好办起来，相互之间有一种信任和"承诺"。

在小企业群落中，小企业主之间的合作和交易关系，往往是通过亲戚、朋友、同乡、同学、同事等各式各样的人际关系维系的，通常是先有了人际交往关系，然后才有生意上的合作关系。人际关系网络的存在使小企业之间交易活动变得更加顺畅，在经营状况好时，可以相互提携帮助，提供市场信息，传播生产技术；在经营遇到困难时也能同舟共济、共渡难关。

温州地方神中有杜一、杜二、杜三侯王，陈杨二府、袁白二府。传说三杜是兄弟关系，陈杨是甥舅关系，袁白是翁婿关系，他们是六朝时期在温州渔猎或垦殖成功的地主神，他们的成功路径就是血亲合作，至今被合祀在一个庙里。五代时期迁入泰顺库村的吴氏和包氏，就是姻亲关系的共同迁徙。沿海岙口的开垦、山间谷地的定居，都是以这样的社会网络组织的。在社会活动和经济活动中，以兄弟关系、甥舅关系、姨夫关系、妻舅关系为组织基础达成合作，成本最低、组织最可靠、信任度最高。温州

温州的产业集群——以地域为区隔的特色传承

40年来的家族企业，延续的就是这种血亲组织。

血亲组织是温商伦理的一个鲜明特征。温州作为以血缘为纽带的家文化及家族文化有着很长时间的历史积淀，从恋家、守家到家族企业、家族经济再到地方经济、温州模式，都脱离不了最初的血缘、亲缘和地缘的情结。特别是在温州经济社会发展过程中，温州的家族文化体现得更加明显。有学者对"温州模式"的文化成因进行了剖析，提出"家文化在温州乡村工业化过程中发挥了重要的作用，这是把握温州乡村经济发展脉搏的关键"。

二 以地域为区隔的特色传承

温州是我国产业集群分布最多的地区之一，是依靠当地家庭工业和工商业传统发展起来的特色产品企业集群。其中入选中国百佳产业集群的有温州鹿城·皮鞋产业集群、温州鹿城·打火机产业集群、温州瓯海·锁具产业集群、瑞安·汽摩配产业集群、苍南·印刷产业集群、乐清柳市·中低压电器产业集群。

1. 乐清柳市——中低压电器产业集群

柳市低压电器产品生产兴起于20世纪60年代末，到80年代早期，初步形成集群式分布。目前，全镇集聚了1300余家低压电器产品生产经营企业（不包括家庭工厂），有40家企业集团，其中6家国家大型企业，22家全国性无区域集团。2006年，电器行业产值280亿元，销售额占全国的60%。这里生产的低压电器，其规模、品种和产值均居全国第一，是中国最大的低压电器产销基地和出口基地。当地已领到生产许可证的企业近4200家，其中通过美国UL、欧共体CE等认证的有200多家，225家企业通过了ISO9000系列质量认证，拥有"正泰""德力西"两个低压电器行业仅有的"中国驰名商标"，是国内同行业持证最多、质量最优的生产基地。2002年初，柳市获得中国电器工业联合会和中国机械工业联合会授予的"中国电器之都"称号。温州市电气行业协会提供的数据显示，2017年温州电气产业总产值近1400亿元，其中"规上"产值1010亿元，同比增长8.7%；电气行业产品出口交货值约112亿元，同比增长10%。

集群内的重点企业有：正泰集团、德力西控股集团有限公司、人民电器集团、华仪电器集团有限公司、天正集团有限公司、兴乐集团有限公司、长城电器集团。

2. 汽摩配产业集群——瑞安

瑞安汽摩配产业起步于20世纪60年代，历经50多年的快速发展，已从早期的"一乡一品""一村一品"发展至今形成具有较大规模实力、较强竞争能力的产业集群，成为支撑瑞安工业经济发展的主导行业。2009年，瑞安汽摩配产业曾被浙江省政府确定为全省21个块状经济向现代产业集群转型升级示范区试点。

概括瑞安汽摩配产业的发展现状，主要有六个方面的鲜明特点：一是企业集聚度高。2009年的数据统计，瑞安市共有汽摩配生产企业1500多家、规模以上企业342家，规模企业个数占全市规模企业总数1/4以上。二是总体规模较大。2010年以前，汽摩配产业持续保持快速发展，规模企业基本保持在25%的增长水平。据2007年年底数据，汽摩配产业总资产达到近100亿元，从业人员达到30万人。实现工业总产值约200亿元，占全市工业总产值的1/4以上。三是产品种类繁多。据不完全统计，大致有发动机附件、车身附件、制动转向系统元件、通用电器、标准件五大类4000多个品种。四是产业链条完善。在长期发展过程中逐步形成了比较强大的产业群和比较完善的产业链，逐步形成了从原材料辅助材料供应、零部件到组装件的专业性分工以及储运、销售、服务等成百上千企业成龙配套的生产格局。五是品牌实力较强。在2003年，就被中国机械工业联合会授予了"中国汽摩配之都"称号。近年来，瑞安汽摩配行业品牌建设力度不断加大，目前拥有中国名牌产品（中国驰名商标）3个、国家免检产品5个，获得浙江省汽摩配专业商标品牌基地、浙江省汽摩配产业基地称号。六是技术水平较高。2018年，瑞安市汽摩配行业硕果累累："机械工业引领高质量创新发展产业集聚区"称号花落瑞安，国家汽车电气零部件产品质量监督检验中心（浙江）挂牌成立，瑞安汽摩配区域品牌价值提升177%。当前，汽车市场进入新的发展时期，特别是新能源汽车市场呈现全球化趋势，为瑞安汽摩配市场发展提供了新的机遇。面对新形势、新挑战，瑞安市汽摩配行业不断强化创新驱动、加快转型升级，力求在国际产业转移和新一轮的技术革命中抢得发展先机、赢得竞争优势。

集群内的重点企业有：瑞立集团有限公司、温州瑞明工业股份有限公司、胜华波集团、云顶控股集团、立峰集团、温州冠盛集团。

永嘉桥头纽扣市场的兴衰流变

3. 永嘉桥头——纽扣市场

1976年，塑料丝工艺编织业在永嘉桥头兴起。1978年，桥头人发现江苏省镇江玻璃纽扣厂生产的一种纽扣形似金鱼眼睛，于是采购这种纽扣作为塑料丝编织的钥匙挂件上金鱼眼睛的材料。当这种小商品销到外地商店时，一些商店发现这些纽扣美观大方，要求进购纽扣。于是，桥头人开始到外地采购纽扣直接推销给外地商店。1979年，桥一村农民叶克春、叶克林自筹资金400元，从黄岩贩进纽扣，在桥头摆摊试销取得成功。此后在此摆摊的人越来越多，逐渐地形成了一个纽扣市场。于是慢慢地就形成了一个以纽扣市场为核心、产供销相结合、多种小商品并存的独特的产业群落。

如今的永嘉桥头纽扣市场，经营销售工艺纽扣、玻璃珠光纽扣、金属挂扣、陶瓷纽扣、单纯性装饰扣件等一万多个品种，销售量占国内销售总量的80%，占世界销售总量的60%。钮扣城被浙江省政府评为二星级市场，被轻工业部五金制品协会评为"中国钮扣之都"。

三 以多元团体为媒介的思想传承

温州特有的自然地理条件塑造了具有温州特色的区域经济发展模式，而这种经济发展模式也锻造了温州自身的区域文化。温州区域文化经过永嘉学派的解读和阐释，成为系统的思想理论体系，并通过正规的学堂教育和一代代的言传身教，内化成人们的遗传基因，世代传袭，并塑造着温州人特有的精神面貌。在传承过程中，多元的团体扮演着至关重要的媒介作用。

自北宋以来，温州地区各种社团开始发展壮大，成为当地事功重利等思想的传承载体。以学术团体为例，先有勇于到外地学习借鉴新文化的永嘉"九先生"，以至浙学之盛，实始于此，后演化发展成为事功的"永嘉学派"，再转变为"永嘉文派"。温州知识群体集会结社、集群运作，在温州地区屡见不鲜。

1. 永嘉学派

历史上，以儒家为代表的中国传统文化向来"重农轻商"。南宋时期的思想界有三大流派——朱熹的"理学"，陆九渊的"心学"，以及"事工学派"，其中后者又称"功利学派"，是南宋时期浙东永嘉形成的一个儒家学派，也是南宋时期浙东学派中的一个重要分支。永嘉学派代表着南宋时期永嘉地区出现的富工、富商及经营工商业的地主等新兴阶层的利益。永嘉之学主要体现在三个方面：一是政治上强调以民为本，改革弊政，对外主张明"夷夏之辨"，抗击金兵入侵；二是经济上反对中国传统的"重本抑末"的思想，认为应该"通商惠工""扶持商贾"，发展商品经济，并认为雇用关系和私有制是合理的，富人应该成为社会的中坚力量，因为他们创造了实实在在的物质财富，能推动社会生产力的发展，而社会生产力的发展是一切社会发展的基石；三是学术思想上重视事功之学，认为讲"义"不可以离开"利"，对传统儒家中所谓"正其谊（义）不谋其利，明其道不计其功"的说法表示异议，因此，他们提出了"以利和义，不以义抑利"的观点，即应该"义利并立""义利双行"，试图把两者结合起来，重视历史和制度的研究，希望通过考求历代国家成败兴亡的道理、典章制度沿革以寻找出振兴南宋，转弱为强的途径。

此后，温州集群受到继承和发扬。明代嘉靖年间，有"永嘉弈派"，一度在中国棋坛上屡得第一。明代温州还初步形成家族维系相对紧密的知识群体和被称为"山人"的士人知识团体。

清朝乾隆、嘉庆年间，有季碧山为首的"市井七才子"。由菜贩季碧山、鱼贩梅方通组成的七才子结成诗社，相互唱和。《光绪永嘉县志》记载：清嘉庆九年（1804），陈遇春在温州地区创立"文成会"，众人捐钱，集资生息，以作为文人乡试、会试的旅费。

到了晚清，温州逐渐形成一批具有革新思想的"知识群体"，如"求志社""慎社"。甚至出现了最早的公共图书馆雏形——心兰书社，靠集群运作。

2. 钱会组织

温州民间传统的"呈会"活动是一种资金合作的民俗。呈会初始是在亲友和邻居之间展开的，因建房、婚丧、灾病而缺少资金的人家发起组会，称"会头"，召集自愿的若干亲友、邻居为"会脚"，每人定期支出固定的金额，组成没有利息、定序轮流收取互助会金的"干会"。会头自然是第一位会金收取者，其余根据轻重缓急定序，体现积少成多、合作解困、互信互惠的集群原则。20世纪80年代以后，呈会由生活解困发展成为融资解决生产和经贸资金，大量出现支付利息的"标会"和"楼梯会"，股金也随着经营规模的需要日益增大，利息也随着经营盈利和资金缺额逐浪而高。民营企业的早期正是在这种集群民俗中孕育而生的。

自宋代永嘉学派提出重利、事功的商业观念以来，温州地区源远流长、生生不息的多元社团成为温商精神内涵形成、发展与传承的关键媒介。

【扩展阅读】

东西双塔

温州江心双塔位于瓯江江心的孤屿上。江心有东西两峰，东为象岩，西为狮岩，两岩上建有东西二塔。东塔建于唐咸通十年（869），塔高32米。据《温州府志》《孤屿志》等史料记载，自宋代开始直至清光绪年间，双塔塔顶夜灯高照，成为引导船只来往温州港的重要"灯塔"。宋代有诗云：孤屿今才见，元来却两峰；塔灯相对影，夜夜照蛟龙。这是对东

温州饮食文化中的温商　　　　温州饮食文化中的温商
精神（上）　　　　　　　　　精神（下）

西双塔为夜航船只指引方向的形象描述。两塔虽经历千古沧桑，仍然屹立，至今还发挥着为船只引导航向的标志作用，江心屿双塔被列为浙江省温州市重点文化保护单位。

从始建年代看，西塔应建于唐，东塔应建于宋。持双塔"东唐西宋说"的最早记载于清乾隆《温州府志》："东塔唐咸通十年建，明万历十九年邑人王叔杲重建。西塔宋开宝三年建，明万历二十三年王叔杲配林恭人重建。"后《孤志屿》及民国《温州府志》都承袭这一记载。但是，明万历《温州府志》，清末光绪《永嘉县志》均载："……唐咸通间建西塔，宋开宝间建东塔，元丰年间赐东塔为普寂院，西塔为净兴院。"又据北宋绍兴十一年刘愈《东西塔记》碑刻载："……旧有宝塔，其西建于后唐之末，其东建我宋天圣间，"明万历二十年王典《重修江心孤屿东塔记》碑刻载："西塔创自唐咸通，而东塔则自宋开宝……，"明万历二十三年卢逵《重修江心屿两塔记》刻："东塔创始宋开宝，西塔创始唐咸通……"等等，可见双塔"西唐东宋"说，在清乾隆以前众口一词，并无异议，且各方面资料均能相互印证。因此清乾隆《温州府志》的相关记载出于笔误亦未可知。

双塔均明显有唐塔遗风。根据现场考证，江心屿双塔外形及结构极其相似。从外形上看，平面都是六角形，东塔底层边长约 4 米，直径约 8 米，西塔底层边长约 3.5 米，直径约 7 米。三开间，每边各层设一壶门，主门、壶门及座向一致；塔身高为七层，西塔 32 米，东塔 28 米，如将东塔屋顶及塔刹高度计算在内，二者高度相差无几；塔身均为砖结构，从底部到顶，收分明显；立面都是阁楼式，东塔腰檐已毁，西塔腰檐显见是近代修缮而作；从构造上看，二者腰檐均较薄，出檐平缓，且各层未见有平座和栏杆。二塔整体形象古朴庄重，落落大方。从结构上看，双塔均为砖身木构，塔身为单层砖壁，底层砖壁厚度东塔约1.6米，西塔约2.0米，塔心无柱，内部为上下贯通的空筒，向上逐渐缩小，属典型的空筒式砖塔构造；双塔内外边角均设有倚柱，东塔方形，西塔八角形；双塔底基均低短简单，素平砖石砌成，高度不足20厘米；从砖工上看，东塔"一顺一丁"及"三顺一丁"砌法为多，显见明清修砌痕迹。西塔因近代修理时砖工为砺灰所掩，无以详考，但显露出的八角砖柱应是唐代遗物。根据以上考证，结合建筑历史的相关资料，对照国内现有一些古塔予以分析发现，江心屿双塔在外形风格、主体结构等方面唐风显露无遗，尽管明、清修砌痕迹明显，但并未对唐风"伤筋动骨"。

从文脉传承方面看，双塔应为"孪生姊妹"。从始建或重建年代看，双塔一唐一宋，为何宋塔带有唐风，着实令人费解。据宋绍兴十一年刘愈《东西塔记》载，东塔"顷因兵火，与院俱烬，惟故址存，绍兴八年戊午（1138）……鸠工修建，撤而筑之……凡形制严饬，悉与西塔等"。由此而知，东塔于1138年重建，历经三年，"至绍兴十一年辛酉（1141）仲春"（宋绍兴十一年，刘愈《东西塔记》碑刻，录自《孤屿志》卷5）竣工，是对西塔完全仿造，难怪二塔形制如此相似，原来二者属"同宗孪生姊妹"而已。

双塔均可能成为国粹。我国现存唐代楼阁式砖塔很少，如西安玄奘塔、大雁塔等，仅为方形，多分布在北方。而江心双塔为六边形砖木结构，这对建塔史是个很大的突破，对研究我国江南建筑乃至古代文明有重要的历史价值。

百里坊的由来

百里坊是温州最早的街道之一，浓缩温州很多文化与典故，很多历史名人在此居住生活过。

百里坊有朱自清故居。长街尽头曾住着中国史学界的泰斗人物——号"梅屋先生"的刘景晨先生以及享誉海外的书画名家——马公愚、马孟容先生等。

有温州中共一大开会的旧址：咸亨钱庄。

关于此坊的由来，有两个传说。

一说是：这里原名"百里芳"，古代河中遍植荷花，是一处名胜游览地。清光绪《永嘉县志》名胜卷、"百里芳"条说："自百里坊至平阳屿，一百里皆荷花。"这是说：从温州百里坊河开始，可以通过瑞安市直抵平阳县，一百里长的河道中，都种有荷花。每逢夏季，荷花盛开，荷香扑鼻，百里芬芳，所以有"百里芳"之称。百里坊为"百里皆荷花"之起点，因此便独占"百里芳"之名。后来因"芳"与"坊"谐音，其他居民又逐渐增加，故改称"百里坊"。

另一说则是：明太祖朱元璋攻打温州时，久攻不下，军士伤亡甚多，因此大怒说，攻占温州之日，定要把百里之内的百姓杀戮净尽。当时朱元璋的军师刘基是温州文成县人，为了拯救乡帮父老，在军队进城屠杀了一段路之后，于城之西北部树立了一块路牌曰"百里坊"；同时奏报朱元璋，已杀到"百里"之地，应立即停止杀戮。这样就使温州人民避免了一场大屠杀。为了纪念刘基的恩德，温州从此把"百里坊"这个地名流传下来。

（引自：新浪博客。2014 年 5 月 30 日）

王羲之与墨池坊

墨池坊东起墨池公园，西至解放街，长 175 米，宽 6—8 米。

墨池坊的历史悠久，文化底蕴深厚，不少骚人墨客为其留下诗篇佳句。《瓯江竹枝词》称道："风流太守忆王郎，经换龙鹅字字香。昨夜见郎书法好，移家合住墨池坊。"

据传，墨池坊之名的由来与东晋书法家王羲之有关。因王羲之在出任温州太守时，每日在此临池作书，搁笔时便洗砚于池，日长月久而使整口池水都染成了墨色，故俗称"墨池"。宋代著名书法家米芾曾为之精书"墨池"两字。明代永嘉状元周旋也曾有诗道："何以清池唤墨池，昔年临池有羲之。……学书我老犹成拙，为表遗踪一赋诗。"有一句常用语叫"沉默是金"，意谓一个人在特定的环境下若做到不说话或少说话是难能可贵的。在墨池坊也有一句传世佳言，叫"沉墨试金"，不过讲的却是王羲之廉洁从政的一段民间故事。

据传王羲之担任永嘉太守期间，地方上一些官吏为谋升官发财，千方百计利用机会上门行贿，但都被严词拒之。一日，有位官吏绞尽脑汁想出一招：借以"书圣"爱墨如宝的嗜好，在一条条黄金的外面，披上一层用糯米墨做的"外衣"。再用金字烫上"徽州至宝"四个字，以图太守就范。果真，面对满担如此漂亮的徽墨，王羲之最终恭礼收之。

时隔半年后，该日春光明媚，天气格外清新。王羲之正为办毕一件为民称道之事心情舒畅之时，突然书兴大作，命书童拿出官吏们所送徽墨，一试纸笔。书童向来磨墨有素，可当天怎么也不得心应手。一开始还能磨出点墨来，到后来这墨竟越磨越硬，使劲间发现端砚台上已露出金黄的颜色，便疾呼大叫。此时此刻，清心如镜的王太守已经明白一切。翌日一早，就传令所有送墨的官吏，并贴出告示欢迎百姓前往观看。王太守命手下将满登登的一担"徽州至宝"全部沉在水池里，顿见池水全黑，一条条闪闪发亮的黄金也随之从水底被全部捞了上来。这一幕，令围观的百姓惊愕不已，无不为王太守如此高风亮节、廉洁清政的"官风"所敬佩。在场的这伙行贿者，这下可"瘆病人自心里明白"，等待他们的将是王法的处置。王太守的"沉墨试金"，将池水变成了"墨池"。

在温州，还流传着许多有关王羲之严谨律子、以身教诲美谈。据说，王献之在幼年学书时曾一度出现骄傲自满，不求上进。王羲之洞察究竟，以情施教。一日，王右军要王献之专临一个"大"字，要求三天内练成并比拟临帖是否摹成。但时隔一天，王献之便觉得已经够像了，写成一个"大"字后便找父亲比拟。王羲之见状，顺手拿过笔豪，在"大"字的下端加了一点。要献之拿给母亲评审一下，是否写得真像父亲了。原来，王夫人对书法也很有造诣，她认真过目后，便笑着对献之道："孩子，不错，这个'太'字下面那一点真像你父亲的功底了。"献之听后，顿感惭愧，深感习书写字不能贪一日之功的道理。从此以后，他便发奋图强，勤学苦练，数日下来把池水也给洗黑了。后人袭其美事，将此池称为"墨池"。

（引自：金文平：《温州老街巷掌故》，浙江新闻网，2017年8月8日。）

【思考与实践】

1. 概述温商精神传承的历史文化基因。
2. 简述温州戏曲对温商精神形成的作用。
3. 简述温州方言、民俗文化对温商精神形成的影响。

4. 简述温州多元文化团体对温商精神的形成作用及影响。
5. 游览江心屿八大景观,感受温州悠久的历史文化。
6. 游览五马街区,感受近代温商文化氛围。
7. 参观永嘉书院,了解永嘉学派产生的历史渊源以及对现实的意义。

参考文献

丁俊清:《温州民居建筑文化研究》,中国民族摄影艺术出版社2014年版。

胡珠生:《温州近代史》,辽宁人民出版社2000年版。

章禾:《温州郡城规划文化解读》,中国民族摄影艺术出版社2014年版。

周锦云:《温州工艺美术》,浙江人民美术出版社2010年版。

陈瑞赞:《温州文献丛书——东瓯轶事汇录》,上海社会科学院出版社2006年版。

叶大兵:《温州民俗》,海洋出版社1992年版。

叶大兵:《温州鼓词》,《文化娱乐》1980年第1期。

俞光:《温州文献丛书——温州古代经济史料汇编》,上海社会科学院出版社2005年版。

俞为民:《南戏的产生及其市民性》,《上海戏剧学院学报》2005年第3期。

郁宗鉴:《浙江省民间文学集成·温州市歌谣谚语卷(下)》,浙江文艺出版社1990年版,第133—158页。

第五章　温商精神的传播

本章主要内容：

温商精神作为一种精神文化，它的萌发、扩散和发展壮大同样与传播紧密勾连。因此，本章将从几种主要的传播方式入手探讨温商精神的渗透和扩散。共设置教学内容五小节：

一　温商精神的人际传播。
二　温商精神的群体传播。
三　温商精神的组织传播。
四　温商精神的大众传播。
五　温商精神的政府传播。

事实上，在现代信息社会，亦有越来越多的企业或者个人意识到，传播也可以被视为一种"能力"进行评判。因此，本章我们要了解的温商，除了是媒体经常报道的对象，同时也是拥有较强"传播力"的传播主体，其能借由"传播的力量"不断提升温商的实力和社会美誉度。

第一节　温商精神的人际传播

一　人际传播的概念

人是一种社会性的动物，任何人的生存都离不开和他人之间的交往。在人们之间的交往活动中，人们相互之间传递和交换知识、意见、情感、愿望、观念等信息，从而产生了人与人之间的互相认知、互相吸引、互相作用的社会关系网络。我们将此称为"人际传播"。

人际传播具有明显的社会性特征。个人独白、自言自语等自我交流形式仅仅是为了满足自己的需要而发出的语言，不会构成人际传播。人际传播的语言是具有社会性的语言。每个人都是信息的发出者，同时又是信息的接收者，即在影响别人的同时，也受到他人的影响。

人际传播是企业形象（Corporate Image，简称 CI）传播的主要形式，体现在企业内部成员之间的沟通和企业与外部公众之间的沟通。人际传播的具体形式很多，如与员工交谈，与客户交流或电话联络，企业举办报告会、恳谈会、洽谈会、联欢会、演讲会、座谈会，等等。应当根据不同的传播目的、对象、内容、情境等选择恰当的人际传播形式。

人际传播的网络是相互交流信息的主体之间所形成的某种交往状态模式。在社会错综复杂的交往关系中，一个人可以定位于多种人际传播网络的模式中。

在 CI 传播过程中，如何在社会正式组织内设计人际传播的最佳网络，达到公平与效率的同时最优，是需要认真思考的。从企业内部来说，CI 传播是一个不断反复的过程，由上至下的人际传播网络可以通过各种文件、指示、计划、指标、会议备忘录等形式进行消息传递，下边也可以通过汇报、总结、反映情况等形式反馈信息。

还要注意到，企业内部的非正式传播往往比正式传播更有力。企业非正式传播的最活跃因素，会自发形成企业非正式传播网络。可以巧妙地利用这些网络，通过他们，传播 CI 信息，了解 CI 传播中存在的问题，甚至可以有意识地透露一些 CI 信息，由他们自发地去传播，以达到控制舆论，扩大传播效果的目的。但同时也要防止和抑制非正式传播的负面效果，有意识地引导和加以间接调控。

二 人际传播的类型

基于人际传播媒体形式的差异，可以把人际传播划分为直接传播和间接传播两种形式。所谓直接传播，指的是传播者和受体之间无需经过传播媒体而面对面直接进行信息交流的过程。直接传播主要是通过口头语言、类语言、体态语的传递进行信息交流。间接传播是指现代社会里各种传播媒体出现后，人际传播不再受到距离的限制，可以通过传播媒体进行远距离交流。这就大大拓展了人际传播的范围。

直接传播的优点包括：第一，信息传播双方交流充分、反馈及时，并给对方留下直接的印象。第二，信息传播双方进行封闭式交流，内容具有私密性。所以，交流双方可以更多地进行感情交融，更好地相互理解，从而较容易消除双方的思想障碍。第三，可以根据信息反馈及时调整要说明的内容,或对其做出进一步解释和澄清。

直接传播也有缺点,由于信息的传播范围小,速度慢,在很短的时间内,很难让更多的社会公众了解某一信息。因此,它主要适应于组织内部领导、管理人员和公共关系人员对内部公众进行信息交流。

间接传播是指传播者与受传者之间使用文字媒介(如书信往来、图片等)、电子媒介(如电话、短信、微信、电邮等)进行信息交流的一种传播形式。

随着现代科技的发展,相距遥远的传播者与受传者双方,可以通过电脑、电视等在荧屏内外进行交谈,也可以通过视频电话进行交流,这是一种新型的人际传播。因为通过文字媒介,特别是电讯媒介来传递信息,大大缩短了传播者与受传者双方的空间距离,所以,这种人际传播方式适用于远距离的信息传播。

三 人际传播的特点和功能

1. 人际传播的特点

在 CI 传播中,人际传播是通过某种人际关系运转起来的传播方式,同大众传播相比较,它具有自己的特点。

(1)感官参与度高。在直接性的人际传播活动中,由于是面对面的交往,人体全部感觉器官都可能参与进来,接收信息和传递信息。即使是间接性的人际传播活动,人体器官参与度也相对较高。

(2)信息传递双向性强,反馈及时有效,互动频度高。在面对面的 CI 信息传播中,我们可以迅速获悉对方的信息反馈,随时修正传播的偏差。传播对象也会对你的情感所打动,主动提供反馈意见。如果有了传播媒体的中介作用,信息反馈的数量和速度都将受到限制,因为冷冰冰的媒体可能会使传播对象不愿参与反馈意见。

(3)信息传播的符号系统多。人际传播可以使用语言和大量的非语言符号,如表情、姿势、语气、语调,等等。许多信息都是通过非语言符号获得的。大众传播所使用的非语言符号相对较少。

(4)可以传递内容更为丰富、复杂的信息。人类情感复杂、丰富且多变。人际传播不仅可以传播理性信息,更有利于传播赋予情感的信息。

(5)是一种非制度化传播。无需严格制度、规则约束,对于表达形式更加灵活和自由。

2. 人际传播的功能

在 CI 传播活动中，人际传播具有传递 CI 信息、扩大企业影响、改善企业形象的功能。有人把人际传播功能归结为三个方面，即信息沟通、思想沟通和情感沟通。可概括为：

（1）人际传播能够把 CI 信息有效传递给受体。由于人际传播是通过人际关系的运转进行传播的，传播者处于主动地位，有目的的、有针对性的进行信息传递，因而比较容易以情感打动对方，使接收者易于认同。所以，其传播效果要优于其它传播方式。

（2）人际传播可以高效率获得反馈信息，提升 CI 传播活动的价值。由于人际传播无需经过传播媒体的中介作用，通过人际关系的直接交往，动之以情，晓之以理，即能迅速收到反馈信息，重新调整传播战略和方法。

3. 人际传播易于处理企业和公众之间的情感危机，弥合裂痕，建立起相互信任与合作的关系。长期打交道，难免会出现公众对企业的误解和不信任。人际传播则是挽回不良影响的一个重要途径。

四 人际传播在温商精神传播中的应用

如前所述，人际传播（interpersonal communication）指两人或多人之间的语言和非语言信息互动活动。在这个过程中，个体通过他的语言、表情、姿态和行为等在另一个或一群生命个体心中引发意义。推及温商，尤其是温商领袖，他们在日常工作、生活中一对一或一对多人际交流时，其为人处事的态度、言行等或多或少都会在他者内心激发起对温商精神内核的体悟。如下面几个关于温商代表的小故事：

故事1：温商榜样："失信不立"的王振滔

奥康集团目前是国内制鞋业最大的企业之一，发生在其创办人王振滔身上的一个个小故事已渐渐成为其企业文化中浓墨重彩的一笔。如有一次，包装人员因疏忽，误将一双不合格皮鞋包装入库，王振滔知道这一情况后，立即下令拆包检查，可这双皮鞋已经发往外地，他立即发电报给全国各地办事处，责令将这次所发的货全部退回厂部，重新拆箱检查再发回。这不仅增加了运费和人力，还耽误了上市季节，很多人对此不理解。但正是因为很多人的不理解，使这个"王振滔找鞋"的故事在奥康广为传扬，至今这双鞋还放在企业形象展示中心。

而"1美元换来大订单"是关于王振滔坚守信用的另一个广为流传的故事。一次，奥康集团国际贸易部接下了意大利客商价值20万美元的订单，双方谈好产品单价为23美元，并签订了购销合同。但在产品投产时，奥康公司发现生产部门在核算成本时将皮料的价格算得过低，若按实际成本计算，每双鞋的出口价格至少还要增加1美元。当员工请示是否与外商洽谈加价时，王振滔表示："既然签了合同，就是亏本了，这笔买卖也要做。"消息传到意大利客商的耳朵里，他们主动提出在价格上增加1美元，但被王振滔婉言谢绝。他说："多赚1美元少赚1美元并不重要，重要的是我们要恪守信用。"这种诚信经营的做法令意大利客商十分感动，他当即决定按每双24美元的单价追加100万美元的订单。几个月后，奥康集团又接到这位意大利客商200万美元的订单。

温州历代名人

此外，一些温商在人际传播的过程中不仅是以身作则的榜样，同时还是善用人际传播沟通方法的组织领袖。如正泰集团董事长南存辉就十分擅长通过"讲故事"的方式传递组织理念。在公司内部会议或与身边工作人员交流时，南存辉常能经由一个个小故事在不显山不露水之间传达个人观点和态度。如下面两个故事：

故事2：南存辉谈创新

大多数人一提到创新，第一反应可能就是老板砸钱，资金充足了才能开展创新研究。但南存辉意识到，有的时候，创新不一定要花大钱，技术创新同样也需考虑成本。故他在一次工作会议上讲了这么一个故事：有一天，一位博士喜气洋洋地跑回家告诉太太，今天受到公司表扬，拿到一大笔奖金。太太问，何事得奖？博士答："公司流水线上生产的肥皂出厂，因有空盒而经常接到投诉。为此，公司拨款 200 万元，由我牵头组成课题攻关小组，花了一个月的时间，采用了许多现代技术，终于解决了问题。"太太说："嗨，我以为是什么大不了的事情，这点小事何须劳民伤财，费那么大的周折？盒子里有没有肥皂，用电吹风一吹不就知道了吗？被吹掉的盒子里肯定没有东西嘛。"博士哑然。

故事 3：南存辉阐述正泰双品牌战略

有个老和尚想到寺院后山开荒种菜，其他和尚都反对，认为荒地种不出菜来。老和尚不顾大家劝阻，有空就到荒地去开垦，一两年下来，很多荒地都被他开垦出来了。到第三年，长满了绿油油的青菜。大家都觉得惊讶，问老和尚当初怎么会有信心在荒地种出菜来。老和尚却说，颠覆经验要从积累经验开始。

当员工对在"正泰"基础上推出的新品牌"诺雅克"存在困惑和不解时，南存辉巧妙地通过这一故事向员工阐明：只要敢于尝试、敢于创新，同时又不抛弃多年积累下来的资源，许多看似不可能的事情都是能够做到的。人际传播的现场感和直接性，本身就加强了交流场中的人情味和亲近性，若再加上故事叙事这一手法，势必会使传递的信息更具感染性。

可以说，勇立潮头的温商骄子既拥有着大量的资本、市场资源，也拥有丰富的人脉资源和广泛的社会影响力，在温商精神的人际传播中扮演着重要的榜样先锋作用。全国政协常委、全国工商联常委、正泰集团股份有限公司董事长南存辉，担任非洲联盟（非盟）委员会主席的温籍华裔让·平，被国务院侨办评为"海外华裔十杰"之一的梅旭华，巴西"黄豆大王"林训明，北美侨领陈永坤……温商群体走南闯北的"传奇史"，在商海中的"足智多谋""文韬武略"无不使人慨叹钦佩，被其精神所感召。

第二节　温商精神的群体传播

群体传播，指人们在"群体"范围内进行的信息交流活动，是介于人际传播和组织传播之间的一个信息交流层次,并发挥着联结个体与社会的桥梁作用。"哪里有温州人,哪里就有市场;哪里有市场,哪里就有温州人;哪里没有市场,哪里就首先出现温州人。"温州人满世界闯荡,在世界各个角落都有他们的脚印。人们不禁会问,温州人为什么能满世界流动做生意、办企业呢?或许可以给出的一个关键答案便是温商善于处理个体和群体之间的关系,能够利用群体传播来实现个体与社会的联结和集结分散的个体力量来"以小博大",完成个人所不能完成的事业。

为了更好地理解群体传播,还需进一步明晰的是"群体"的内涵以及本节中"温商群体"的具体所指。学者岩元勉将群体定义为"具有特定的共同目标和共同归属感、存在着互动关系的复数个人的集合体"。在这一界定下,"群体"是一个广义的概念,它不仅包括家庭、朋友、近邻街坊、娱乐伙伴等初级群体,也包括具有共同社会属性的次级群体,如性别、年龄、职业、阶层等方面相同或相近的间接社会集合体。此外,群体还可按成员联结程度分为自发形成、联系松散的社会群体和有着严密分工、严格纪律的制度化职能群体(组织),如政党群、军队、团体、企业等。基于下文还将就温商精神的组织传播进行专门讨论,故本节将主要聚焦于"次级群体"和"社会群体"这两类温商群体成员间的信息交流活动,并尝试总结归纳其间群体传播所发挥的社会功能和所呈现的特点。

一 温商群体传播的社会功能

诚如学者王春光所言,经由群体传播所形成的社会网络已成为温州人在他乡或别国生存、发展和融入的重要法宝和社会资本。以巴黎"温州城"的温州人为例,个人自身资源的局限性往往难以支撑他们的生存和发展。故而,他们转向依赖族人和亲朋好友,并以此为基础来构建个体的社会网络,为进入新环境后的生存和发展提供支撑。由此,有必要进一步深挖群体传播在各个层面所发挥的具体社会功能。

1. 满足温商个体的物质需求

温商之所以勇于赴外闯荡,一个重要原因便是其相信能通过群体传播来实现所谓的"朋友多了路好走"。如巴黎的温州人初到时,他们即使不懂当地社会的语言和习俗,或者暂没有获得当地的居留证时也能依靠熟人关系圈找到工作;当他们获得居留证,并逐渐稳定下来后,想发展开餐馆、办公司等个人事业时,也能通过群体关系来实现,典型的如"会"

这种商业合作模式。

所谓"会",指巴黎的温州人借助朋友、亲戚关系建立起来的一种经济互助形式。如果你等着钞票用,你就呈个"会",告诉朋友和亲戚,请他们加会出资资助。有的温商亲戚朋友多,做一个"会",就能筹到不少钱。当然,"会"并不是纯粹的友情互助形式,它还兼有市场资本运作成分。因为所筹钱款的使用并不是无偿的,只不过利息比银行贷款低而已。可以说,这一呈"会"形式大大加快了温商登上"老板宝座"的步伐。但需强调的是,呈"会"者的群体成员身份是其中最重要的筹码,没有长期以来维系的关系就很难快速筹得,因为这种筹资形式是一种民间的非正式形式,没有现代法律契约的制约。因此,如果没有可靠的信任保证,就没有人敢把钱交给他人使用。

另外,群体成员就商业资讯的互通有无也能为温商带来各类商机,而商会内各企业间的资源互补所带来的商业合作也有助于温商降低生产、经营成本和赢得更多发展资本,从而削弱他们面对商海的不确定性和风险。

2. 满足温商个体的精神需求

群体交往,尤其是在异国他乡作为社会边缘群体间的沟通交流,对于成员归属感的获得、情感依赖的习得具有重要意义。当他们经由群体接触和协作而产生"我们"的情感意识时,异乡漂泊的孤独感往往能得到一定的纾解。如学者王春光所言,基于群体传播而形成的社会网络,不仅是温商群体在异乡开创、发展事业的有力手段和资源,还是他们社会交流和情感的依托。王春光远赴巴黎调研时,温州人王淑兰就曾向其吐露刚到巴黎时的情况:"我们夫妻俩主要是为了逃避计划生育而跑到法国的,我们想生一个儿子,已经有两个女儿了。我们与另外三个人一起偷渡到巴黎的,他们在巴黎都有许多亲戚,我们只有一个远房的表妹。找到表妹一家,他们还是挺好,马上给我们安排住的,接着给我们找到工作。我们是打黑工,整天蹲在一个黑乎乎的地下室,给人做皮包,从早到晚,一天工作14个小时,见不到太阳。闲一点,大家在一起聊天,反正都是温州人,说话都能听得懂。后来混熟了,都成为好朋友。现在我们还经常串门聊天,关系很好。那段时间,虽然干得很苦,但大家很开心。"当然,案例中的主人公只是初到异国的打工者身份,但实际上,他们的老板往往也与工人一同劳动,工人工作多少时间,老板也工作相应长的时间,有时老板甚至会更忙,故而当他们一有空闲,就会约朋友亲戚聚聚,联络下感情,分享彼此近况，同时也借聊天来疏解工作、生活中的烦扰和压力。

与此同时，群体传播还是温商个体表现自我的一种方式和手段。个体的才能和成就倘若能在群体中获得更广泛的认可和传播，显然能使个体更富有价值感和满足感。例如，一些在法国社会资历比较深的老华侨，在事业上取得一定成就后，就会积极参与或组织发起各类社会群体活动，一方面以前辈、过来人的身份扶持晚辈成长；另一方面，实际上也是在间接宣示个人的社会地位。典型的如参加侨会和竞选其中理事职务。在侨会中，一般设有名誉会长、会长、副会长、顾问、常委、理事、组长、会员等职务。虽然侨会是一种民间组织，各个职位之间没有行政科层制中那种严格的等级关系，但是有着一定的地位差别，而且侨会很大程度上不是仿照西方的民间组织来建构，而是仿照中国的民间组织来组建，带有中国民间组织的行政化的印记，如开会时根据在侨会中担任职务的大小来安排座位等。因此，加入侨会的一个条件便是要交纳一定的会费，会费的多少，将影响参会者在侨会中担任何种职务。一般交纳得越多，越有可能获得更高的职务，而这些职务的取得，也就标示着温商在群体中所扮演的角色。

3. 助力温商群体"内聚力经济"的形成

无论是哪一种群体，都有一个共同的特征，这就是拥有促使群体成员同心同德的一种内聚力。具体而言，可从隐性的群体意识和显性的群体规范两个方面来表征。

群体意识一般指基于群体内部共同的活动内容和形式所形成的群体成员共有的心理特征。这种共有的意识往往能增强群体凝聚力，助力群体的发展。温商群体的崛起，很大的一个原因就在于具有较强的群体意识，其中尤以"自己人""抱团"意识最为鲜明。众所周知，温商早期投入商海是受贫困所迫，不像一些大商贾及其后代，拥有雄厚的资本；也不如一些大型企业或国有企业，有银行和政府做靠山。因此，在此情境下，光靠个人埋头苦干显然困难重重，因此唯有"抱团取暖"，通过加强群体间的沟通、联系来一步一步扩大地盘。如20世纪80年代北京的浙江村，温州人经营的小作坊、小企业无论在资金、原料、设施和技术方面都处于弱势。他们就依赖以同乡为基础的人际关系，从家人和亲戚朋友间的合作发展到同乡圈内企业的联结，并逐渐建立起各种有效的运作机制。在国内做服装的温州人把原料供应、产品设计、工厂加工、批发和零售一环扣一环，组成一条龙式的供应链（supply chain）。这种延伸的供应链，既做到了自给自足，又在寻求合作的过程中为亲友同乡创造了就业经商的机会，产业规模也得以逐渐扩大。

而群体规范，具体是指成员个人在群体活动中必须遵守的规则，在广义上也包含群体价值，及群体成员关于是非好坏的判断标准等。在群体传播中，群体规范一方面能帮助排除偏离性的意见，将群体内的意见分歧和争论限制在一定范围之内，以保证群体决策和群体活动的效率；另一方面，对成员的个体行为起到约束作用，避免行为偏差。如在海外开拓市场的温商一般很难获得当地银行的贷款，由此基于群体间信任机制，海外温商与国内温商间形成了"赊销"这一商业合作方式。海外温商先向国内温商取货，货物出售后再付款。这种方式大大缓解了海外温商资金周转的压力，让经营贸易、批发和销售的业者借别人的钱赚钱，用有限的流动资金做较大规模的生意。而对于国内的企业来说，在竞争不断加剧、产销脱节、产品积压的情况下，"赊销"虽更多只靠温商圈的信任来维系，但也算是一种另谋他路的方法。当然，现实情况也较为乐观，大多数温商对群体规范的遵守都较为到位。据一位在意大利有十多年从事贸易经验的老板说，温州商人拖欠甚至赖账的比率低于1%，比一般银行所承担的风险都小得多。诚然，这只是经验之谈，但"赊销"模式一直以来仍在运行，也证明了现实中的信任机制在起着稳定作用。

4. 助力温商群体融入当地社会

事实上，从另一个层面来看，擅于群体传播虽说后期已成为温商群体发展壮大的优势所在，但在前期，其实质上也是温商为了融入当地、谋得生存的不得不做之举。因为，"与当地社会之间的互为建构问题"始终是作为移民的温商绕不开的话题。以巴黎温商为例，当他们发现基于亲缘关系的家族式居住权益申请行动存在局限性，难以对行政当局形成政治压力时，便仿效其他移民群体，通过组建社团、举行游行请愿等方式来引起法国社会的同情和重视，进而赢得移民当局的承认，获得合法居留证权。且社团式合作沟通往往能使温商的权益争取更有组织性和规范性，如巴黎的"第三团体""第八团体"等就通过团体名义上的合法手续办理和正当的游行行动等帮助众多温商获得了海外居住权，并一直充当着温商群体与当地政府对话的重要渠道。

当然，随着经济实力的不断提升，在外温商群体便会逐步将目光投向当地的政治和社会层面，通过积极地参与当地群体活动以获得社会认可，从而通过良好温商形象的树立来促进温商群体真正融入他乡。如巴西温商"黄豆大王"林训明,不仅凭借着吃苦耐劳的精神和敏锐的商业头脑推动巴西黄豆种植业的落地与发展,同时还不忘造福和反哺当地社会,为当地公益事业贡献一己之力。如除了慷慨资助慈善医院、巴西妇女防癌协会和一些文化团体外,为了增加儿童营养,林训明还在巴西首办了豆奶粉厂,为穷人、学生和孩子提供营养丰富而廉价的方便食品;为保护环境,他大量购地造林等。这些都为温商群体更好地融入巴西社会营造了更好的社会环境。

二 温商群体传播的特点

经由上述阐释、分析,我们已初步了解了温商群体基于血缘、亲缘和地缘所形成的信息传递、交流和情感联结活动,以及其中的群体意识和规范对于温商的壮大所起的重要作用。还可以更进一步就温商群体动态把握其间各种社会关系过程中所呈现的重要特征进行总结归纳。

1. 沟通较为频繁,紧密性较强

温商群体相对于其他商人群体而言,在沟通联系上往往更为密切,彼此之间或多或少都有一些了解,故而一旦他们中的某一个体发生了什么事情,就会很快在圈内传扬开来。且各圈层之间还存在交叠,只要某一信息进入某一圈子,就能经由圈子间的交叠处传到另一圈子的成员中去。此外,温商群体的产业聚集和集中居住的特点也是温商群体间沟通较为紧密的一个原因。温商早期的发展模式一般为师傅带徒弟和亲族带亲族的模式,所以当某一温商在某处发现商机后,其第一时间会招呼远在家乡的亲朋好友、街坊乡亲等前来一同创业,如北京的"浙江村"、巴黎的"温州城"等就是如此聚集发展起来的。由于本就认识,群体成员之间的互动也自然更为频繁。

2. "自己人"思维明显

在巴黎,许多温州人(特别是成年的温州人)都不懂法语。因此,他们对法国巴黎的了解主要通过社会交往来获得,而非当地新闻媒体或业务中介。如当他们不懂一些合法化手续如何办理时,如果他们有亲戚懂法语,就先向他们了解情况,甚至请他们当翻译。如果亲戚中没有这样的人,就会去找他们朋友中懂法语的人帮忙。如果朋友中没有人懂法语,他们就会向其他温州老乡求援。再如,购买房子是温州人获得居留证后首先要考虑的重大事情。他们一般不会从报纸或其他媒介上去寻找有关房源的信息，而是通过两个途径：一是自己上街走一走、看一看，因为凡是要出售的房子，房主都会挂出出售牌，上面标有价格和联系电话，欲购者就可以打电话跟房主联系，约定见面时间；另一个途径就是通过亲戚朋友的帮助，请他们也留意有关房源的消息，还与他们商量房子的好坏、价格是否合理、地段是否满意等问题。这些都体现了在外温商鲜明的"自己人"思维。而经济活动领域的资讯传播同样如此，一旦温商掌握了一些新的市场信息，首先想到的就是告知自己的亲戚朋友。

3. 形成丰富的群内专属话语

温商在群体互动过程中有的时候还会基于不同的情境创造一些只有群内人才懂的"行话"，如"纸张""黑工"和上文提及的"做会"等。"纸张"即指"合法证明"，如结婚证、护照、工资单、水电费用和租房租金收据等。它们主要用于向法国政府部门提出申请合法居留证、开店、购房、申请子女来法国等。这些可作为合法行动依据的"纸张"对于还未获得居住权的海外温商来说具有十分重要的意义，常常成为他们日常交流中带有秘密性质的话语词汇。当他们觉得时机成熟后，便会请求"第三团体"等当地民间组织帮忙整理"纸张"，并向当地警察局和内政部提交申请书。

第三节　温商精神的组织传播

前面章节我们讲述温州商帮及其与其他商帮的异同时，曾指出"抱团"是温商的一个很大的特点。他们通过成立大大小小的商会、协会（比如鞋革行业协会）等互通有无，从而实现资源整合。但同样需强调的是，这些商会、协会组织也是传播温商精神的有力主体。当然，温商创办的企业机构的传播行为显然也是组织传播的重要方面。故本节将基于此三类主体按温商组织的文化传播、形象传播和危机传播三个层面进行分析。

一　温商组织的文化传播

组织文化可理解为标志组织目标、理念、精神、信仰、价值和观念等组织属性的一套符号和观念体系。美国管理学家斯蒂芬·罗宾斯认为组织文化是"组织成员的共同价值观体系，它使组织独具特色，区别于其他组织"。例如，小米的组织文化是"把用户捧在手心里"，非常重视用户的意见反馈；苹果的组织文化是"追求极致"，为用户提供极致体验等。温商主体在经营企业的过程中同样注重组织文化的培育和传播。如温商钱金波自创办红蜻蜓鞋业公司伊始就非常明确地提出要把企业的发展与文化联系在一起，并将之作为一种战略，通过设立奖学金、赞助文化栏目、举办鞋文化展览、编撰《鞋典》等各类活动来凸显作为"鞋企业"的文化。此外，红蜻蜓还将这种文化理念带到了企业的每一个销售终端，在专卖店里专门划出一块地方进行如"三寸金莲"等鞋文化的传播。

当然，任何组织的文化建设都离不开规范、有序、诚信、公正等理念的传播。温商商会、协会等作为温商自我管理、自我服务的组织，在温商规范发展上也做了不少功课，对于防止温商企业间的不正当竞争、培育良性发展的文化氛围等发挥了积极作用。

温商精神的组织传播

二　温商组织的形象传播

"组织形象"主要指社会对组织的整体看法或评价，也是组织的表现与特征在公众心目中的反映。温商商会、协会在组织的形象塑造上同样诉诸了很多努力，如异地温州商会经常组织会员参与当地社会公益事业和其他各种形式的群众性精神文明建设活动，以此来展示温商积极融入当地城市的主动形象。如上海温州商会自成立以来先后举办"人文东方"商业文明讲座和关注弱势群体爱心活动数十场；杭州市温商慈善基金会积极响应国家号召，成立精准扶贫专项基金，帮助贫困家庭，并联合中国儿童少年基金会、浙江省侨商会、浙江经视、民生证券共同发起"聪慧行动"救助聋哑儿童等；再如依托于温州商会和温籍海外侨团设立的旨在为唇腭裂儿童提供免费医疗救助的"世界温州人微笑联盟"等。这些无不体现着温商组织的公益理念，这也就无怪乎为什么提及温商，人们常常会有"善行天下"的印象。

此外，除了形象的塑造，形象的维护同样重要。因为一旦"坏形象"，尤其是不实的"坏形象"形成，那么在公众的认知层面就很难扭转，即"首因效应"——交往双方形成的第一次印象对今后交往关系的影响，虽然这些第一印象并非总是正确的，却是最鲜明、最牢固的，并且决定着以后双方交往的进程。如果一个人在初次见面时给人留下良好的印象，那么人们就愿意和他接近，彼此也能较快地取得相互了解，并会影响人们对他以后一系列行为和表现的解释。反之，对于一个初次见面就引起对方反感的人，即使由于各种原因难以避免与之接触，人们也会对其很冷淡，在极端的情况下，甚至会在心理上和实际行为中与之产生对抗状态。因此，当社会上存在诋毁温商形象的事件时，温商组织自然会在第一时间站出来抵制，以维护温商的名誉。如下文拓展阅读中关于"四川温州商会维护温商形象"的故事。

【拓展阅读】

四川温州商会维护温商形象

"浙江温州、浙江温州最大皮革厂江南皮革厂倒闭了。王八蛋老板黄鹤吃喝嫖赌，欠了3.5个亿，带着小姨子跑了。我们没有办法，拿着钱包抵工资，原价100多、200多、300多的钱包，统统20块。黄鹤王八蛋，你不是人，辛辛苦苦给你干了大半年，你不发工资。你还我血汗钱……"一个地摊上，摆着大批钱包，高音喇叭反复播放这段很有煽动性的广告语，围着买的人很多。

一段时间内，成都很多繁华路段突然出现这样的临时摊点，借温州老板跑路作噱头，销售伪劣钱包。四川温州商会发现这一情况后，立即组织成员调查，并把情况报料发给媒体，希望媒体能给予公开调查、报道，让群众擦亮眼睛。同时，商会通过微信把这一情况通报给在蓉温商，结果大家都十分气愤，当场就有两百多人自发去街头堵这些临时摊点，劝告群众别上当,几名会员还向工商等部门进行了举报。

四川温州商会会长何必奖说,温州人都知道,江南皮革是 2011 年因资金链断裂而破产倒闭的,但工人的工资早已经结清,根本没有欠薪拿货品抵工资,而且江南皮革厂原来只生产人造革,不生产皮具,又哪里来的钱包给所谓的"工人"抵工资呢?

通过四川温州商会的调查,发现这伙人其实就是一种营销手段。假借"温州老板跑路,员工抵货低价甩卖"的名义,骗取群众的同情心,或者利用群众贪便宜的心理,借机推销一些劣质产品。而群众发觉上当受骗以后,以为劣质产品是温州制造,会对温州产品产生误解,进而对温州的形象产生误解。

何必奖说,这些人借抹黑温州来推销劣质产品的行为,严重影响了温州商人的形象,激起了很多温州同乡的愤怒。四川温州商会已经向四川工商等部门积极举报,引起相关部门的高度重视,可望出台相应办法,取缔这种行为。四川温州商会也呼吁全国各地温州商会,一旦发现这伙人的踪影,大家要形成合力,将他们驱逐出去,共同维护温州的良好形象。(《温州日报》记者刘宏宇,2013 年 10 月 18 日)

该事件的泛滥,损害了温商的形象,引起了四川温州商会的重视。他们果断采取措施,派人暗访并探明事件的来龙去脉,面洽工商执法部门、借助新闻媒体,澄清事实真相,阻止了事件进一步蔓延。

三 温商组织的危机传播

组织的危机传播,指特殊情况下对组织所面临危机进行积极应对和信息沟通,以及对"负面"的形象进行修复等。"危机"包含灾难、危险、分裂等含义,同时也蕴含着机遇、生机、转机等意义。在"危机"导向灾难的路径上,积极有效地开展"危机传播",可以将危机导致的后果降到最小,甚至有时在挽回组织声誉的过程中可能"因祸得福",扩大组织的知名度。

在温商的成长历程中,也曾遭遇危机重创。20 世纪 80 年代中期,市场经济刚刚开始兴起,凭着天生的经营头脑,温州人纷纷加入皮鞋加工生产中。一下子冒出这么多的中小企业,市场竞争自然也就激烈起来,但是这些新生的中小企业的整体竞争力根本无法与当地以及国内其他一些大企业相抗衡。因此,"价格战"成了他们唯一的竞争手段。可是,价格并不是可以无休止下降的，当价格低于成本需求的时候，皮鞋的质量自然也就无法保证了，于是"星期鞋""黄昏鞋"成了一些温州劣质皮鞋的代名词。于是，也就有了温州鞋业发展史上的第一把耻辱的火——1987年8月8日，杭州武林门广场，5000多双劣质温州皮鞋被付之一炬。

虽然一把大火只是烧毁了温州皮鞋中的一小部分，但同时它却把整个温州皮鞋的声誉都烧掉了。如当年的温州品牌"宏盛"，论质量、论信誉，都排在国内领先的地位。在很早的时候，"宏盛"皮鞋就已经进入了上海市场，在上海一百、上海华联等大商场都有它的身影。但就在全国上下一片抵制温州皮鞋的呼声中，"宏盛"已经卖到消费者手中的皮鞋被一双双退了回来，一些大商场也十分"客气"地将它请出了柜台。说起来原因很简单，不是鞋的质量不好，而是鞋的"出身"不好。在此后相当长的一段时间里，"宏盛"与其他温州皮鞋一样就此销声匿迹。当时，如何化解信用危机已成为温商面临的一大紧迫课题。这其中，温商组织在危机的化解上付出了很多心血，也发挥了积极的作用，这也就有了继第一把"耻辱之火"后的第二把"复苏之火"、第三把"诚信之火"。

【拓展阅读】

三把火：温州的永恒记忆

▲1987年在杭州武林门，几千双温州皮鞋被付之一炬

1987年的8月8日，对于崇尚数字吉祥的温州人来说，这是个好日子。但就在这一天，作为省会城市的杭州，却将温州鞋和温州的声誉，烙刻在一根耻辱柱上。

在杭州市中心的武林广场，5000多双产自温州的劣质皮鞋，被熊熊大火吞噬。当杭州人报以掌声的时候，温州人低下了头。

这次烧鞋事件，给刚刚步入市场经济轨道的幼稚的温州制鞋企业，上了刻骨铭心的一课，同时也给温州鞋带来了巨大的伤害和打击。

但温州人没有被烧趴下，温州制鞋企业也没有在这把大火中化成灰烬。当然，他们更没有理由怨天尤人，而只能为自己的行为承担后果，继而谋划涅槃重生，开始以后更加漫长的创业之路。

这是一次以巨大代价为成本的警告，温州人在创业初期，为自己的行为交出一笔昂贵的学费。

第一把火：耻辱的警示

温州人做鞋已经有2000年的历史，作为传统产业，有其不可替代的产业链优势。自改革开放起，温州人拾起了祖业。20世纪80年代，温州鞋成了温州人和温州经济阶段性的代名词。在武林门烧鞋事件之前，温州鞋企已经发展到了6000余家。

回想当年的做鞋情景，康奈集团董事长郑秀康回忆："一把剪刀，一把锤子，一个煤球炉，就可以做皮鞋。"这样简易的流程，使温州一时间大大小小的皮鞋作坊、小工厂纷纷出现在街头巷尾。而已经无处不在的温州供销大军，则将温州鞋运往各个城市。款式新颖的温州鞋，很快得到了消费者的青睐，温州鞋也因此大行其道。此时，一些技术落后、工艺水平低下的企业，试图在邪道上一夜暴富，假冒伪劣的温州鞋，因此大量进入市场。那一年，杭州相关部门检查市场上鞋子的质量，发现了18种鞋子的底板和帮头是用纸壳做的，其中16种鞋由温州出产。温州鞋的"金玉其外，败絮其中"，使得最初的价格优势，很快被假冒伪劣所掩盖，人们自觉或不自觉地将这种短命鞋称为"星期鞋""晨昏鞋"。温州，也与"造假"并称而扬名国内。杭州人的忍无可忍，代表的是消费群体的普遍怨愤，这把火，便只能用"大快人心"来形容。

武林门这把火，竟然引发了全国性的"火烧温州鞋"连锁反应，多地群起效仿，甚至连带成了不诚信的代名词。人们拒绝温州鞋，甚至捎带不要温州货。

在大火之后，温州鞋业陷入迷茫之中。有些鞋厂的老板得出"宁可盗名，不可欺世"的"经验"。当初的见证者回忆这段历史说，当时温州的鞋厂纷纷隐姓埋名，再也不敢打"温州制造"的字样，转而与上海、广州、深圳的许多小鞋厂或乡镇鞋厂搞起"挂牌联营"，花钱租用人家的厂名和牌子，所谓"穿自己的鞋，走别人的路"。但这种假联营并不能真正解决温州鞋的"存活"，一方面是有关部门的严厉打击，再者是假联营的厂家之间，经常会发生矛盾与经济纠纷。

在这些风风雨雨的历练之后，有识之士已经认识到：温州鞋走出去，应当重拾信心，创立自己的品牌，让一切从头再来。

第二把火：复苏的见证

▲1999年12月15日，在杭州武林广场。
温商点火烧毁假冒温州品牌的皮鞋

就在一些温州鞋厂挖空心思搞假联营的时候，一批更有胆魄和见地的老板，正在卧薪尝胆，下定决心一手抓质量，一手创品牌，打出"温州制造"的名声来。

回顾温州鞋业大事记，有几个事件不能被遗忘：

在武林门火烧温州鞋之后的1988年6月，中国皮鞋行业第一个行业协会"温州市鹿城鞋业协会"宣告成立。在授牌仪式上，协会联合370

多位鞋厂厂长发出倡议："凡我鞋业同人，都要以鞋城声誉为重，讲究皮鞋质量，不赚昧心钱。"1989年，鹿城区成立鞋业质量整顿领导小组，开始对鞋业进行全面清理整顿。

在这些事件中，还有一批温州鞋的制造者，做着消除温州鞋留给人们心理阴影的努力。1989年初，奥康集团的王振滔在武汉租用国营商场柜台，卖自己公司生产的皮鞋，开创中国"引厂进店"销售新模式；1990年，郑秀康用120万元买了温州制鞋史上的第一条绷帮流水线，为温州机械化制鞋开了先河……1994年，温州市颁布《温州质量立市实施办法》，这是我国第一部质量立市的地方性法规，可以说是温州最早的个人社会信用档案。

1999年12月15日，奥康集团总裁王振滔在杭州点燃一把火，烧毁了2000多双假冒温州名牌的伪劣皮鞋，这把火也被叫做"雪耻之火"。

1987年到1999年，12年的一个轮回，温州人终于站到了鞋业和许多品牌的制高点上，当初蒙羞的大火到后来雪耻的大火，不是偶然，这是励志的结果，是自信的结果，更是温商精神真正得以迸发的结果。

第三把火：征程的起步

2007年8月8日，与第一把火时隔20年之后，温州人在杭州武林门再次点燃一把火，这把火，被称为"诚信之火"，与前两次大火不同，它不再是"烧"，而在于自觉"重燃"。这把火也脱离"皮鞋"这个主题，是温州从原始积累、"二次创业"到"第三次跨越"成就的全方位展示。

曾经三次见证了大火燃起的杭州市质量技术监督稽查支队的程渭松说，三把火让他看到了温州产品质量的一次次跨越，"我为温州感到高兴！"

"温州人应该感谢20年前的那把火，它不仅烧醒了当年温州鞋业界的质量意识，而且烧出了温州的信用意识。"王振滔说，也正是那把火，把温州人逼到了"绝路"上，"置之死地而后生，这不单对于温州鞋"。

事实也确是如此，在鞋业几乎遭受灭顶之灾之后的重新崛起，给了其他产业以标杆。温州的其他制造业，正因为有了前车之鉴，才绕过这道坎，将质量意识提前注入了企业创建之初。如果说鞋业是温州产品进入市场的

▲2007年8月8日,温州企业在杭州武林广场点燃诚信之火

先驱,那么,其他众多的产业集群,则支撑起后来温州制造业的辉煌。

温商精神的大众传播

第四节　温商精神的大众传播

对于温商群体而言,1978年改革开放以来的40年,是其艰难曲折创新、创业的不平凡的40年,是温商用智慧和汗水浇灌出丰硕成果的40年。在此过程中,报纸、杂志、广播、电视和影视剧等大众媒体凭借其在传播上的优势,大力宣传报道了改革开放以来温商群体中涌现出的新人新事以及从中衍生的以民营经济为核心的"温州模式",并从历史发展的高度审慎处置敏感事件,为推进改革开放,促进温州民营经济发展,塑造温商形象和传播温商精神做出了重要贡献。

一 温商精神的媒体传播

1. 报纸媒体重要报道

1982年12月16—19日,温州市委、市政府为表彰、鼓励在农村联产承包责任制中涌现出来的先进人物,召开了有1200余人参加的全市农村"两户"(专业户、重点户)代表大会。会议期间,《浙南日报》(《温州日报》前身)除以显著版面报道会议消息外,还发表了一篇记述乐清县专业户周人正到邻县永嘉承包2000亩荒山的长篇通讯。当时因周人正承包面积大且雇工多(二三十名)等都属敏感问题,人们对其做法是否符合改革开放政策有不同看法。因此,此稿的刊发在"两户"及广大干部中产生了巨大的正面影响。

1984年4月8日,《浙南日报》报道"目录大王"平反的消息,以此印证中央改革开放的新政策。此前的1982年夏,乐清8名经商能人在全国"打击严重经济犯罪活动"中被判刑,成为轰动一时的"八大王事件"。1984年中央一号文件发表后,市委常委会要求法院重新审查"八大王事件",法院依法做出平反宣判。

1986年6月19日在温州召开温州模式理论讨论会,《温州日报》在报眼位置刊发《温州模式讨论会百家争鸣气氛热烈》的报道,6月29日又在头版头条位置发表《大家都来关心温州模式》的本报编辑部文章。

温州模式刚刚兴起的20世纪80年代至1992年邓小平南方谈话间,温州承受着巨大的政治压力,在此形势下温州干部群众普遍深感困惑。而此期间,中央领导、各地政要、专家学者对温州模式考察不断,各地媒体也大量报道温州经济社会发展的情况,这些来访与媒体报道其实亦是对温州模式的肯定。温州媒体站在坚持改革开放的立场上,大量转载报道了此类消息。如当时温州市唯一的纸媒《温州日报》还通过转载中央新闻媒体的报道来传达中央的声音与立场:

1985年11月28日,报道《人民日报》向海外读者介绍温州发展农村经济创奇迹。

1986年5月15日,全文转载《解放日报》头版头条刊载的《"温州模式"在上海引起反响》和评论员文章《温州的启示》。

1986年5月31日，转载市长卢声亮发表在1986年5月28日《人民日报》上的文章——《对温州经济发展的探索》。

1986年7月10日，转载《人民日报》关于温州市发展家庭工商业的调查及发表的评论员文章。

1986年7月17日，刊登新华社报道《温州市家庭工商业迅猛发展的特点》。

1992年2月21日，头版头条刊载《半月谈》第四期发表的中央领导同志关于改革开放、解放思想谈话录的消息。

1992年3月31日，头版全文转载《深圳特区报》报道邓小平南方谈话的长篇通讯《东方风来满眼春》。

1995年1月2日，开设《温州货，再加把劲!》专栏，发表读者来信，开展落实"质量立市"战略目标的讨论并发表有关报道；1月3日，发表《全市首家通过ISO9000质量体系认证，"正泰"摘取通往国际市场"金钥匙"》一文；9月21日，发表《柳市又见大手笔——首届全国名优机电产品交易会侧记》一文。

1996—2000年，《温州出现首家服装企业集团》《温州企业界品牌意识日渐浓厚》《温州老板"吃进"上海小型国企》《永嘉阀门行业拆"围墙"搞"联姻"》《巴西中华商城开张》《足上"名片"走天下——温州迈向"中国鞋都"鸟瞰》等报道都对温商发展历程中的关键事件做了详细介绍。

此外，20世纪80年代以来，随着走南闯北的"十万供销大军"在全国各地生根发芽、发展壮大，温商在许多城市均成立了旨在维护自身权益、规范自身经营行为的温州商会。温州商会作为温州民营经济发展的另一创新举措，温州媒体亦对此作了大量报道。最早全面反映在外温州人动向的是2000年《温州时报》与市协作办联合创办的每周8个整版的彩印《天下温州人》周刊。而《温州商报》则于2003年3月起开辟每周一个整版的《闯天下》专刊，就全国及世界各地温州人的经营发展情况做了大量的专题报道。其他如《温州都市报》《温州晚报》等报纸媒体也先后就温州民企进军国际市场、张扬品牌意识、加强自主创新、维护知识产权、应对国际贸易纠纷、承担社会责任、热心公益事业和参与社会政治生活等方方面面进行了大量报道。

2. 广播电视媒体重要报道

1978年十一届三中全会后，温州人民广播电台除转播中央台新闻节目外，也开始转向自办节目宣传报道党中央改革开放的各项大政方针。同时，在办好新闻骨干栏目的基础上，还先后开辟了《浙南各地》《今日温州》等专栏，并在专栏节目中，刊播了诸如《改革中的温州》《厂长谈改革》《农村致富百家》《温州人在外地》等小专题。在专题报道中记者深入宜山、金乡、柳市、白象等地采访，对当时的温州十大商品市场做了大量报道。温州人民广播电台对温州改革开放的宣传也引起了外地同行的关注，各兄弟台纷至沓来，考察、取经、交流。

而在电视报道这方面，1984年温州电视台创办时，正是改革开放发生大变革、温州农村商品经济蓬勃发展的时期。年轻的温州电视台就把宣传农村商品经济（特别是十大商品市场）作为全台宣传工作的重心来抓。当时新闻采编部只有五个人、一套摄像机。为了完成采访报道任务，他们分成两组，还借用市公安局设备，前后用半年时间完成了十大商品基地的报道任务，并编辑了综合专题《温州商品生产发展的新路子》。这个专题片后来成为中央、省市领导和外地来宾了解温州的必看影像资料，还复制146套向全国发行。此后，他们又陆续报道了温州模式的新发展、新趋势的系列内容。如苍南农民集资建城镇的新闻专题《龙港的启示》。1985年下半年开始，温视摄制了"温州农村见闻"系列片，分十个小专题深入宣传温州家庭工业、联户经营、专业市场、十大商品基地的新形势和新变化。1986年夏与中央电视台合拍的《温州之路》曾在全国产生很大影响。

广电宣传改革开放的情况从这一时期获奖新闻篇目中也可见一斑：温州人民广播电台获奖作品有：1983年浙江省好新闻一等奖——《桥头纽扣市场见闻》；1984年浙江省优秀广播节目评选一等奖——《专业户叶茂璋拿出五千元设"农民科技一等奖"》；1984年浙江省优秀广播节目评选二等奖——《王永铮承包六大城市11家国营商店纽扣柜台》。

温州电视台获奖作品有：1984年浙江省好新闻一等奖——《金乡出现信息专业户》《柳市崛起之谜》；1985年浙江省好新闻一等奖——《龙港的启示》、二等奖——《温州夜市小吃》；1986年浙江省好新闻一等奖——《温州市接待任务繁重》、全国好新闻一等奖——《温州之路》（一）；1987年全国好新闻二等奖——《阿信鱼丸轰动北京东安门》，上海经济区好新闻二等奖——《镇委书记辞官当专业户》等。

除了电视专题报道，温商精神通过广受大众欢迎的电视综艺节目进行宣传则是另一富有创新性的尝试。如2018年6月，上海东方卫视《极限挑战》综艺节目围绕改革开放40周年这一重大主题，赶赴温州乐清录制，就温州在改革开放中涌现出的"四千四万"精神做重新回顾，深受好评。节目以乐商发展为切入点，通过一线演员实地体验乐清商人白手起家的经历，以全新的宣传方式记录乐清人吃苦耐劳、争做老板、敢于创新、走向世界的创业经历和创业精神。

观众们在观看明星互动的同时，画面上还不时跳出各种科普知识：乐清抬阁文化传统简介、乐清飞马供销员、四千四万精神等。此外，片头高天乐、郑秀康、钱金波等温州本地企业家对温州、乐清商人创业创新精神及故事的讲述也十分具有感染力。通过更多的细节揭示，电视观众不仅对温商有了更多的了解，同时对其中所蕴含的人文历史也有了更多的知悉。数据显示，这期节目全国52城收视率1.245%，位列全国同时段第一。

3. 网络媒体的崛起

进入21世纪，随着社会经济的不断发展和信息传播技术的不断推陈出新，网络媒体在温商精神的传播中扮演起越来越重要的角色。新时代的网络媒体工作者针对国内、国际环境的新变化，以发展的眼光和更加宽阔的视野重新审视温州模式和温商精神，利用网络平台围绕温商新动态和新成就开展了诸多创新实践，如以天下温州人作为主要关注对象的"世界温州人云社区"微信公众号；如讲述海内外温州人传奇奋斗史的线上大型纪录片——《我的中国梦·中国温州人的故事》。这些创新尝试，在网络空间引发强烈反响，对于非温州籍的网民而言，是其了解温商及其创业精神的重要途径。

除了上述提及的国内媒体的各类报道外，温商在外闯荡的事迹也同样吸引了众多海外媒体的目光，尤其是当某些国家经济陷入低迷时，温商的成功经验就会变得越发能吸引当地媒体的目光。如温商企业欧华集团总裁黄学胜，作为唯一在欧洲上市的华企总裁，几乎接受了法国所有主流媒体的采访，可以说是一位在法国"曝光率"很高的温商。

二 温商精神的影视剧传播

在各类大众传播形式中，影视剧作为人们喜闻乐见的一种信息传播形式，具有着声像并茂、通俗易懂、形象生动、情感体验佳等传播优势，是信息时代强势有效的"耀眼"传播形式。其在温商精神的传播上亦发挥了十分独特的作用。

目前，以温商为题材的影视剧作品有《温州一家人》系列、《温州人在巴黎》等多部作品。它们使温州商人的形象家喻户晓，并凭借着影视剧强大的文化传播力逐渐向观众揭开温商群体的面纱。如36集电视剧《温州一家人》，它并非首部以温州商人为主角的剧集，但却是其中视角最为独特的一部，将百万温商的群体经历浓缩到一户出身底层、最为平凡普通的四口之家身上，借四位家庭成员不同的人生经历，将在各行各业摸爬滚打逐渐成就自身的温商群体立体地呈现出来。

《温州一家人》的剧本由当今电视剧创作领域的金牌编剧高满堂创作。"我们要从平民老百姓的视角去看温州发展、改革的过程，不是站在政治家的大视角看这个问题，不是居高临下去写那种宏大的东西。你抓住这个角度创作就自由了。"在高满堂的印象中，当年的反映农村女孩子到深圳打工的《外来妹》是一个非常好的反映改革开放的作品，但是后来的很多反映经济改革的作品看似叙事宏大，但是假、大、空，并没有真实地反映出改革开放的历程。筹备剧本期间，高满堂追寻温州商人足迹多次奔走温州、法国巴黎、意大利普拉托等地采集创作素材，历时三年采访大量温州老板和企业家，力求能够真实塑造温州商人形象，剧中的多个人物形象都能在温州商人群体中找到原型。

《温州一家人》不仅在主题表现上十分契合时代精神，在人物形象的呈现上也充分彰显了温商群体勤劳、果敢、精明和团结的精神。剧中父亲周万顺是温州千万个下海经商创业群体中的代表。他原本是一个温州农村有耍木偶戏手艺的地道本分的农民，在嗅到国家经济政策的变动时，在妻舅海外创业成功的诱惑下，为改变贫穷困苦的命运，胆量超人的他毅然做出一个勇闯江湖的惊人决定：将女儿周阿雨送出国门谋求发展，自己则变卖家产，手捧着家乡父老乡亲的祝福，带着妻子和儿子背井离乡来到温州城区。进城的周万顺不怕流落街头，相信命运掌握在自己手里，从捡破烂做起，皮鞋、开关、灯具、石油……什么赚钱做什么；坐过牢吃过官司，在四面楚歌的时候，抬着棺材上阵；一次次跌落谷底，一次次又重新启程，几经大起大落的人生，探寻着一个又一个未知的世界……

女儿周阿雨，13岁被送往欧洲，人生的际遇，从半工半读的海外漂泊开始：苛责的餐厅老板一家人，让她初涉异国举步维艰；流浪艺人的快乐人生，让她把痛苦暂时潜藏心底；与同伴共渡艰险的短暂快乐，让她在落魄街头绝处求生；打败天生的商人犹太人，让她为中国商人在海外伸张正义……在影片结尾，阿雨带着法国丈夫雷昂和女儿，幸福地出现在了早该团聚的自家门口……

有点小文采也有点倔脾气的儿子周麦狗，渴望出国赚钱，却被最了解自己的父亲周万顺强留在身边，在温州卖鞋。个性腼腆的周麦狗离家出走，从温州走到内蒙，从国内走到国外，风生水起却被付诸一炬的眼镜生意，飞奔警车中匆匆一瞥的巴黎风光，辗转中俄边境历经的各种劫难，最终当他走回陕北农村，遇到单纯热情的姑娘穆禾禾之后，漂泊的脚步在这里停下来生根。情理之内、得失之中、生死之间、创业人生的真实滋味在周麦狗身上同样得到了尽情书写。

逆来顺受的妻子赵银花有着传统中国女性含辛茹苦、勤俭节约、坚韧细腻、包容大度、恋家爱家的天性，三步一回头跟随丈夫来到温州。温州城在周万顺眼里，是事业起步的第一站；在赵银花眼里，却是背井离乡的开始：无论是住拖拉机、废品站、城里楼房还是土窑洞，她不离不弃；背着大包小包奔走在温州与苏州之间，从小小纽扣市场挖掘巨大商机，她坚忍不拔；无论是丈夫卖老房还是卖厂房，屡战屡败，屡败屡战，她始终相伴；内心长期忍受着儿女失散的苦楚，但能用一个女性巨大的包容、原谅和执着在背后支撑着丈夫的每一步前行，她在家就在，她是家人永远的港湾，也是温州女性创业群体的典型形象。

全剧温州一个家庭四个人的奋斗轨迹可以说是整体温州商人的缩影，其价值取向和精神内涵也十分具有代表性。如分属两代人的周万顺和周阿雨，父亲代表了中国第一代商人在国内的创业历程，女儿代表了中国第二代商人在国外的发展途径。前者是中国第一代创业人依靠个人在市场经济中不断探索、发展，后者则是中国商人在市场经济成熟的商业模式下获得了成功。两者结合在一起，就构成了中国改革开放以来经济发展的主要路程。当然，从深层次看，他们不同的成功道路背后做人做事的精神是一致的，即对待事业永不放弃的执着追求与做事破釜沉舟的非凡勇气。从小处说，这是温州商业遍及世界的精髓，温州商人缔造传奇的要义；从大处来讲，温州商业的成功是中国改革开放的标杆，温州一家人的不懈努力也是中华儿女为人处事的缩影。

在剧中，我们还能从周万顺在火车站 600 元慷慨解囊的举动中看到温州商人的善行天下；还能从海外商会成员间的互助中看到温州商人所秉持的"在外靠朋友，出门靠大家"的团结互助理念。如在该剧15集中，阿雨开一家餐馆的愿望如果没有得到意大利的温州老乡资助，恐怕无法那么早就实现。事实上，这种雪中送炭的资助模式早已是温商间的老规矩。在这种温馨环境下成长起来的下一代温商想必也会继承和发扬这种团结互助的传统，延续温商群体强大的抱团力量。

影视剧作为当代大众娱乐消费的主要文化产品，除了作品本身外，其在开机、拍摄和发布期间也包含着大量的"注意力"资源，如拍摄过程中的宣传造势能吸引众多媒体关注报道；导演、演员等大都是名人、明星，也会吸引媒体记者（特别是娱乐记者）跟踪报道；开机仪式、新片发布会、首映式等影视文化活动也都是媒体报道的热点。经由媒体传播，温商精神又能得以进一步在社会上扩大其影响力。

【拓展阅读】

《温州一家人》经典语录

● 孩子，世界上没有人愿意听你的苦难，上帝太忙了，人们太累了。苦难是一杯美酒，夜深人静的时候，就着你的眼泪喝下去。

● 人活着就是折腾。

● 胆大不怕路远，技多不怕路绝。

● 篱笆靠桩人靠帮，关老爷还得靠周仓。

● 你需要的是勇气和坚持，不要再虚度时光，无所事事，坚强起来，快乐起来，柔顺的小鹿会变成一头强壮的狮子。

● 人生就像吃甘蔗，不会从头到尾都甜。青涩的柿子只有经历了风雨才能变甜。

● 想赚钱呢，脸皮厚一点，嗓门大一点，胆子再大一点。钱就哗啦哗啦进来了。

● "谁发现是没用的，你得出手，谁先看见了，谁先出手东西就归谁，这是规矩，这是温州人的规矩。"机会都是留给有准备的人，每个人都可看到很多相同的机会，看谁抓得住这个机会谁就是这个机会的得主。

三　温商精神的著书立说传播

近年来，随着温商群体历史感和历史自觉性的不断增强，有越来越多的温商个体通过出书办刊来传播温商事迹和企业管理理念、战略等，如奥康总裁王振滔出版了《追求卓越》和《商海王道》两本书；德力西集团总裁胡成中出版了《企业集团创新论》《企业文化与品牌战略》《财富与责任》三本书；温籍女企业家、上海温州商会副会长、上海鹿骋金属材料有限公司董事长陈平出版了《温州民营企业管理模式研究》《成就梦想——温州民企创业文化思考》等书；安徽温商集团董事长陈建创办了旨在倡导和弘扬温商文化的《温商》杂志……这些也为我们从侧面了解温州经济的发展过程和温商的成长过程提供了宝贵的资料。

而来自学界的研究出版也从未间断：如《温州模式与富裕之路》《温州资本》《温州样本：温州民营经济三十年（上卷）1978—1990》《温州民营经济的兴起与发展》《权力与资本：走进温州商会》《巴黎的温州人——一个移民群体的跨社会建构行动》《生活在高墙外：普拉托华人研究》《世纪之交看温州：解读温州模式与温州现象》《温州商人》，以及世界温州人系列丛书《华夏传奇》《华商巨擘》《华侨望族》《华人名流》《华胄骄子》等，数以百千计的作品为我们记录下温商奋斗的身影。

第五节　温商精神的政府传播

政府传播一般地理解为政府在权力运作过程中进行的信息传递与交流。温商精神的政府传播主要指政府组织对内对外传递、交流和共享温商精神相关信息的行为，以及通过这些信息传播所达成的沟通交流和社会互动。具体表现为以下几方面：

一是深化联络联谊活动，推进内外温州人情感互动，大力涵养侨务资源。一直以来，温州市相关政府组织都将完善乡情亲情传递平台，深化在外温州人联谊活动，进一步凝聚温州人力量作为自身的一项重要使命。因此，市政协和市委统战部等政府组织自20世纪80年代起就开始组织、举办形式多样的各类联络联谊活动，如世界温州人大会、世界温商大会、温州市海外侨胞和港澳台同胞中秋茶话会、新春茶话会等。同时，加强与华侨的沟通联系，涵养侨务资源，引导和鼓励他们向居住国公众和政府介绍中国的基本国情、内外政策、历史文化和价值观念及温州发展概况、商业布局等，实质上也是一种"侨务公共外交"，有助于深化国内外合作和树立华人、温商的良好形象。

二是建立信息平台,深入调查、了解内外温州人新动态,推进信息互动。如温州市人大和政协在每年"两会"期间,均会特地邀请部分商会会长列席"两会",以倾听在外温州人的声音。再如,温州市工商联于1987年11月创办了《温州工商报》,从1987年2月试刊至1997年3月停刊,共出刊了138期。2001年11月,《温州工商报》恢复出刊,并改刊物名称为《温州商会》。2004年3月,市工商联、总商会又对胶印《温州商会》简报进行了大改进,创办了彩印《温州商会》内部交流刊物,并将其定位为以"温州、商会、企业"为主题的期刊,采用图文并茂的形式,描绘温州的商业特色、温州的商会以及温州的企业。相继11个县(市、区)工商联和市工商联下属的行业协会商会也都创办了内部刊物,报道商会相关资讯,为商会和企业提供沟通平台。

三是借力媒体合力传播温商精神。温州市委、市政府在创办《华夏温州商会》刊物的基础上,先后与《温州商报》《温州日报》等新闻单位合作,开辟宣传在外温州人的专刊,宣传在外创业温州人的业绩。而为了更好地向世界传播温州故事,2016年9月15日,由温州市委、市政府联合浙江日报报业集团推出的"世界温州人云社区"正式上线。其中"云媒体"板块的报道以天下温州人作为主要关注对象,每期推送具有新闻热度的温州人故事,其中不乏众多新生代温商奋斗不息的故事。

此外,政府的各类文化环境建设也是对温商精神的一种传播。美国政府在各地不惜斥巨资建各类文化景观和设施,如林肯、华盛顿纪念堂、自由女神像、名人故居等,实际上是有其深意的,即传播美利坚民族的精神文化。温商精神的传播同样离不开一定介质的支撑。诸如五马街、朔门街等这些体现温州城市传统商业特色的历史街区同样也可作为一种地域商业精神传播。自申报国家历史文化名城以来,温州市委、市政府先后对府城内城、东瓯王墓和庙、池上楼、永昌堡、谯楼、中山纪念馆、江心双塔和江心寺、益康钱庄、朱自清故居、七枫巷胡宅、飞鹏巷陈宅、军装局岳宅、夏承焘故居以及夏鼐故居等进行整修,并利用文物建筑建设永昌堡博物馆、朱自清纪念馆,修缮玉海楼博物馆、琦君文学馆,扩建龙湾博物馆以及兴建中国鞋都博物馆等。这些历史纪念馆、博物馆既体现了温州的物质文明和精神文明,同时也宣传了温商的精神面貌和秉持的价值观、人生观,能于潜移默化之中感染参观者。

本章以温商精神传播的各类形式为主线,就榜样温商的个人事迹及其个人品牌的塑造在精神传播中的作用；温商群体的类型及其群体传播的特点和所发挥的功能；温州商业精神的大众传播历程和影像、综艺呈现；温商精神传播过程中的温商组织、政府主体的传播行为等进行了探讨，这既是对过往的一种回顾和梳理，也是对新的信息社会背景下，温商精神如何进一步传播于海内外，并助推温商成长的思考。

【思考与实践】

1. 阐述人际传播对展示温商个体作为榜样传播发挥怎样的作用？
2. 温商群体传播发挥了哪些社会功能及呈现了哪些特点？
3. 如何看待通过企业、商会、协会等主体在温商精神组织传播中的功能和作用？
4. 阐述报纸、杂志、广播、电视和影视剧等大众传播媒介对温商精神传播所起的作用，感受到哪些大众传播的价值与影响力？
5. 温商精神传播过程中政府主体的传播行为发挥了哪些功能？
6. 观看《温州一家人》《温州两家人》系列影视剧或记述海内外温州人传奇奋斗史的大型纪录片——《我的中国梦·中国温州人的故事》，围绕"温商精神与现代商业精神"进行思考，撰写观后感（不少于 2000 字）。

纪录片介绍：《我的中国梦·中国温州人的故事》以平民视角，讲述了非洲联盟委员会主席让·平和他的父亲程志平，以及南存辉等十多位普通温州人怀抱梦想，敢想敢为，百折不挠，从艰难走向辉煌的传奇人生。全景式展现了近一个世纪以来，中国温州草根民众积极改变自身命运、追求美好理想并努力回报社会的感人故事。

参考文献

李正良：《传播学原理》，中国传媒大学出版社 2007 年版。

龚鉴瑛、赵剑：《政府传播：涵义、特征和功能》，《探索》2013 年第 4 期。

郭庆光：《传播学教程》，中国人民大学出版社 2011 年版。

黄良齐：《温州一家人：草根创业的主旋律阐述》，《中国广播电视学报》2013 年第 4 期。

［日］见田宗介、栗原彬《社会学事典》，弘文堂出版社1988年版。

赵小建：《从纽约到罗马——海外温州人经商理念、创业模式和运作特点探析》，《华侨华人历史研究》2016年第1期。

祝宝江：《温州人精神简明读本》，浙江大学出版社2009年版。

［美］斯蒂芬·P.罗宾斯：《管理学》，孙健敏译，人民大学出版社2004年版。

［美］约瑟夫·A.德维托：《人际传播教程》，余瑞祥译，中国人民大学出版社2011年版。

王峰：《商业史剧：〈温州一家人〉的叙事艺术分析》，《浙江传媒学院学报》2015年第1期。

王春光：《巴黎的温州人：一个移民群体的跨社会建构行动》，江西人民出版社2006年版。

温州民营经济发展30年编写组：《温州民营经济发展30年·新闻报道卷》，浙江人民出版社2008年版。

第六章　温商精神与现代商业精神

本章主要内容：

通过前面几章内容的学习，我们认识到温商精神的形成和发展，既得益于温州千年商业文化历史的传承基因，也有改革开放40年的社会变革与创新。未来温商精神如何进一步发展和演化？如何与现代商业精神相融合？为此，我们在本章安排四节内容，试图借用企业家精神理论揭示温商精神的实质，对现代商业精神的价值与培育进行学习。具体为：

一　温商精神的实质是企业家精神。
二　企业家精神价值及经典案例。
三　现代商业精神的价值体现。
四　现代商业精神的培育。

第一节　温商精神的实质是企业家精神

一　企业家精神的内涵回顾

自熊彼特（1934）最早提出企业家精神是一种"创新精神"以来，专家学者们从不同的角度对"企业家精神"的内涵进行了阐述。其中科尔（1946）指出，企业家精神是在不确定环境下，通过个人或参与团体活动所表现出来的系列行为，这种行为会受现在经济和社会力量的影响。与科尔从"企业家行为"视角来阐述企业家精神不同，格洛斯顿和穆勒（1993）则关注企业家精神的形成过程，在他们的论述中，将企业家精神定义为在不确定的环境中从新的、独一无二的、有价值的资源组合中攫取利润的过程。与此相似，张玉利（2004）认为企业家精神是将一系列独特的资源集中在一起从事开采机会的过程，研究的焦点是机会而不是目前所掌握资源的情况，是在动态复杂环境下组织谋求竞争优势的重要途径。

周其仁教授基于功能和能力视角给企业家精神下定义,指出所谓企业家精神,首先,企业家就是创新,别去做别人已经在做的事,一定要找到新的市场机会;其次,企业家对潜在的市场机会有敏感性;最后,企业家对市场"不确定性"能够驾驭。此外,还有的学者将企业家精神看作是获取竞争优势与较佳财务绩效的重要元素,以及能帮助企业发展新的产生现金流的事业,等等。

从上述对企业家精神的论述来看,虽然学者们试图从不同的视角诠释企业家精神的内涵,但是对于企业家精神实质的认知却是趋同的。概括这些定义,可以认为企业家精神是指具有企业家素质的人或所属组织机构,基于一定创新意识和持有进取态度,敢于承担风险和挑战不确定性,以其敏锐的洞察力发现投机机会,发挥个人特性或团队合作精神,为个人或组织机构获取竞争优势和实现效益最大化过程不可欠缺的要素。从这个角度去认识,我们说,温商精神其实质是企业家精神。

二 企业家精神理论的演化脉络

从企业家精神理论的生成和演进来看,以柯林斯和摩尔(1970)区分"独立型企业家"与"管理型企业家"为契机,企业家精神理论研究向"个体企业家精神"和"公司企业家精神"两个方向发展,随着公司企业家精神研究的不断深入,又从中分离出"内部企业家精神"理论,近年,人们又将商业经济领域的企业家精神引入社会型组织机构,进而提出了"社会企业家精神"理论。企业家精神理论就在这四个不同的理论分支的各自理论创新中获得了长足的发展。

1. 个体企业家精神理论

个体企业家精神(Startup Entrepreneurship)多指具有良好个人声誉、成就欲望和不断追逐机会进行资源整合能力的创建者自身在创业初期表现出来的企业家精神,即以个人或一群自然人为载体,在强烈的成功欲望驱使下,独立发挥创业、创新、承担风险、勤奋、节俭、自强不息的精神,通过资源整合实现自身效用最大化,以满足社会需求。个体企业家精神理论的研究开创了企业家精神研究的领域,其研究对象主要针对具有成功创业经验的个体企业家,从研究视角与内容来看可以概括为以下几个方面。

首先,关注企业家个体创业特质。企业家个体创业特质一般都被描述成诸如具有领导风格、个人主义、成就欲望、风险倾向等,识别个体创业特质差异对创新性行为的影响非常重要，具有创业潜力的个体在被识别之后可以加以培训提供创新性活动的机会。对此赫夫纳和罗宾逊（1992）总结过去各种企业家精神量表的优缺点，选定 EQ（Emotional Quotient，创业商量表）、EAO（Entrepreneurial attitude orientation，创业态度倾向量表）、MBTI（Myers Briggs Type Indicator，麦尔斯-布瑞格斯人格类型量表）和 HBDI（Herrmann Brain Dominance Instrument，赫曼大脑优势量表）对创业者和非创业者进行比较研究：对于个体而言，EQ 对创业者和非创业者的区别力最强，EAO 次之；对于组织而言，EQ/EAO/MBTI 的组合使用能最佳地预测组织成员的创业倾向。张玉利、杨俊（2003）基于以上理论研究成果，采取随机抽样和问卷方式以 MBA 和大众群体为调研对象，对我国企业家创业行为进行了调查，调查以受访者的冒险性及能力经验来识别个人创业特质，经分析得出，个体冒险性和能力经验与创业动机、创业行为之间正相关，表明个体冒险性越高，越具备创业必需的能力经验，就越倾向于产生创业动机和实施创业行为，等等。

其次，关注个体企业家精神所包含的要素。在对个体企业家精神要素的研究中，邢以群（1994）及其合作者们通过对 120 个优秀企业家进行个案文献统计分析和制作企业家精神表现量表，分析评定出追求进取精神、创新精神、大胆开拓精神、坚忍不拔的拼搏精神、实事求是的实干精神是表现最为突出的个体企业家精神要素。更多的专家学者也都是基于上述观点研究个体企业家精神要素的，可以说自企业家精神理论产生伊始，人们就开始对其予以关注。

最后，关注个体企业家精神在创业过程中的行为表现。杨俊（2005）认为创业实质上是企业家完成和衔接感知并评价创业机会，整合资源以创立新企业，以及谋求新企业生存和成长三项关键任务的过程，在这一过程中，企业家个体往往表现出不同的行为。周立群、邓宏图（2002）通过对企业家个人行为理性、非理性与相对理性问题的研究，认为个体企业家精神使企业家行为出现"变异性"和"跃迁性"，正是这种企业家精神使企业的生产结构发生变化，且通过企业家精神导引下的企业家进行创造性活动，使企业家自身拥有的资源禀赋得到扩张。在此研究的基础上，杨俊、张玉利（2004）从企业家资源禀赋视角分析个体企业家的创业行为表现，他们认为，企业家创业时并非一无所有，企业家创业前资源禀赋构成其创业的资源基础，创业行为实质上也更多地具有理性成分，是企业家创新冒险精神与理性决策的交织过程，表现为企业家在获取创业资源与应对环境不确定性过程中所体现的科学性，企业家在创业过程中的一系列理性决策与其创业前拥有的资源禀赋密切相关。

上述关于个体企业精神理论的研究尚存在片面及静态性，缺乏整体观念及动态性。在经济不断向前发展的今天，要动态性地认识和发展个体企业家精神，首先，促进企业家的自我超越，进一步丰富和完善个体企业家精神，达到量的增加；其次，加快个体层面向组织层面的跃进，即个体企业家精神向公司企业家精神转变，实现质的飞跃。

2. 公司企业家精神理论

米勒于1983年提出公司企业家精神（Corporate Entrepreneurship）的概念，公司企业家精神是指企业家精神在整个公司的渗透，不仅限于公司领导层或某个人所表现出的企业家精神，主要体现在公司的创新与风险创业行为上。它可以作为价值创造和创新的工具，用来提高公司竞争地位、变革公司及其市场环境，公司关键决策者具有承担风险的偏好，通过持续的产品或过程创新、技术的改进来追求对资源潜力的开发，也就是"激活"潜在的现有知识和在现有的市场、技术环境下实现创新成功所必需的资源和竞争力，以实现改进公司的竞争地位和经营绩效的持续增长。可以说，公司企业家精神理论的研究突破了个体企业家精神理论研究的局限性，研究对象由针对具有成功创业经验的个体企业家扩大到整个公司，研究范围更为宽泛，而且将理论研究用于指导实践，专家学者们更加重视理论的实效性研究。综合现有研究成果主要可以概括为以下几个方面。

首先，关注公司企业家精神的构成要素。最早对公司企业家精神要素的构成进行划分的是米勒和弗里森（1983），他们将公司企业家精神要素分成三个层面，一是公司要致力于产品市场的研发且具有承担风险的能力，二是要具有预见性的创新特质，三是要有主动出击竞争对手的投机与变革意识。在此基础上，伦普金和戴斯（Lumpkin & Dess，1996）通过广泛研究公司企业家精神文献和总结美国企业组织的经验，提出了西方学者普遍接受的公司企业家精神的五大构成要素：冒险、创新、独立性、变革、竞争性进攻。在国外理论界对于公司企业家精神构成要素展开研究的同时，我国学者也识别出包括新企业开拓、创新性、自我更新、先动性、冒险性、独立性、竞争性进攻、道德和合作精神等要素。欧雪银（2007）还从系统水平、个体水平、公司水平选取企业家精神评价指标，建立了一个科学完整的企业家精神评价指标体系，然后利用灰色关联度时序评价方法测量我国1995—2004年企业家精神的水平。

其次，关注公司企业家精神与公司绩效之间的关系。对于公司企业家精神与公司绩效之间关系的关注，实质上是对理论假说的一种验证。对此，伦普金和戴斯（1996）则以美国西部不同产业的94家独立（未多元化）企业的124位高层管理人员为研究对象的实证研究中发现，企业家精神在动态性和敌对性环境中与高企业绩效有很强的正相关关系。扎哈拉和加维斯（Zahra & Garvis，2000）在针对149家制造业企业的研究中发现企业家精神与ROA即资产收益率（Return on Assets，ROA）或收入增长成正相关。在产业竞争的不利环境下，企业家精神程度越高，公司ROA和收入增长越高。基于以上国外专家学者们的研究成果，国内专家学者们进行了进一步深入的研究。薛红志、张玉利（2003）通过对国外最新研究文献的回顾和整理，分析了公司创业的产生背景及主要内容，探讨了公司创业精神的衡量标准，即创新、风险偏好、进取性，并从大公司创业导向定位的角度探讨了公司企业家精神与企业绩效的关系。

最后，关注公司企业家精神的培育。在科学技术不断更新，公司内外环境迅速变化的情况下，公司要保持长足持续的发展态势就必须培育企业家精神。例如，陈劲、朱朝晖、王安全（2003）在国内外相关领域研究成果的基础上，提出了影响公司企业家精神培育的系统理论假设模型，他们从公司董事会与经营层结构企业家素质以及公司企业家战略和创业环境三大主要因素进行研究，运用调研数据对模型进行了验证，得出这三大主要因素与公司企业家精神培育都有着显著的相关性，对公司企业家精神的提升影响很大，同时，得出了包含公司业绩的系统模型，并证明了公司企业家精神与公司业绩存在显着的正相关关系，企业家精神的培育有利于提高企业各方面的经营业绩。李维安、王辉（2003）则从公司治理制度层面入手分析如何培育公司企业家精神。通过对中国企业家调查系统的数据（2001）进行分析，得出"政企职责不分"和"产权制度改革滞后"是影响创新的主要障碍；并通过"委托—代理模型"分析其制度根源，认为在文化背景和经济体制原因之外，公司治理制度的不完善是企业家创新精神不足的微观根源。所以，为了培育企业家的创新精神，就必须从公司治理制度层面入手，完善企业经营者的选任、激励以及相应的科学决策机制，最大化企业家的创新效用，从而诱导其创新行为。另外，还有学者通过分析企业家精神缺失原因,为构建培育模型和塑造公司企业家精神提供了理论支持。

从公司企业家精神理论三方面的研究可以看出,公司企业家精神能够使企业获取新的生产力,帮助其进入新的业务领域,开拓新市场,为企业注入新活力,推动公司的经营业绩,提升其市场竞争力。但由于公司企业家精神要素衡量标准、与绩效之间的测量指标、数据及相关维度难以确定和获得,再加之还未形成系统的培育体系,因此,与国际研究水平接轨是亟须解决的问题。

3. 内部企业家精神理论

理论界以平肖(Pinchot,1985)所提出的内部企业家精神(Intra Entrepreneurship)这一概念为依托,逐渐形成了以现有大企业、公司的内部具有创新发展机会的组织机构为研究对象,通过考察公司创业家所采取的战略战术及其个性风格,集中研究以创业方式来采取行动的员工个体及其偏好的内部企业家精神理论。该理论以所有公司的现有体系和结构是限制员工主动性发挥的要因为假设前提,从内部企业家精神培育以及内部企业家精神对企业经营绩效的影响等方面展开了该领域问题的研究。

首先,关注内部企业家精神的构成要素。郭洪强(2003)认为内部企业家精神是创新、更新、冒风险、进取性的集合,它是企业家精神在公司内的体现。从其构成要素看,特沃米和哈里斯(Twomey & Harris,2003)在他们的研究中提出了内部企业家精神体现在团队合作、错误学习、接受异见、创新期望、积极主动、角色榜样、归宿感和责任性八个方面。安东尼奇和希斯里奇(Antoncic & Hisrich,2003)提出了体现内部企业家精神的不同的八个维度:创业、新事业、产品或服务、过程创新、自我更新、冒险、超前行动、竞争性进攻。陈忠卫、郝喜玲(2008)采纳衡量企业家精神从创新、冒险和积极进取三个维度切入的一般性做法,又充分考虑创业团队层次的企业家精神在上述三个维度的特殊性,将创业团队企业家精神的本质特征提炼为集体创新、分享认知、共担风险、协作进取四个维度进行测量。综合上述不同的观点,事实上创新精神、冒险精神、进取精神、合作精神是被广为接受的内部企业家精神要素。

其次,关注内部企业家精神与企业绩效的关系。内部企业家精神被公认为促进经济发展、取得高经营绩效的重要因素。马库斯和齐默勒(Marcus & Zimmerer,2003)针对两者的关系研究则选取 10 家《财富》

500强企业为样本,用调查表法、T-检验法、描述统计和相关分析方法分析内部企业家精神与公司绩效的关系。研究得出,公司的业绩不但没有受内部企业家精神影响,反而促进公司业绩呈增长趋势;影响内部企业家精神的主要因素有财务分析、产品设计和竞争市场分析及可用的资源数量;被调查者认为内部企业家精神对组织发展有积极的作用。还有学者从内部创业行为及团队创业视角研究二者关系,发现内部企业家精神对企业绩效有着直接积极的影响作用。所以,我们要注重培养内部企业家精神,通过挖掘、发挥内部企业家精神来促进企业经营绩效的提升。

最后,关注内部企业家精神的激发与培育。企业家精神的培育不但要从公司企业家精神方面进行培育,还要注重内部企业家精神的激发与培育。德鲁克(2000)提出将创新与企业家精神视为企业需要加以组织、系统化的实务与训练,也视为管理者的工作与责任,即对企业内部企业家进行创业创新精神、行为的培训;他提出了七个创新机会的来源,作为系统化创新及创业型管理的重心,同时提出了四个创业型策略,作为如何将创新成功导入市场的可行性方法。另外,还有学者认为企业要塑造一种以创新为核心的企业文化,通过塑造企业文化并渗透到每位员工身上来培育内部企业家精神。

可以说,内部企业家精神是个体企业家精神与公司企业家精神的融合体,通过对其内部潜在性的挖掘,更进一步地提升了公司的经营业绩及市场竞争力。但仍然没有科学的解决公司企业家精神理论研究存在的问题。

4. 社会企业家精神理论

随着有关企业家精神理论内容的不断丰富和完善,研究视角也从关注商业经济领域的赢利部门渗透到了社会非营利组织部门。社会企业家精神(Social Entrepreneurship)是企业家精神在社会领域的拓展,即如何将企业家的创业、创新和冒险等精神应用于社会非营利组织部门来创造新价值。其内涵可以理解为具有社会型特质的企业家,不懈地追求、把握服务于社会的机会,充分发挥企业家精神进行资源整合,以完成自身所肩负的社会使命,创造出更高的社会价值。结合其现有成果及发展前景,我们可以从以下几方面理解该领域的研究。

首先,关注社会企业家精神的培育。社会企业家精神理论的研究起步较晚,目前尚未形成系统体系,研究的内容多集中于通过创建良好环境、利用有效资源来更多地培育、开发社会企业家精神,实现社会价值最大化。德鲁克（2000）认为企业家精神不仅限于经济性机构中，公共服务机构也需要企业家精神，如现代大学的创建和发展，尤其是现代美国大学的创建和发展是讲述企业家精神发展历史的最好教材。还有的政府积极建设各种创业基础设施，调整政府各种政策，创办不同层次的社会企业家精神培训班，把以培养工作技能为主的文化氛围转变为以培养创业能力为主的文化氛围，并且努力开发能使企业高速发展的知识和技能，力争创建具有社会企业家精神特征的良好创业环境。国内学者时鹏程、许磊（2006）通过对国外企业家精神研究的回顾和总结，率先全面系统地提出了企业家精神的三个层次论，且认为在社会层次（如对政府官员）应该进行如何制定创业政策和营造创业型环境等方面的培训，还应进一步出台有利于发扬社会企业家精神和促进社会企业家进行创业的政策实施，进一步在国家宏观管理层面使创业投资制度化，建立健全创业投资法律体系。

其次，关注社会企业家精神与经济增长的关系。社会企业家精神的载体是社会非营利组织机构，通过获得这些载体的大力支持，促进国家、社会经济的持续高速增长。汤姆森（Thompson，2000）围绕社会企业家精神作用进行分析，探讨社会领域中存在不同层次和类型的社会企业家以及各自作用。他指出社会领域存在社会福利系统所不能有效满足的特定需求，社会企业家善于识别和把握此类机会。同时也指出社会企业家精神是社会所急需的，因此需要创立新机制以促进社会企业家精神的形成，进而促进社会经济的增长。克里夫特和索贝尔（Kreft & Sobel，2005）提出通过吸引社会的创业投资来创造良好的创业环境，开展更多的社会企业家型创业活动促进经济的增长。

社会企业家精神如何培育还没有形成系统，且与经济增长的关系研究基本是定性分析，进行定量分析的指标、数据及维度难以确定，不能进行充分的说明。为此，如何通过完善各种机制，创造良好社会环境来培育社会企业家精神和充分利用有效的社会资源、实际应用社会企业家精神来衡量经济增长，提高社会价值最大化成为十分重要的研究课题。

三 温商精神的实质是企业家精神

1. 从温商精神的主体看，温商群体是带有浓烈的温州区域特征的企业家群体。在探讨温商精神时，离不开温商这一核心群体。对温商的理解，可以把其分成四类：第一类是坚守温州本土，生于斯，长于斯的温州商人。当然也包括实体企业家和从事企业管理咨询、文创产业、体育、旅游、餐饮、物流、互联网等现代服务业的从业群体。在温州，工商各业从来就没有严格的分割界限。第二类便是少小离家，游走他乡，在全国各地创业发展的温州商人。他们分布在全国大中城市近175万人，创建异地商会268家。这些温州人恋土不恋家，他们可以在温州置业，但不固守田园，在他想致富，既传播温商文化又为第二故乡建设做出贡献。第三类就是遍布世界93个国家和地区，70余万人，300多个侨团，商行天下、善行天下的世界温州商人。他们不仅经商，也是文化的使者。一方面把世界优秀文化带回温州，一方面又把温州古老的商业文明带到世界各地。被誉为"东方犹太人"。第四类当属出生在外地，来温州闯天下的外来务工者。他们从产业最低端工作做起，能吃苦、善思考，一步步走向创业，成为企业家。他们依靠温州这片创业沃土，深受温州商业文化滋养成长起来，成为新温州商人的一部分，也是290万新温州人的佼佼者。这些商人群体，都符合企业家特征，即敢于承担一切责任，开创并领导一项或多项事业的人。

温商精神的实质——企业家精神

2. 从温商精神的内涵看，温商是优秀的地方性商人团体之一，发展过程中形成了独特的温商精神。被广泛解读为白手起家、艰苦奋斗的创业精神；不等不靠、依靠自己的自主精神；闯荡天下、四海为家的开拓精神；敢于创新、善于创新的创新精神。从这些总结要点不难看出，完全符合企业家精神的构成要素。同时与企业家精神具有着高度一致的动机和出发点，即实现企业家自身、公司、社会价值最大化。都是通过发挥企业家精神促进个体（组织）欲望或目标的实现，最终目的是通过自身效用的最大化，影响公司、企业的实际业绩，进而创造出更多的社会价值，满足社会多层次的需求。因此，温商精神的实质和一般意义上企业家精神是一致的。对温商精神的研究，可以借助企业家精神研究的理论和方法，结合温州区域特色进行深入探索。

第二节　企业家精神价值及典型案例

一　企业家精神在就业方面对经济具有促进作用

奥地利学派经济学家柯兹纳首先提出适应性企业家精神理论。柯兹纳（1973）所叙述的企业家精神是反映在"他们对尚未被发觉的机会的灵敏度"。企业家的灵敏就像"动物的触角，能够探测到市场的夹缝，在几乎毫无指示的情况下，找到活命生路"。他们能灵敏地觉察出市场上微薄的获利机会，并加以善用。什么是适应性企业家精神？凡是能够增加产品的使用方式，改善前人创新，增加产品特质，以增加市场销售；提供某些市场上尚未出现或不足的商品；以及对现存市场提供更完善的服务；等等，虽然无重大发现，然而却都充满获利的机会。很显然，适应性企业家精神与熊彼特所主张的革命性的、大破坏性的企业家精神大相径庭。适应性企业家精神延承奥地利经济学的观点，认为经济问题即是知识的问题。根据柯兹纳（1985）的说法，知识可分为两种类型：（1）技术的知识（technology knowledge），指利用具体资源的技能。这类知识可通过巨细无遗的搜寻工作或持续累积的研发工作而获得。（2）机会的知识（knowledge of opportunities），这类知识无法透过细致地搜寻来取得，只表现在企业家个人的能力上。对应于这两类知识，经济成长可以有两种模式：（1）技术知识的进步（新古典的研究基本上集中于此，熊彼特式革命性的企业家精神亦属此类）；（2）增加对现有机会的灵敏度。因此，经济成长"不仅来自新的机会，更来自对现有机会的深入觉察"。也就是说，成长不仅可通过生产可能边界向外扩展，企业家灵敏地觉察获利机会所创造出来的生产活动亦有助于经济资源更有效的利用。柯兹纳（1973）的观点来自于奥地利学派经济学家，认为经济体系充满不确定性、均衡并非常态、个人因为主观意识不同，行为自然有异等，这些看法与新古典学派的主张相左。企业家的角色即是在获利驱动下,在不确定的环境中,从事协调(coordinate)的工作,使经济体系能推向更有效的资源配置。按柯兹纳(1985)的看法,企业家精神乃是将散布各地的众多片断知识进行整合,从而能洞察他人所未见的获利机会(profit opportunity)。

二 企业家精神促进产业集群

由迈克尔·波特(Michael E. Porter, 1990)所提出的产业集群(industrial cluster)一词,不同于马克斯·韦伯(1909)所提出的产业聚集(agglomeration)。迈克尔·波特强调技术互补依赖、劳动专业素质、接近市场与完善基础设施的驱动力量,产业集群更强调产业间的"互动性"与"创新性"。大多数产业集群的文献从生产效益的观点检验厂商聚集所产生的利益,保罗·克鲁格曼(Paul Krugman, 1991)说明厂商聚集所形成的生产条件集中有利于降低合作的交易成本,进而提高厂商的平均生产力。保罗·克鲁格曼证实规模报酬递增是最重要的区位因素,新古典经济学对于聚集经济的理论多关注于厂商聚集在地理空间的区位描述、效益与竞争力,专注于特定时点或静态生产函数的规模经济效果,描述厂商因集群经济的效果而聚集,却忽略集群最初如何形成与集群后的厂商如何影响集群的发展。产业集群与区域创新明显提到企业家精神与产业集群的关系,主要来自知识外溢、创新外部效果而带动产业集群。

区域产业的专业化聚集,对就业增长具有正面帮助,在全球化及知识经济时代,世界各国致力于创新产业组织及营运模式,提升传统产业的竞争力,同时培植新兴产业,以建构区域永续发展的竞争力。波特在《国家竞争优势》(*The Competitive Advantage of Nations*)一书中提出产业集群理论,特别强调"厂商互动"的概念,即厂商之间的互动与上、下游厂商的沟通。波特指出地理集中的企业间紧密的连结,通过产品或信息流通,使彼此利益互补。波特(1998)出版的《竞争论》(*On Competitive*)定义产业集群:在特定领域中,一群在地理上邻近,有相互关联的企业和相关法人机构,以彼此的共通性和互补性而相联结,产业集群的含义并非仅是产业的地理邻近性(geographical proximity),还具有产业生产与社会网络(social networks)。

近年来经济地理学者对集群内的企业因互动而促成知识的流动与累积进行研究,重视知识外溢(knowledge spillovers)的效果,主要以地理空间的角度分析知识量的产生，以剖析知识外溢对经济成长地区聚集性与产业集中的影响。知识外溢的效果主要是镶嵌（embeddedness）在分享的网络上（network），相互交换学习的过程中累积了知识，灵活的知识分享网络，能促使产业集群成功发展。产业之所以集群，不外乎产业集群所带来正面的外部效果。一般来说产业集群存有外部利益。如：扩大市场规模、降低运输费用等生产成本，企业集中伴随经营管理干部、熟练劳动力与技术人才的集中、公共设施及设备共享而产生的成本节省，企业互相接触学习与开展竞争，刺激企业改进工艺流程与产品，并创造出巨大的经济效益。斯腾伯格（Sternberg, 1996）亦归纳影响科技产业集群发展的主因有市场、人力资源、研发机构、创投资金、创业家精神、产业网络与区域环境等，这些也形成产业集群的优势。基于上述，可以说明企业家精神对产业集群的影响。

企业家精神的价值，在温商身上体现得淋漓尽致。无论是对市场机会的灵敏把握还是对新技术相关的资源利用与整合能力，都体现在了生产经营活动中，创造了十大产业集群，即皮鞋产业集群、打火机产业集群、汽摩配产业集群、印刷产业集群、中低压电器产业集群、拉链产业集群、塑编包装产业集群等，解决了温州外来务工人员200余万人就业，推动温州区域经济发展。

三 现代企业家精神典型案例

从任正非、张近东看中国企业家精神

在全国工商联发布的2018年中国民营企业500强榜单中，华为与苏宁再次携手荣登前两名。

稳坐中国民营企业500强的头两把交椅，华为和苏宁究竟凭借什么？这两家企业身上有什么共同之处？

仔细研究会发现，华为与苏宁这两家企业，在气质上多有相似之处，两位企业的掌门人，也有颇多神似的地方。

任正非与张近东同样低调，四零后的任正非几乎从来不接受媒体采访，而六零后的张近东虽然偶有露面，却也异常低调，他带领下的苏宁奉行做了再说、多做少说的原则。

任正非与张近东，他们都没有显赫的家世。在20世纪80年代末、90

年代初他们开始创业,都有一种敢为人先的气度。

任正非早年投身军营,1987年创立华为公司,时年43岁。公司初始业务只是买卖各种电器,华为意在"中华有为"。张近东当年为了让家人过上更好的生活,摔碎国企的铁饭碗,在南京宁海路上,租下一个面积不足200平方米的小门面,成立了一家专营空调批发的小公司"苏宁交家电"。这一年,是1990年,张近东只有27岁。

格局与视野:张近东主动求变,任正非着眼全球

正如张近东2013年在斯坦福大学演讲时提到:"一个没有前瞻性和大格局的企业,往往会在大变局中迷失方向,遭遇大溃败。"苏宁的成功离不开张近东的大格局和对趋势的判断。

张近东在28年的创业经历中,经过专业化经营、综合连锁、智慧零售的三次创业、两次转型,经过数次自我革命,才使苏宁进化为一家技术领先、充满活力的科技公司。

1998年亚洲金融危机期间,张近东砍掉了苏宁占50%营收的批发业务,奠定了转型综合连锁零售成功的基础。

2005年左右,当同行在全国大规模跑马圈地时,张近东在那段时间却避其锋芒,修炼内功,他甚至决定投入一亿上线SAP/ERP项目。这笔钱如果用来扩张,可以新开几十家的门店,占领几个区域市场。这一项目让苏宁与同行拉开差距,也为之后苏宁的互联网转型打下了良好的基础。

2012年前后,当电商作为新经济模式如火如荼时,他却明确提出:"未来的零售企业,不独在线下,也不只在线上,而一定是要线上线下完美融合的O2O模式。"

在2017年3月,张近东提出"智慧零售"的概念。2017年底,张近东在南京几乎把中国地产圈里的"半壁江山"都邀请了过来,向他们阐述了自己的大开发战略,并且定下"2018年新开5000家店;未来三年,新开15000家店,使苏宁的店面总数超过20000家"的目标。

当外界还在惊讶甚至怀疑张近东的这个数字时,苏宁已经按计划在半年时间里开出了2000多家门店,其中最多的一天新开店300多家。

外界讶异,张近东为什么总是踩对点?当下对于很多中国企业来说,"变是找死、不变是等死",转型之路不亚于一片沼泽地。张近东却说,苏宁选择在自己业绩最好的年份,主动陷入"转型焦虑症"。

华为成长的过程,经历了从"农村包围城市"到"差异化的全球竞争",再到"三大经营业务单元划分"的三次战略转型。每一次也体现了任正非的格局不同。

华为公司最初的业务是倒买倒卖。在公司活得很舒服的时候,任正非却要自己搞研发,做自己的产品。1990年,几十个年轻人跟随着任正非来到深圳南山一个破旧的厂房中,重新开始了他们的创业之路。

任正非曾自我解嘲说,无知使他跌进了通讯设备这个天然的全球力量竞争最激烈的角力场,竞争对手是拥有数百亿美元资产的世界著名公司。这个角力场的生存法则很简单:你必须首先拥有一支全球力量。

为此,华为还在刚刚能吃饱饭的时候,就义无反顾地拿出10%以上的销售收入作为研发投入。投入强度之高,当属中国公司之最。这样的眼光,在中国商界当属少见。

战略聚焦:任正非"一根筋",张近东坚持"零售的本质"

专注是一种很强大的力量。在战略规划方面,任正非提倡"不做多元化业务,永远聚焦主航道"。《华为基本法》第一条规定:"为了使华为成为世界一流的设备供应商,我们将永不进入信息服务业。"

任正非反复说,华为实际上是一群傻子,所谓的"傻",就是专心致志地做一件事。

任正非只做自己认准的事。当年广东沿海热衷于圈地上房地产项目,捞热钱、赚快钱的时候,他不为所动,"麋鹿兴于左而目不瞬",只是专注于通讯产品研发。这些年,任正非为了不受资本市场打扰,华为至今坚持不上市。很多人都觉得任正非是"一根筋"。

张近东则坚持同心多圆,以零售为核心。零售是1,其他产业是0,要用零售的"1",串联起多产业的"0"。

如今的苏宁,早已不是28年前那个空调销售商,而是一艘多产业融合发展的巨轮,搭载零售、物流、科技、金融、地产、文创、体育、投资八大产业远航。不过,所有的业务生态最终都指向零售。张近东表示,苏宁全产业的发展都要聚焦零售,反哺零售,成为智慧零售的组成部分,"各产业如同条条河流,而智慧零售如同江海,条条河流最终要汇聚于江海。"

在张近东看来,从传统零售时代到互联网零售时代,行业的本质并没有变,为用户创造价值的目的不会变,产业经营的核心仍然是产品经营和商品经营。零售的核心是服务,服务是苏宁唯一的产品。

商业是一门洞察人性和趋势的艺术。也许，正是因为多年在商场的摸爬滚打，让张近东和任正非把握到各自领域的本质，让他们有了战略的定力和创新的动力，也让华为和苏宁走到今天，成为中国最优秀的两家民营企业。

除了在格局和战略上，任正非和张近东的管理思想也有颇多相似之处。任正非曾写下《华为的冬天》，而张近东说苏宁主动陷入"转型焦虑症"。这其中，都体现了主动求变和居安思危的思想。

在对创新的看法上，任正非主张"先开一枪，再打一炮"，"让子弹飞一会"。而张近东则提出"先开枪，后瞄准"，"创新肯定会有错，但不要有顾虑。"

对实践出真知这一点上，任正非信奉战略是打出来的，总结出来的战略没意义；张近东则提倡，做了再说，多做少说。

这些相似背后，都是当下中国最稀缺的企业家精神。而这样的企业家精神，足以在30年左右的时间内，让一个技术的模仿者，成为全球最大的电信设备制造商；也足以让一个粗放管理的空调批发商，成为智慧零售领域的领军者。

资料来源：每经网（http://www.nbd.com.cn），2018-09-25

第三节　现代商业精神的价值体现

德国著名社会学家马克斯·韦伯在1904年到美洲考察，随后写出《新教伦理和资本主义精神》一书，他在这本书中提出：美国之所以产生了充满活力、发展迅速的资本主义社会，和从欧洲逃到美洲来的新教徒带来的伦理道德、职业精神有直接的关系。

马克斯·韦伯认为，美国现代商业的高度发达，得益于一种商人的气质，也就是一种独特的商业精神：商人以增加自己的资本为职业责任，而且注重依靠勤俭和诚信的职业伦理。也就是说商业被看成是"把获利仅仅作为一种职业，而每个个人都感到自己对这种职业有一伦理义务的这一类活动"。理性经商成为一种公认的商业精神，促进了美国现代商业的高度发达。

正如马克斯·韦伯所说的："商人们意识到自己充分受到上帝的恩宠，实实在在受到上帝的祝福。他们觉得，只要他们外表得体，道德行为没有污点，正确使用财产，就可以放心大胆地创造财富，同时还感到这么做是在尽一种责任。"道德感、责任感使美国的商人们找到了经商的正当理由，使他们能够从容经商，而免除了掠夺财富满足私欲的负罪感的压迫。

对此马克斯·韦伯还指出："获利的欲望，对营利、金钱（并且是最大可能数额的金钱）的追求，这本身与资本主义并不相干。这样的欲望在于并且一直存在于所有的人身上，侍者、车夫、艺术家、妓女、贪官、士兵、贵族、十字军战士、赌徒、乞丐均不例外。可以说，尘世中一切国家、一切时代的所有的人，不管其实现这种欲望的客观可能性如何，全都具有这种欲望。……对财富的贪欲，根本就不等同于资本主义，更不是资本主义的精神。倒不如说，资本主义更多地是对这种非理性欲望的一种抑制或至少是一种理性的缓解。"没有这种对非理性欲望的"抑制"和"缓解"，并升华为一种商人的独特精神气质，没有这种"独特的精神气质"，商人们就无法振作精神而创建如此辉煌的现代商业文明。一个关于洛克菲勒的故事深刻地反映了富商们心灵上的重负。曾经有段时间，美国首富洛克菲勒做生意很不顺，公司面临拆分，有一天他低头在纽约街头过马路。一个迎面过来的连脚都没有的残疾人大声喊他："你好，先生！抬起头看看吧！多美好的阳光。"这让洛克菲勒羞愧无比，自问有钱又有手有脚，怎么还活得如此不开心。此后，洛克菲勒积极投身慈善事业，大半财富做了基金会，他死的时候双手摊开，表明什么也没带走。因此赢得了举国尊重。而当今的世界首富比尔·盖茨早就立下遗嘱，只给孩子留下3000万美元和价值1亿美元的豪宅，而将98%的财产捐给社会。他也需要获得精神的"缓解"和社会的尊重，否则他将无以成就自己的事业。因为社会已经形成了体制和道德层面的约束："他只要涉足于那一系列的市场关系，资本主义经济就会迫使他服从于资本主义的活动准则。假如一个制造商长期违犯这些准则，他就必然要从经济舞台上被赶下去，正如一个工人若不能或不愿适应这些准则就必然被抛到街头成为失业者一样。"

总之是商人需要这种精神"缓解"，以放下"负罪"的重负，并获得社会的尊重，才能全力以赴地投身于有益于社会的事业。社会富人与穷人之间也只有在这样的观念调节下才不至使利益冲突失控而毁坏整个社会经济体系。

由此，马克斯·韦伯指出：基督教新教道德观念与勤奋节俭、诚信尽职的敬业精神是美国商业精神的来源。

在社会转型期，当一种新的经济力量开始试图挣脱和超越旧有社会经济制度的桎梏时，其所引发的社会变动也不仅仅限于经济结构和经济制度的变化，而必定是包括文化、精神状态在内的全方位变化。只有在一定的文化氛围中，一些市场经济的基本制度方能发挥其对于经济增长和社会发展的激励作用。韦森（2004）认为："文化传统对市场秩序的发育和扩展，进而对一个社会和地区经济增长的直接作用链条，可能是通过商业精神（business spirit）来传递的。"

有学者指出，汉语中的"现代商业精神"类似于英语中的"The spirit of capitalism"，正是这种类似于资本主义精神的东西曾经为西方世界的兴起提供了强大的原初动力。中国在明清时期曾产生过"资本主义经济"，但却没能形成现代意义上的资本主义，更没有现代意义上的商业精神。有学者指出，自宋至明清时期中国商人精神之所以没能转向现代商业精神，主要原因在于封建专制制度的束缚。厉以宁（2010）也指出，中国自宋以降的弹性封建体制是中国商人精神无法转向现代商业精神的重要原因。马克斯·韦伯（1951）在《中国宗教》中指出，中国传统文化（如儒家文化）不利于资本主义精神的产生，甚至还可能是资本主义没有在中国崛起的重要原因。尽管如此，由于中国各地区在地理环境、历史、人文等方面差异较大，经过几个世纪的发展和实践，各地区还是逐渐孕育了不同的历史因素。正如韦森（2004）教授所言，华北地区的农耕文化不利于现代商业精神的培育和发展，东南沿海地区的"吴越文化"和华南地区的"岭南文化"却有利于现代商业精神的培育和发展。自1978年经济体制改革伊始，中国各地区经过40多年的市场经济实践与探索，终于涵育出了不同发展程度的现代商业精神。其价值体现在四个方面：创业精神、诚信精神、服务精神和创新精神。

创业精神 商人给人影响深刻、让人感动的精神是创业精神，这是商业首要的最宝贵的精神。历来的商业都有这种独特的精神，尽管历史上商业长期受到压抑，而商业经济的生命力都更加旺盛，就是无数的商人对商业事业的真诚、执着。海尔从一个亏损147万元濒临倒闭的小厂发展到今天的国际著名企业集团，这一过程是海尔人为之奋斗创业的过程；万达集团10年创业耕耘到今天霸主地位，马云电子商务超时空驾驭创造过万亿元的业绩都在证明：商人就不能没有创业精神，商业的繁荣和发展也需要这种商业精神的推动。

诚信精神 诚信作为一种道德范畴，是指在人际交往活动中童叟无欺、信守诺言为准则而奉行的一种自律和他律的道德法则。把诚信作为一种商业精神，则在商业活动中处处体现诚信意识，对经商者而言，一定要有这样一种品质。即无论什么条件下，无论面对怎样的利益诱惑或者不利的情况，都要始终不渝地保持诚信。我们的商业首先要培养的是这种精神，那种见利忘义甚至坑蒙拐骗的做法是与诚信精神背道而驰的。不仅背德、违法害人，更会造成商业氛围的恶化。诚信作为整个商业社会最主要的契约内容被要求强制执行。违约者不但要受到市场公众道德谴责和市场的自发惩戒，还会受到法律的制裁，严重的还要承担刑事责任。

服务精神 今天的商业是以买卖关系为中心的服务性系统活动，这种服务性贯穿于商业经营的全过程、服务的态度、水平、质量的好坏高低，已直接影响到商业活动的效果、信誉和发展前景。树立商业服务精神不是一个社会的价值取向问题，而是商业活动的内在本质决定了他必须是具有服务性的经济活动。培养服务精神，倡导那种及时与周到、安全与卫生、舒适与便利、热情与诚恳、礼貌与尊重、亲切与友善、谅解与宽容等表现特征的服务精神，是商业经营者在市场竞争中立于不败之地的可靠保证。

创新精神 创新是知识经济的本质特征。人们通过不同的途径、不同的方式进行创新，进行自我再造和开拓。创新精神正成为时代最重要的一种精神，企业家不能没有创新精神、企业不能没有创新精神，企业拥有创新精神才能开拓市场，才能在竞争中获胜，才能真正融入经济全球化。商业模式创新、经营业态创新、顾客服务创新、营销手法创新、战略导向创新等，因时代而变、应市场需求而变、因顾客体验而变。

第四节 现代商业精神的培育

商业精神就其具体的表现形式而言，主要有规范经营的理性主义精神，以人为本的情感主义精神，百折不挠的奋斗主义精神，富国强民的功利主义精神，勤俭节约的实用主义精神。创业企业要持之以恒地培养商业精神，培养可以遗传的商业精神的 DNA。

一 塑造敬业精神

敬业精神是人们基于对一件事情、一种职业的热爱而产生的一种全身

现代商业精神及其培育

心投入的精神，是社会对人们工作态度的一种道德要求。它的核心是无私奉献意识。低层次的即功利目的的敬业，由外在压力产生。高层次的即发自内心的敬业，把职业当作事业来对待。具体地说，敬业精神就是在职业活动领域，树立主人翁责任感、事业心，追求崇高的职业理想。培养认真踏实、恪尽职守、精益求精的工作态度。力求干一行、爱一行、专一行，努力成为本行业的行家里手。摆脱单纯追求个人和小集团利益的狭隘眼界，具有积极向上的劳动态度和艰苦奋斗精神。保持高昂的工作热情和务实苦干精神，把对社会的奉献和付出看作无上光荣。自觉抵制腐朽思想的侵蚀，以正确的人生观和价值观指导和调控职业行为。

敬业精神的构成体现在如下六个方面：

（1）是职业理想，即人们对所从事的职业成就的向往和追求，是成就事业的前提，能引导从业者高瞻远瞩，志向远大。

（2）是立业意识，即确立职业和实现目标的愿望。其意义在于利用职业理想目标的激励导向作用，激发从业者的奋斗热情并指引其成才方向。

（3）是职业信念，即对职业的敬重和热爱之心，表示对事业的迷恋和执着的追求。

（4）是从业态度，即持之以恒稳定的工作态度。勤勉工作，笃行不倦，脚踏实地，任劳任怨。

（5）是职业情感，即人们对所从事职业的愉悦的情绪体验，包括职业荣誉感和职业幸福感。

（6）是职业道德，人们在职业实践中形成的行为规范。

二 打造诚信环境

我国传统道德一向强调"诚信为本"。所谓"人而无信,不知其可也",讲的是守信在立身处世中的重要性。所谓"民无信不立",讲的是治国理政中建立政治公信力的重要性。把这二者结合起来,凝聚成两句箴言,叫作"人无信不立,企无信不存"。诚信作为一种美德、一种品质,有着弥足珍贵的精神价值,同时,诚信作为一种资源、一种能力,具有无可限量的经济价值。个人精神是个人意识形态的东西,净化心灵之美必将使精神的外在展现更加靓丽。商业精神是企业文化形态意志的外在表现,是对于创业型企业,首先要培养商业精神存在的沃土,要做到先进性和纯洁性。其次,将这种精神植根在运行机制和模式中,作为灵魂凌驾于组织与个人行为之上,促使真正的商业精神在员工层面得以彰显,成为基业长青的 DNA,不断传承、不断价值再造。因此,要使诚信精神真正成为企业的灵魂,需要在企业内部建立打造诚信得以生存的机制与体制。

三 弘扬节俭精神

党的十九大报告指出,实行最严格的生态环境保护制度,形成绿色发展方式和生活方式。建设生态文明,是一场涉及生产方式、生活方式、思维方式和价值观念的革命性变革。在资源上把节约放在首位,着力推进资源节约集约利用,提高资源利用率,降低单位产出资源消耗,杜绝资源浪费。节俭不只是一种行为,更是一种精神,这种精神首先体现在自律上。对内,节约出利润,抠门出效益。对外,减少对社会资源的利用,为子孙后代留下后路。作为企业必须培养全员的节俭习惯,上升到公司企业文化层面作为企业传统 DNA 遗传下去,让节俭精神扩充商业精神永存。

【思考与实践】

1. 为什么说温商精神的实质是企业家精神?
2. 如何理解企业家精神的内涵和外延?
3. 举例说明企业家精神价值。
4. 说明现代商业精神的含义及价值体现。
5. 如何培育现代商业精神?
6. 选择一位成功的温州商人进行采访,编制采访提纲,并拍摄采访视频。也可以根据温商故事原型编写剧本，并拍摄微电影。优秀作品在课堂展示。

参考文献

旷锦云、程启智：《企业家精神与企业可持续发展》，《经济问题探索》2010 年第 10 期。

姜忠辉、徐玉蓉：《企业家精神的内涵与外延探析》，《中国海洋大学学报》（社会科学版）2015 年第 1 期。

曹东勃：《商业精神如何在现代发端?》，《文汇报》2018 年 8 月 24 日。

韦森：《从传统齐鲁农耕文化到现代商业精神的创造性转化》，《东岳论丛》2004 年第 6 期。

第七章　现代温商精神与商业文明

本章主要内容：本章重点介绍现代温商精神的发展历程，以及现代商业文明对温商精神内涵的影响，并进一步讨论现代温商精神发展的未来取向。具体如下：

一　现代温商精神发展之路。

二　现代温商精神的演变。

三　现代温商精神发展取向。

第一节　现代温商精神发展之路

在《2009年中国城市竞争力蓝皮书》中，温州获选为中国城市文化竞争力第一位。在温州获得此项殊荣的时候，古今中外知名的文化古城如北京、西安等都没有进入前十位。蓝皮书的主编说明，城市文化竞争力是按"价值取向""创业精神""创新氛围"和"交往操守"四方面进行评选。温州人群体在这四个方面无可争议地获得第一名。而获得第一的最大关键因素，就在于温州商人。从古至今，温州商人具有非常强大的创业精神，他们能够在激烈的市场竞争中洞察商机，敢于冒险，积极进取，抢占先机，创造财富，从这个角度来看，大家公认没有一个城市能超过温州。也因此，温州商人的精神贯穿了历史，创造了温州商业文化，而这个商业文化背后的深刻含义凝结成源远流长的温商精神，也是何以温州始终具备卓越的城市文化竞争力的原因。然而，如何从文化看到现代温商精神的发展脉络，本节将详细阐述。

一　从文化到经济

如前所述，温州前身称为永嘉郡，汉顺帝时建县，直到唐高宗时才正式命名为"温州"。其间曾任永嘉太守的知名文人包含了中国山水诗开宗祖师——谢灵运、为《三国志》作注的大史学家裴松之、文学家丘迟、诗人颜延之等。南宋时抗金名将韩世忠的长子韩彦直任温州知州时,研究了温州14种柑橘,介绍了瓯柑,写了《永嘉橘录》,是世界上最早一部柑橘专著。这些人都是当时文化的改革家、创新家,影响着温州文化的深远传播。在他们的带动下,温州读书的士人特别多,从唐大中十三年到清末废除科举的1905年之间,就有1580位温州人中了进士。除了文才辈出之外,温州也是中国最早的戏剧发源地。其中知名的南戏就是开创在温州,使温州成为中国戏剧的重要发源地之一。这种重文、重教、重创新的过程也带动了温州地区经济发展。它的观念就如同现代管理学所提及的产业链,有了文化就有了商业,而商业带动了不同但是有连带关系的产业,因此形成了一种地区经济。文化传统,使温州特具经济社会的活力。

二　从经济发展到精神的形成

在长远的经济发展中,温州商人的精神也逐渐形成,而这些就是我们所称的温商精神起源。至于温商精神的起源与演化,我们由温州文人的著作与成果中可深入推敲。

南宋时温州出了四位知名诗人,分别为徐照、徐玑、翁卷、赵师秀,因其字与号中都含有"灵"字,因此史称这四位诗人为"永嘉四灵"。此外,南宋时期还有三位知名的思想家,分别为薛季宣、陈傅良、叶适,因其风格独特,故形成了史上知名的"永嘉诗派"和"永嘉学派"。"永嘉四灵"主张诗歌要有个性、要创新,反对当时江西诗派追求的"字字有来历",以及只能"袭用前人诗意"的主张。其中叶适为代表的"永嘉学派",更是鲜明地反对朱熹的理学和陆九渊的心学,主张义理和功利的统一,反对脱离实际,空谈义理,倡导以事功来衡量义理,义理不能脱离功利。从"永嘉四灵"的诗歌到"永嘉学派"的思想,可以看到温州文化传统的风貌和温州人的秉性特点,就是:"反对陈腐的观念,不迷信权威思想,不讲究来历依据,不袭用前人做法,提倡勇于独立思考、勇于开拓创新、勇于追求功利。"

温州商人在这样的环境中受到极大的影响,因此自南宋起,温州商人就带着独特的温州文化精神,致力商业发展。而这些,就是温商精神的起源。

永嘉四灵：徐照、徐玑、翁卷、赵师秀

因为温州商人的独特性，自南宋起，温州人就积极拓展商业版图，当时除了日本与高丽两个邻近国家之外，甚至远到交趾（越南）、暹罗（泰国）、真腊（柬埔寨）等地经商，开展国际贸易。直到1876年时，当时温州由于中英《烟台条约》的关系而被迫开辟为对外通商口岸，此时温州商人更趁势而起，积极推动对外贸易发展，因此自18世纪开始，温州商人对外文化交往增多，且海外关系不断拓展。这时温州的经济文化环境建立相当成熟，因而发展创造了良好的商业经营条件，温州商人在这段时间更培育出具有全国影响力的商人。如清末的著名教育家孙诒让，他就在温州开办全国最早的传授近代科学知识和外语的学校，提出新的教育理论，被郭沫若尊为"中国启后承前一巨儒"。此时温州商人的精神也产生了变化，包含了"他们更懂得趁势而起，懂得利用环境的变化去找寻生存之道！"

第二节 现代温商精神的含义

一 现代温商精神的演变概述

温州商人精神，又称温商精神。它是基于温州历史文化与经济发展演

温商精神历史发展与演变

变而来，这段过程中凝聚温州商人的共同理想、信念追求、价值取向、行为态度等因素的组合而形成的一种观念和意识。

随着温商精神逐渐演变，20世纪80年代的温商精神演化为万人称颂的"四千"精神，即"走遍千山万水，历尽千辛万苦，说尽千言万语，想尽千方百计"。这体现出温州人的吃苦耐劳、不断追求、奋力创业的精神风貌。

到了20世纪90年代，温州商人逐渐经商获得成功，赚取了第一桶金。为了维持其商业优势，温州人精神（指代温商精神，下同）再度演化为"四自"精神，即"自力改革，自担风险，自强不息，自求发展"。

1998年10月温州市第八次党代会报告概括温州人精神为"敢为人先，特别能创业"。2005年5月，温州城市精神被概括为"敢为人先，民本和谐"。敢为人先，表现为改革开放以来温州人奋力创业中的不断创新，表现在温州人做生意、搞经营屡有新的理念、新的创意和新的办法。温州的发展源于创新，活力来自创新。温州因创新而生机勃勃，人们因创新而生龙活虎。今天，创新，因为量多面广，而变得更为平常，因为深入社会，而变得"润物细无声"。创新会带来极大的风险，但是温州商人特别爱冒风险，因为风险过了，钱也赚到了。所以，在四自的基础上，温州商人的精神又发展出了"四敢"精神。即"敢为人先，敢冒风险，敢于创业，敢于创新"。

在民本和谐方面，温州人喜欢合股经营、集聚经营、虚拟经营、跨国经营，在经营理念上有一条主线，那就是"创新共生，合作双赢"。合作，重在借力经营；合作，就要合指为拳，形成战略联盟，优势互补，互利共赢，就要整合资源，集聚优势，赢取合作双方共同的更大利益。双

新时代温商精神的新内涵

赢，是要将存在于传统竞争关系中的非赢即输的二维关系，改变为更具合作性、共同为谋求更大利益的三维关系。温州人做生意，讲的是"生意大家做，你好我也好"，"总不能算来算去，算到人家不敢跟你做生意"，温州人懂得"我有利，客无利，则客不存；我利大，客利小，则客不久；客我利相当，则客可久存，我可久利"。

温州人讲人情，重视社会资本，注重商会、行业协会的建设，以信任、诚信，构建更多的企业联盟，为学习和创新而结成网络。十年多来，注重产业集群的形成，现在则更加注重创新集群的建构。

二　基于温商精神产生的温州近代产业演化大事纪

温商精神的爆发性，我们由温州商人利用短短三四十年对家乡的商业环境建设速度可窥探其精神独特性所带来的正向性。

1. 温州市政府划分温州商业环境的发展

三个阶段分别以政府的两次重要发展战略的出台为标志。

1978—1993 年：第一次创业阶段；

1994—2006 年：1994 年，温州市政府提出第二次跨越；

2007 年至今：2007 年，温州市政府提出第三次跨越。

【拓展阅读】

温州第二次跨越，四个发展阶段

从质量立市到品牌强市，温州经历了四个发展阶段

温州的发展并不是一夜成就的神话，它是几代温州人经过艰苦创业，总结经验教训，探索新路子得来的。纵观近年来温州经济迅猛发展的历程，"卧薪尝胆"和"凤凰涅槃"这两个词或许是最为恰当的概括。因为唯有这两个词，才能让人体味出温州的艰辛发展历程。

从1994年开始，温州市扎扎实实地开展"质量立市""名牌兴业""信用温州""品牌温州"等一系列建设活动，至今已有13个年头，期间共经历了四个发展阶段：

第一阶段自1994年开始，温州市委、市政府决定开展"第二次创业"，召开全市万人大会，提出实施"质量立市"战略，颁布了《质量立市实施办法》，实施"358质量系统工程"，即通过三年、五年、八年的阶段性努力，使温州产品的质量逐步赶上或是超过全国平均水平。到2000年年底，温州区域性、行业性的产品质量问题全部"摘帽"。

第二阶段从1996年开始，温州市提出"质量立市、名牌兴业"方针，引导企业走名牌兴业道路。在基本完成"358质量系统工程"任务的情况下，制定出台了《温州市质量振兴实施计划》和《温州市名牌兴业实施意见》，确立了新的质量振兴目标和名牌争创计划，把"质量立市、名牌兴业"活动向纵深推进。

第三阶段从2002年开始，温州市委、市政府又赋予"质量立市"更深、更广、更高的内涵，提出要打造"信用温州"。温州市人大还专门做出决定，将每年的8月8日定为"温州诚信日"。这一阶段主要是建立以企业守信为核心，融观念、制度、机构为一体的覆盖全社会的信用体系。

第四阶段从2004年至今，主要围绕打造"品牌温州"战略，全力争创产业品牌、城市形象品牌、政府服务品牌和温州人品牌。这一阶段主要是引导广大企业采用国外先进标准和国际标准，加强与国际知名企业的品牌与技术合作，努力向国际性品牌进军。在政府的强势推动下，中国驰名商标和中国名牌产品得到了大幅度增长，拥有量在全国同类城市中已名列前茅。为强力推进品牌战略实施，温州把招商引资作为2005年的"一号工程"，并开始实施工业发展"12345工程"，进一步明确了产业品牌发展目标，就是奋斗三年，争取获得中国名牌、中国驰名商标40个以上。到2009年上半年，这一目标已经超额完成。此外，温州市实施积极的品牌激励政策和经费保障制度。对首次获得"中国名牌产品""中国驰名商标""国家质量管理奖""中国建筑工程鲁班奖"的企业，分别奖励100万元。市财政每年拨出专项经费，分别用于"温州名牌产品"和"温州市知名商标"的认定和管理工作，确保品牌评价工作不向企业收费。

"品牌温州"，使温州产品声名远扬，温州企业走向世界

规范引导，扶上正轨　1994年以来，温州市政府用重典、出重拳，严厉打击各种制假售假行为，大力整顿和规范市场秩序，集中整治乐清低压电器、瑞安机械压力机等区域性、行业性的质量问题。据不完全统计，10多年来，全市各有关执法部门共立案查处假冒伪劣案件7万多件，涉案货值20多亿元，并严惩了一批经济犯罪分子。同时，严把市场主体准入关，全面实施商品准入制度，促进企业提升素质、提高产品质量水平。

鼓励创新，做大做强　在规范市场秩序的同时，温州市政府又出台扶持鼓励政策，引导企业加快科技进步，鼓励制度创新，通过强强联合、民企合作、上市扩张、虚拟经营等方式，进一步做大做强。经过这些年的努力，温州产生了正泰、德力西、华峰等一批主业突出、市场竞争能力强的大公司大集团。与此同时，针对温州原有"一乡一业、一村一品"的块状经济特点，全市重点加强特色产业园区和专业化产业基地，引导企业向园区集聚，发挥支柱产业、特色产业的群体优势，发挥名牌企业的龙头作用，形成了区域品牌和产业集群。自2009年起开评的"市长质量奖"，是温州市人民政府设立的最高质量奖项。截至2018年，共有30家企业获此殊荣。目前，全市拥有"中国鞋都""中国电器之都""中国汽摩配之都"等"国"字号特色产业基地33个，"温州制造"的区域品牌已经逐渐打响。2018年浙江省"区域品牌"，全省总计有6个，温州就包揽了3个，它们是温州龙湾阀门、永嘉无动力类游乐设施和文成杨梅等块状产业。2018年11月2日举行的第三届中国质量奖颁奖大会上，温企奥康鞋业获得中国质量奖提名奖，也是全国皮革行业首个获奖的企业。

跨出国门，走向世界　在创出一大批国家级名牌的基础上，温州市政府还鼓励企业加强同国际知名企业进行技术和品牌合作，走国际化道路，提出了"以民引外，民外合璧"的口号，吹响了"向世界进军"的号角。跨国公司、世界500强企业的身影在瓯越大地频频出现，温州民营企业与国际知名企业的合作越来越多。如正泰集团与通用公司合作，打造国际性电气制造基地；奥康与世界鞋业巨头意大利GEOX公司全面合作，联手打造国际品牌生产基地；"可口可乐""百安居""易初莲花"纷纷落户温州，康奈集团进军俄罗斯远东地区，等等。

温州产业集群的整体竞争优势，有力地支撑了温州经济社会的发展。

2018年全市生产总值（GDP）6006.2亿元，比上年增长7.8%。其中，第一产业增加值141.8亿元，增长2.0%；第二产业增加值2379.5亿元，增长7.6%；第三产业增加值3484.9亿元，增长8.2%。全年实现工业增加值1921.2亿元，比上年增长8.6%。规模以上工业企业4618家，实现工业增加值996.2亿元，增长8.4%，其中轻、重工业增加值分别为359.3和637.0亿元，增长6.2%和9.7%。规模以上工业销售产值4571.7亿元，增长8.5%，其中出口交货值651.0亿元，增长6.3%。现在的温州，已成为讲信用、重质量的品牌大市。一大批"驰名商标"和"品牌产品"如雨后春笋般涌现，一大批实力强的知名企业迅速崛起，一大批"国"字号产业基地落户温州，初步形成了产品品牌、企业品牌、区域品牌齐头并进的良好局面，营造了全社会"创品牌、争品牌、助品牌"的良好氛围。

2. 以宏观政策事件来看温商环境发展

第一阶段，1978—1991年：标志性宏观政策事件是1978年中共十一届三中全会在京召开。

第二阶段，1992—2001年：标志性宏观政策事件是1992年邓小平南方谈话发表。

第三阶段，2002年至今：标志性宏观政策事件是2001年中国正式加入世界贸易组织。

这样的划分也是有一定道理的。因为在中国，历次宏观政策的变动，都对温州经济产生了重要影响。

3. 按照温商模式演变的标志性事件来看温商环境的发展

温州模式形成阶段（1978—1990年）：在此阶段，温商的商业模式基本形成，并形成了独特的温州模式，温商完成了资本积累。是温州改革开放、创业创新的第一个阶段。

这一阶段的温州，建立了农村改革试验区，创办了十大专业市场，温州人坚持市场导向、以民办企业的合股经营为重点，推动了民营经济的蓬勃发展，形成了具有温州特色的经济格局，与珠三角模式、苏南模式相比较，温州模式以其更加广泛地实现了富民目标而更具有生命力，为中国建立社会主义市场经济体制浴血奋战、建功立业。这一阶段的主要特色表现为民营经济的迅速发展。

温商模式升级阶段（1991—2002年）：在此阶段，温商在治理整顿的外部压力下，开始了盈利模式的升级，实行规模化集团化运作，规范化管理，开始实施质量战略、品牌战略。是温州改革开放、创业创新的第二阶段。

这一阶段的温州，企业上规模，产品上档次，管理上水平。温州人积极推进经济增长方式和企业经营模式的不断创新，努力实现经济发展从粗放型到集约型的转变，以产业集群和虚拟经营探讨新的经营模式和发展方式，走新型工业化的道路，中小企业形成战略联盟，众多的企业集团、产业集群得以发展，温州人走出市门，走遍全国，在有限的空间寻找和把握无限的市场机遇。

温商模式转型阶段（2003年至今）：在此阶段，在内外交困的情况下，温商的盈利模式开始转型，发展外向型经济，实施走出去战略，进行产业一体化和多元化的运作，尝试品牌运营、资本运营和虚拟经营。是贯彻落实科学发展观，温州进入了创新发展的新阶段。

这一阶段目前仍在进行之中。在资源约束增强、环境压力加大的背景下，温州人在不断破解发展难题，努力创新发展模式，转变发展方式，提高发展质量，以全面创新推进科学发展。温州人更加自觉地走出去，跨地经营，跨国经营，合作创新，优势互补，推动了经济发展方式的转变，促进了和谐社会的构建，使自身走在了贯彻落实科学发展观的前列。可以预期，在发展中国特色社会主义的伟大征程中，进入新阶段的温州，全民创业与全面创新将进一步相互融合，共同促进。

新时代温商精神的发展取向

第三节 现代温商精神发展取向

一 倡导合作文化

重"鸡头"而轻"凤尾"的观念影响了温州产业组织优化。温州人普遍存在的"宁做鸡头,不做凤尾"的思想,使企业的强强联合难以实现。多数温州人的目标是自己开店办厂。从替人做皮鞋或在市场上摆个摊位,到投资数百万甚至上亿元兴办市场或企业,基本上都是独立经营的。温州柳市镇,专门生产低压电器的企业集团就有20多家,这20多家企业不但产品种类相同,而且档次也大体相同,可就是不能联合。这就是温州人"宁做鸡头,不做凤尾"的传统文化所致,宁当50万元的董事长,不当500万元的副总经理。其他生产钮扣、皮鞋、服装、阀门、打火机的集群也是如此,从而阻碍了产业组织优化与产业结构调整。

温商在发扬温州人勇于自主创业精神的同时,要大力倡导合作文化,鼓励经营者"要勇于当鸡头,也要甘于做凤尾"。只有这样,才能减少企业间的过度竞争,促进企业间的分工合作,使企业做大做强,推进温州地区企业组织结构的优化。

二 建立开放文化

重血缘、地缘,忽视对外合作限制了企业的扩展。外出谋生的温州人,通常很难与当地社会和文化融为一体,往往会在当地营造出一个相对独立的"温州文化园",如法国巴黎的"温州街"、北京的"温州村"。温州人虽然可以走向全国、走向世界,却难以走出"温州文化圈"。结果,形成了所谓的"路径依赖"。

对外合作文化的缺失,加上温州民间资本的富有,以及产业结构和地理条件等的缺陷,1984—2003年,温州市累计实际利用外资7.68亿美元,仅占全省实际利用外资的2%左右。近年来,温州引进外资有所增加,但与其他外向型经济城市相比,仍然有很大差距。这使温州失去了产业升级的外力推动,使温州产业仍处于传统领域,造成温州缺少吸引高级人才的平台,这是温州近年来经济发展增长速度落后的重要原因。事实上,只有交流合作,才能引进和吸收其他文化中的优秀成果,温州地域文化才能够确保自己的特色并不断革新发展。

要改变目前温州人自抱一团，而忽视与区外群体及文化交流融合的现状。要鼓励温州人接纳外地人，接纳外来先进文化，接受外来产品与技术。只有这样，才能打破温州人与温州经济的所谓"路径依赖"，才能更多地吸收区外与海外投资者进入温州，才能使温州人与温州产品更多更好地"走出去"。

三　创新企业文化

家庭文化制约了企业发展的规模。温州家族文化造成了温州企业对现有制度安排的路径依赖。由于狭隘的家族利益和自我封闭观念作怪，外来人才特别是管理人员难以发挥应有的作用，阻碍了良性循环的用人机制的形成，使温州众多家族企业目前仍然没有摆脱"低、杂、散"的特点。这种注重亲缘或亲缘式关系网的家族文化及其心理取向，在一定时期有利于温州经济社会发展，它与温州的"低、杂、散"、家庭工厂"前店后厂"等经济社会特点相适应，但它不利于温州经济上规模、上档次，不利于温州形成"品牌"产品和"航空母舰"企业，不利于温州经济国际化。

要推进企业根据自身的环境与特点，将企业文化当中的共性与企业自身的特点相结合，创建自己独特的企业文化，营造尊重人才、尊重知识的文化氛围。要打破"老板文化"，引进企业的激进因子，也就是中坚力量的职业经理人。

四　培育诚信文化

重人情、轻契约的观念，影响了温州经济的长远发展。在经济发展的同时，人们对新的文化理念培育不到位，人的思想观念和社会的价值判断没有跟上经济发展的步伐，从而使经济建设成为纯经济的一种畸形行为，缺少了文化内涵的支撑，促使人们不择手段地追逐经济利益，规则意识缺失，致使一些人干起了假冒伪劣坑蒙拐骗的勾当，结果严重损害了温州的城市形象。为了追逐功利，企业的市场取向大都是短平快，办事就托熟人、找关系、走后门，搞曲线生财，不计后果地寻找发财的捷径，如"回扣"就是早期温州购销员队伍攻破计划经济堡垒的一个手段。处处讲人情，不尊重规则，不讲原则，重眼前得利，忽视长远发展和长远利益，使温州长期处在一个十足的小农意识氛围里。在市场经济日益发展和进入WTO后，产生了冲突，外贸出口频繁遭遇反倾销调查和惩罚，海外经营受到东道国的歧视、抵制和打击。"禁售令""灰色清关""火烧温州鞋"等事件的发生，影响了经济的持续发展。

【拓展阅读】

禁售令：2006年11月，俄罗斯签署一项法令，规定从2007年4月1日至12月31日，外国人将被禁止从事零售业。此外，从2007年1月1日起，外国公民一律将被禁止在俄罗斯从事酒类和药品贸易。

灰色清关："灰色清关"是指出口商为了避开复杂的通关手续，将各项与通关有关的事宜交由专门的清关公司处理的一种通关方式。一些所谓"清关公司"，帮助进口商品以低于法定水平的关税进入某国市场，主要方式为"包机包税"和"包车包税"。清关公司负责履行通关手续、收取税款，但一般不向出口商提供报关单据。"灰色清关"实质上是一种违法活动，因为清关公司只为一批进口商品中的一小部分货物交纳足额关税，其余部分则通过向海关官员行贿来通关。"灰色清关"在我国和俄罗斯的边贸中比较常见，特别是鞋类和服装贸易中更为常见，2005年3月12日价值1亿元人民币的温州鞋正是由于涉嫌"灰色清关"在俄罗斯被扣。

培育诚信文化，引导温州商人在市场交易中淡化人情，重视契约，重视法律。要加快市场法规体系的建设，逐步改变外来投资者与交易者因"搞关系不如温州人"而不敢跟温州人合作的心态，建立起公平的市场竞争机制。

【扩展阅读】

温商精神的永恒不朽：加蓬总统候选人——让·平

西非国家加蓬在2016年8月27日早上7点开始投票选举新任总统。共有10名候选人参加本次总统宝座角逐，但是，这些候选人中，又以加蓬民主党候选人、现任总统阿里·邦戈·翁丁巴，和反对派候选人、前非洲联盟委员会主席让·平两人为这场选举的主角。虽然计票结果为现任总统阿里·邦戈·翁丁巴当选，但是，这场选举中最受国际瞩目的候选人又以让·平为主。

程志平故居

让·平，今年（2016年）74岁，他的父亲程志平是一个土生土长的温州商人，在30年代闯荡非洲，最终定居加蓬。作为温州人的儿子，让·平最常说的一句就是："我是温州人。"让·平祖居位于如今温州市鹿城区山福镇的驿头小区内，距离温州市区约40分钟车程。这处老屋经过修缮，如今已成为当地著名的人文景点。身为华裔的后代，让·平受到他父亲远赴非洲创业的经历的影响，感受温州人吃苦耐劳、奋力创业的精神，因而奠定了他踏上政治这条路的基础。他的华裔第二代身份虽然让他成长过程受到排挤，但是凭着温商精神，现今的让·平成为加蓬国内影响力甚大的政治人物。在参选总统之前，还曾担任过外交部长。2016年的总统选举失利，甚至引发了严重国内暴乱。

【思考与实践】

读过了让·平的故事后，你知道其实还有很多温州商人第二代都在海外有着不错的发展吗？他们传承着温商精神，尽管许多人已经不再从商，但是基于温商精神的感召，让他们在艰困的环境里突破困境，取得成功，无不体现了温商精神的价值。

1. 试着找寻海外温商还有哪些代表性人物。

2. 试着从温商精神的角度，分析他们是如何在逆境里求生存的。

3. 有些人曾经回来寻根，甚至他们的故居成了温州地区的代表性景点，请从他们的乡根去述说他们的故事。

【拓展阅读】

案例1：从家族制企业到现代企业集团的嬗变

现代企业管理制度有一个特点，那就是所有权与经营权的分离。经营者可以利用专业知识与能力管理运营企业，而所有者通过监督经营者追求利益的最大化。

传统非上市企业往往有一股独大的现象，这导致公司所有权和经营权高度统一。但是，今天的时代早已不是企业家一个人单打独斗的时代了，现代企业必须尽可能地整合各种资源，以增强企业竞争力。

为了整合各种资源，企业家需要将自身的股份稀释出去，以作为员工激励手段，把企业和员工、合伙人捆绑在一起，使之成为利益共同体、事业共同体、命运共同体。通过这种方式，企业能够获得各种资源。

正泰集团的例子就充分地说明了股权稀释在整合资源上的成功之处。

温州企业普遍是家族式企业。正泰集团起初的发展也是凭借家族的力量发展起来的。

正泰集团的创始人南存辉曾经通过创办开关厂赚了人生第一桶金。1991年9月，南存辉和他在美国的妻兄黄李益合资创办了温州正泰电器有限公司，主要生产低压电器开关。接着，南存辉弟弟南存飞、外甥朱信敏和妹夫吴炳池还有亲戚林黎明四人也加入正泰。此时，正泰集团的股权结构是南存辉占60%，其他家族成员占40%。所以，这是一家典型的家族企业。

家族式企业有两个优点：企业决策层和管理层都是自己人；主要根据年底分红，不用付工资，现金流更优。凭借着两个优点，正泰集团从1991年到1993年，年销售收入从零到5000多万，成为当时温州市低压电器开关行业的领先企业。

随着企业的发展，摆在南存辉面前的路有两条：一条是坚持自己的控股之路，另一条是稀释自己的股权。南存辉选择了后者。

当时，正泰集团主要做的 OEM 和产品的模仿，自己并没有什么技术优势。这也是当时温州低压电器开关行业的整体现状。而正泰集团所在的温州柳市镇是全国著名的低压电器开关之乡，像正泰这样的企业有几十家，所以行业竞争非常激烈。这时候，企业间的整合并购就成为摆在这几十家低压开关企业面前的选择题。

由于当时正泰具有一定的品牌效应，很多企业都想加盟正泰集团，为正泰集团生产贴牌产品。1994 年，已经有 38 家企业为正泰集团做贴牌生产，正泰通过收取 1% 的品牌费和管理费获利。

但是，这样的发展道路也存在问题，正泰面临着管理混乱、质量无法保证的问题。于是，南存辉做了一个决定，他开始对加盟的 48 家企业进行股权改造。南存辉通过出让股权，控股、参股以及投资其他企业，完成了对这 48 家企业的兼并联合。

1994 年 2 月，正泰集团成立。正泰也成为温州低压开关行业的第一家企业集团。正泰集团的股东一下子增加到 40 名。通过这次兼并联合，南存辉的股权占比从 60% 降至 40%。

当然，这次股权稀释并没有使南存辉的利益面临损失。正泰从家族式企业慢慢向企业集团转变。南存辉通过股权稀释这一手段整合了大量企业和社会资源，正泰的资产从 400 万元飙升至 5000 万元。南存辉的个人财富在 3 年内增长了近 20 倍。

尝到股权稀释的甜头后，两年后，正泰又进行了股权稀释。

1996 年，南存辉提出"股权配送、要素入股"的股权激励方案。当时，正泰集团内部面临着南存辉家族成员和新晋成员的矛盾。南存辉一方面想留住这些和他开创事业的家族成员，另一方面又想不断地吸纳新的优秀人才，也非常矛盾。最后他选择偏向后一种。所以，他提出了这一股权激励方案。目的就是继续削弱正泰集团的家族股权，进一步释放股权，吸引和激励更多优秀人才。

南存辉的这一方案主要针对管理岗位、技术研发岗位和销售岗位的管理人员以及核心股权员工。这一股权稀释与此前一次股权激励的影响不同，这次股权激励的结果是一大批优秀人才成为正泰的中坚力量。

2001 年，正泰的工业总产值实现 61.77 亿元，销售收入 60.55 亿元。此时的正泰集团又进行了一次改革。此时的正泰股东既是企业所有者，也是企业经营者。在这种经营权和所有权不分的状况下，很多股东可以拿到股份分红,对工作产生了懈怠。所以,南存辉推出了严格的绩效考核和岗位聘任制度。如果股东在相应岗位做不出成绩的话,就必须退出相应岗位。

通过这次改革,正泰实现了企业所有权和企业经营权的分离。在正泰管理层中,南存辉家族成员的比例已经大幅下降,集团子公司的管理层更多为外来人员。

到2004年,正泰的核心股东也由此扩充到115人,包括原始投资者、子公司所有者转换来的股东以及加盟正泰的部分科技人员、管理人员和营销人员等二级股东。

南存辉个人的股份空前地下降到27%,其他几位包括南存辉弟弟南存飞、外甥朱信敏等南氏家族成员分别持7%到10%不等的股份。

通过一次又一次的股权激励,正泰集团从家族制企业慢慢成为集团企业,从企业所有者和企业经营权合并到企业所有权和经营权分离,一次次的蜕变不断将正泰集团推向新的发展高度。因此,南存辉被誉为"最具现代企业家气质的温州老板"。

案例2:浙江商人走出禁售令阴影　中国制造变俄罗斯制造

"禁售令"发布实施以来,在俄的中国商人何去何从?聪明的中国商人在熟悉了"禁售令"的真实内涵后,迅速做出应对,经过短暂的惶惑和波动后,已经走出了"禁售令"的阴影。

重觅商机东山再起

三月的温州,春暖花开。在即将离开家乡温州返回俄罗斯之际,在温州永强机场,王恒顺已完全没有了几个月前返乡时的沮丧。

王恒顺是俄罗斯乐清商会会长,2006年俄罗斯政府发布禁售令后,他与几万名中国商人一起离开了莫斯科市场。

禁令严重影响了俄罗斯老百姓的生活。为缓解物价上涨压力,稳定零售市场,莫斯科市政府召开紧急会议,决定取消限制外国人在俄市场从事零售业的法令,自2月12日起允许外国商人继续在莫斯科市场经营。

获得消息后,王恒顺与家乡乐清市清江、雁湖、芙蓉等地的1500多名同乡一起,纷纷收拾行囊,陆续返回俄罗斯,计划东山再起。

一直在莫斯科从事市场经营的乐清雁湖商人林国荣说,俄罗斯政府发布禁售令后，他手头上几个市场的摊位免费出租也无人问津，他本来也打算放弃俄罗斯的生意回到国内发展；但这几天，这些摊位又成了香饽饽，尽管租金一路上涨，可每天打电话来要求承租者仍令他应接不暇。

"这几天，我正在到处物色店铺，准备在莫斯科开设鞋子专卖店。"王笑峰说，俄罗斯禁售令仅对外籍劳务在商亭中、利伯维尔场内、商店以外地点从事零售贸易做出限制，对"商店"内的零售贸易则不做限制。我们"钻"这一政策空子，把摊位变成了商店，俄罗斯政府令对我们就不起作用了。

"雇用俄罗斯人做营业员"，倪玉梅在电话向记者透露她所属公司的应对之策。倪是温州飞鹏鞋业公司俄罗斯销售经理，她说，俄罗斯禁售令规定外国人不得直接从事零售职业，飞鹏公司就有针对性雇用了一批俄罗斯当地人站在一线柜台当营业员，以对付检查。

观察人士指出，俄罗斯禁令将进一步减少非正规公司的不正当竞争，从长远来看对正规公司来说并非坏事。情况进一步明朗后，到莫斯科政府申请注册公司的中国商人突然增加，甚至还排起了队。

"俄罗斯禁售令对我们没有影响。"在温州市体育场，正在练球的东艺鞋业有限公司董事长陈国荣斩钉截铁地说。

这位喜欢抽大雪茄的温州商人，带领东艺成为中国对俄罗斯皮鞋出口的最大企业之一。

"在俄罗斯经商，必须研究当地文化与法律，建立起良好的人际关系，善于利用俄方法律保护自己。"经记者再三探问，陈国荣道出了东艺皮鞋在俄罗斯"畅通无阻"的真正奥秘：有钱大家赚，善于与俄罗斯人合作；尽量采取合法手段报关；提升出口商品档次，有意识地培养品牌，力求正常完税后仍有较大利润空间；转变经营模式，在俄罗斯设立正规公司，尽量避免在摊位囤积过多商品。产品销售更加多元化，与跨国零售企业合作也是一条路子。"前不久，世界零售业巨头佩雷斯还把'进步伙伴奖'颁给了我们呢。"陈国荣说。

WTO浙江研究咨询中心副主任张汉东向记者介绍说，目前，已有一些实力较强的浙江鞋业零售商在俄罗斯筹备成立公司，变小摊销售为公司化经营，以绕过新法令的限制。一些浙江商人则在谋划寻找合法的商业渠道，与当地商人合作共赢，还准备开辟乌克兰、阿塞拜疆等国家市场，分散风险。

变"中国制造"为"俄罗斯制造"

把"中国制造"变成"俄罗斯制造",俄罗斯禁售令对浙江商人就失效了。

温州著名品牌企业康奈集团董事长郑秀康在做的,就是在俄罗斯建设经济贸易合作区,把原来出口到俄罗斯的成品,以半成品方式运出去,在当地加工,摇身一变,把"中国制造"变成"俄罗斯制造"。

2005年11月3日,在温州市外经贸局、温州市财政局的牵头下,时任鹿城区鞋业协会会长的郑秀康率领团队前往俄罗斯考察,寻找破解"灰色清关"的有效途径,乌苏里斯克成了那次考察的重要目的地。

考察团成员蔡建林是瑞安鑫尔泰鞋业公司董事长。5年前,蔡建林不动声色地在乌苏里斯克成立了新公司,租了厂房生产。他们采取的是从温州发送半成品,在俄加工的方式生产皮鞋、旅游鞋和拖鞋等产品。目前其13条生产线,一年可生产七八百万双鞋子销往俄罗斯市场。他说,在这里投产的好处是没有清关的阴影,即使莫斯科税警拉走他们的鞋子,凭着原产地在俄罗斯的证据就能安然无恙地要回来。为了解决不必要的麻烦,蔡建林的办厂经验是,把不懂的事情交给懂的人去办理就行了,在物流法律手续等有关方面,专门有人为他服务。

蔡建林的这一做法让郑秀康眼前一亮。郑秀康对记者说,正是从那时开始,他萌生了在俄罗斯投资办厂的想法。

当然,乌苏里斯克引起郑秀康关注的原因还不止这些。俄罗斯滨海边疆区与中国黑龙江省接壤,是俄远东最繁荣地区,市场纵深广,覆盖面大。很显然,占领乌苏里斯克是国内企业快速占领俄罗斯市场的一条捷径。

机会很快降临。2006年,康奈集团获悉我国政府批准在俄罗斯乌苏里斯克建设对外经贸合作区,立即精心制作准备了投标书寄往国家商务部。9月19日,在中俄两国总理定期会晤委员会经济贸易合作分会上,温州康奈集团持有65%股份的康吉国际投资有限公司中标。康奈集团拿下了在俄罗斯乌苏里斯克建设经济贸易合作区的项目。

"从国内运来半成品的鞋子,然后在工业园组装和加工,再从这里将鞋子销往欧盟各国及其他国家,有望驱散笼罩在温州鞋企心头的'灰色清关'阴影,破解欧盟征收反倾销税的步步紧逼。"郑秀康说。据介绍,正式招商刚刚开始,就已有6家温州制鞋企业进入了工业园区。以正规通关来计算，一双半成品鞋出口的关税为5%，而成品鞋的关税则达到了15%。

如果是以"灰色清关"进入俄罗斯，按惯例先要通过阿姆斯特丹中转，再由俄罗斯的清关公司通过灰色手段进入俄罗斯，一双鞋子从温州起运抵达莫斯科最少也要3个月。但企业建在乌苏里斯克，把半成品鞋直接出口到俄罗斯，路上的时间可以缩短到1个月。"对企业来说，这意味着同样一笔资金，能当作3倍来用。"郑秀康说。

由于受包装限制，一个货柜的成品鞋最多大约能装3000双，但如果是半成品的话，一个货柜能装到18000双，单是运费，前者要比后者高出6倍左右。

"最为重要的是半成品在工业区完成组装后，即可以标俄罗斯制造，根本不需要担心因为灰色清关以及贸易壁垒问题。"郑秀康说，对鞋类企业来说，哪怕算上俄罗斯当地员工较高的工资，以及建厂的费用，在园区设立企业所带来的效益都是非常合算的。

温州市外经贸局副局长刘铤认为，俄出台零售业禁令，可以理解为是给那些来俄发展轻工业的中国企业扫清了障碍。乌苏里斯克经济贸易合作区变"中国制造"为"俄罗斯制造"，变分散为集中、无序为有序、盲目为理性。所有这些，对于减少无序出口、规避贸易摩擦，以及为俄罗斯提供劳动就业机会，改善俄罗斯经济结构都具有重大战略意义。

资料引自：陈东升：《浙江商人走出禁售令阴影　中国制造变俄罗斯制造》，搜狐新闻，2007年4月18日。

参考文献

钱志熙：《永嘉四灵诗学的再探讨——兼论其与江西诗派的关系》，《文艺理论研究》2008年第2期。

杨万里：《地域文学交流与南宋温州诗歌创作》，《文学与文化》2010年第2期。

易元芝、徐剑锋：《地域文化：温州模式的支撑与革新》，《浙江经济》2008年第13期。

胡方松：《温州模式大事记》，中国科学网（http://www.minimouse.com.cn），2015年5月21日。

附录 温商精神导论实践指导

温馨提示：
微信扫一扫二维码即可查看每次实践指导课件和学生实践作业作品

实践一 撰写温商故事传奇

实践二 温商名片夹或海报设计

实践三　温商精神的历史文化基因探秘

实践四　文脉、商脉、地脉三脉融合，相融相生

实践五　温州大众创业者专访

实践六　温商新生代创业者专访

实践七　课程论文撰写与要求